古代日本の
実像をひもとく

出雲の謎
大全《たいぜん》

駒澤大学教授
瀧音能之

青春出版社

はじめに

出雲《いずも》は、日本の古代史を語る上で、欠かすことのできない地域のひとつである。出雲ときいてまず連想するのは出雲大社であろうか。あるいは、出雲神話を思いおこす人がいるかもしれない。これらはいずれも出雲の代名詞といってよく、しかも、古代にまでつながっているのである。

たとえば、出雲大社の起源を神話的な視点でさかのぼると、「記・紀」すなわち、『古事記《こじき》』や『日本書紀《にほんしょき》』の神話にみられる国譲り神話ということになる。

また、『古事記』の上巻を占める神話のうち、その三分の一以上が出雲に関連するものであるといわれている。古代の出雲とは、どのような地域だったのかということは、誰しも思うのではなかろうか。

また、出雲には『出雲国風土記《いずものくにふどき》』という「記・紀」とほぼ同じ奈良時代前半に作られた地誌が残されている。そもそも『風土記』は時の政府が国単位で作成することを命じたものであるが、現在、内容的にほぼ完全に残っているのは出雲国のみである。その意味でも大変貴重な史料といえるが、近年、『出雲国風土記』がどのように伝えられてきたかがわかる発見があいついだ。

そのひとつは、「灰火山社記《はいびやましゃき》」の発見である。これは松江市の松江歴史館によって明らかにされたものであり、文亀《ぶんき》二年（一五〇二）の奥書をもつ巻物仕立ての文書である。この中に灰火という名が『出雲国風土記』にみえることが記されている。たしかに『出雲国風土記』には仁多郡《にたぐん》に灰火山の記載があり、その位置をめぐって説が分かれていた。今回の文書によって、従来とは異なる位置比定が得られた。

また、現存する最古の『出雲国風土記』の写本とされる細川家本の奥書が慶長《けいちょう》二年（一五九七）であることを考えると、「灰火山社記」はそれより九五年古いわけであり、その時点で『出雲国風土記』が語られていた具体的な事例としても重要である。

また、出雲市文化財課によって発表された波迦《はか》神社の棟札《むなふだ》も、『出雲国風土記』の引用がなされているとして注目されている。それは、天文《てんぶん》二〇年（一五五一）に作成された棟札といわれるもので『出雲国風土記』の中の出雲郡の健部《たけるべ》郷の記載と類似の内容がみられるというものであり、慶長九年（一六〇四）の棟札にもほぼ同様の記載がみられるという。このことは、十六〜十七世紀の出雲国において、現地に『出雲国風土記』の写本が存在していた可能性を示すものとして注目に値するものであり、今後もこうした発見が期待される。

古代にまとめられた史料が、その後、どのように受け継がれ現在にいたっているのかという問題は、その内容の継承という点もさることながら、わたしたち日本人がこれらの文化遺産とどのように関わってきたのかということを知る上でも興味深い。しかし、こうした史料の受容史を追求することは、容易なことでないことも事実である。その意味でも、『出雲国風土記』の伝来の過程を示唆するこれらの発見は貴重であり、これもまた出雲の魅力といえるかもしれない。

いずれにしても、本書で出雲、そして日本の古代史に興味を持っていただければ幸いである。

二〇一七年春待月

冬至を迎えて

瀧音能之

古代日本の実像をひもとく　出雲の謎大全●目次

特集1

出雲の神々図鑑 77

特集2
出雲の古社図鑑 181

3章　もう一つの「青銅器文化」を歩く　233

特集3

神庭荒神谷遺跡と加茂岩倉遺跡の世界　267

4章 出雲と他の地域の関係をひもとく 303

特集4

出雲の神事図鑑

カバー写真提供　Bridgeman Images／アフロ

本文写真提供　出雲大社
島根県古代文化センター
島根県埋蔵文化財調査センター
島根県観光連盟
出雲弥生の森博物館
一般社団法人　雲南市観光協会
八雲立つ風土記の丘
松江観光協会
鳥取県

本文図版・DTP　ハッシィ

プロローグ　古代出雲から何がわかるのか

■「出雲」のイメージ

出雲というと、やはり、第一番に思いつくのは神話の国ということになろう。小泉八雲《こいずみやくも》こと、ラフカディオ＝ハーンによって名づけられた「神々の国」という言葉は、まさに、出雲のキャッチフレーズになっている。今や、出雲大社には、年間八〇〇万人もの参詣客があるという。これは、単純にいうと一日平均約二二〇〇〇人ということになる。島根県全体の人口が七〇万人くらいということからみても、いかに多くの人が出雲大社へ集まるかがわかるであろう。

こうしたことの背景には、もちろん、歴史的な裏づけがある。それは、『古事記《こじき》』や『日本書紀《にほんしょき》』のなかにみられる神話、つまり記・紀神話である。『古事記』は上・中・下巻の三巻からなっており、そのうちの上巻はすべて神代《かみよ》にあてられている。『日本書紀』は『古事記』と比較すると神話の割合は少ないが、それでも全三〇巻のうち、巻一・巻二の二巻が神代になっている。これらの記・紀神話の中で、出雲の神や出雲が舞台として登場するものは非常に多く、『古事記』の場合、全体の三分の一以上にも及んでいる。

出雲というひとつの地域が、なぜ、このように記・紀神話に大きなウェイトをもっているのだろうか、という疑問が当然のことながらでてこよう。そして、そのひとつの答えが、かつての出雲には、大和に匹敵するほどの勢力があったというものである。つまり、強大な出雲の力を大和も無視できず、それが記・紀神話に反映されているというのである。この解釈は、一般的な支持を得、それは現在にもいたっているように思われる。

山代二子塚古墳

しかし、一方では、この考えは、まったくの幻想であり、つくられたものであるということも根強くいわれてきた。こう主張するのは、主に考古学者たちである。その根拠は、考古学的にみると、出雲にかつて強大な権力があったという証拠は何ひとつみいだせないというのである。たとえば、古墳を例にしてみよう。出雲で最大の古墳は、松江市にある山《やま》代《しろ》二子塚《ふたごづか》古墳である。しかし、その規模は九〇メートルクラスであって、一〇〇メートルにはとどかない。いうまでもなく、仁徳《にんとく》天皇陵と伝えられる全長四八六メートルの大山《だいせん》古墳や応神天皇陵とされる誉《こん》田御廟山古墳《だごびょうやま》の四一八メートルには遠く及ばない。つまり、大王陵に比定されているものをはじめとして、大型古墳が点在している大和やそれを含む畿内と出雲とでは、古墳の規模がまったく違うのである。それどころか、出雲と背中あわせに位置する吉備と比べてみても、古墳の大きさは、はるかに吉備の方がまさっている。

考古学者たちの主張は、実際に「モノ」を提示した上での話であるだけに無視できないものであった。神話からものをいう側には、残念ながら「モノ」がなかったのである。こうした状況に、大きな変化をもたらしたのが神庭荒神谷《かんばこうじんたに》遺跡の発見である。

■古代史のなかの出雲

神庭荒神谷遺跡は、大きくいって二つの点で、全国的な注目を集めた遺跡といってよいであろう。この三五八本という莫大な数の銅剣と六個の銅鐸《どうたく》、一六本の銅矛《どうほこ》を出した弥生時代の遺跡は、まず何よりも、出雲にも「モノ」があることを証明した。その後、加茂岩倉《かもいわくら》遺跡から発見された三九個の銅鐸も加わって、いまや出雲は、旧国別にみると大和をもしのぐ最大の青銅器保有国になったのである。

これらのことから、少なくても弥生時代の出雲には、大きな勢力が存在していたであろうことが、ほぼ確実になったといってもよいであろう。

しかし、このことは、記・紀神話の側からの主張がただちに認められたことには、もちろんならない。考古学的にみて、弥生時代に強大さがうかがわれる出雲が、古墳時代になると影がうすくなるのは、どういうことであろうか。こうした問題は、おそらく出雲という地域内の事情だけで説明のつくものではなく、日本列島の古代史という視点から考えなくてはならない問題であろう。

また、神庭荒神谷遺跡から、銅剣・銅鐸・銅矛がセットで出土したことは、これまでの青銅器文化圏という考え方に、決定的な見直しを迫ることになった。この点については、三章でくわしくのべることにするが、畿内は銅鐸、瀬戸内沿岸は平形銅剣、九州は細形銅剣や銅矛・銅戈という従来の分布概念は適切ではなくなったといえよう。このことは、出雲においても、神庭荒神谷遺跡が発見される以前に、志谷奥《しだにおく》遺跡がみつかっており、十分に推測可能のことであった。ただ、島根半島の中央部に位置する鹿島町でみつかった志谷奥遺跡からは、銅剣と銅鐸とがセットで出土したのにもかかわらず、一般にはあまり注目されるところとはならなかった。

いずれにしても、出雲の古代史は、単にひとつの地域の古代史というワクにおさまらず、日本列島の古代史に大きなインパクトを与えるものといえよう。しかし、こうしたいい方に対して、誤解をしないでいただきたい。それは、他の地域の古代史を決して過小評価しているわけではない、ということである。いや、むしろ、そうした地域の古代史の集合が列島の古代史にほかならないのである。ただ、その中でも出雲は際だっている、といいたいだけなのである。

■「金輪御造営図」を裏付ける発見

出雲というところは、遺跡のでかたもおもしろい、というか不思議な場所である。忘れられそうになったころに、全国を驚かせるような遺跡が、きまって発見されるのである。神庭荒神谷遺跡の衝撃がなくなったと思われるころに、青銅器の出雲を忘れてくれるな、といわんばかりに加茂岩倉遺跡がみつかることになる。

この二つの遺跡のおかげで、すっかり青銅器イコール出雲というイメージが定着することになる。そうすると今度は、神話の出雲も健在なり、とばかりに出雲大社境内遺跡が出現したのである。

一九九九年、出雲大社が、拝殿と本殿の間の部分に地下室をつくろうと事前調査をしたところ、翌二〇〇〇年に、巨大な柱根がみつかった。それも、一・三メートルほどの巨木を三本まとめて一本の柱にしたという、実に奇妙な柱であった。しかし、この発見に、関係者は、驚くよりも、やったぁという気持ではなかっただろうか。

現在の出雲大社の本殿の高さは、八丈であり、およそ二四メートルとなっている。この大社造の様式をもつ本殿は、江戸時代後期のものであるが、規模的には、江戸時代前期のものを踏襲しているといわれている。

出雲大社境内遺跡（写真：出雲弥生の森博物館）

出雲大社を訪れたことのある人ならば、みな一様に感じることであるが、遠くから本殿をみるとさほど大きくはみえない。しかし、近くでみると仰ぎみるばかりとなり、本殿の後ろに回って、本殿のみをみると、さらにその大きさに圧倒されてしまう。

しかし、これでも現在の本殿は、規模が縮小されたものであるという。以前には、今の倍の一六丈の高さがあったといわれている。およそ四八メートルである。さらに、往古には、その倍の三二丈、およそ九六メートルあったとも伝えられている。

この三二丈説はともかく、一六丈説については可能性があるという意見があり、以前から論争がおこなわれてきた。大社造の特徴のひとつは、地面から建物の床までの足の部分が高いことである。本殿の高さが八丈から一六丈、三二丈と上がるにつれて、当然のことながら、この足の部分が極端に長くなることになる。

足の部分は、九本の柱からなっており、この柱の構造も論争のひとつであった。出雲大社の宮司である千家国造家《せんげこくそうけ》には、「金輪御造営差図」（187頁参照）とよばれる本殿の平面プランを示す図面が残されている。これによると、九本の柱は、それぞれ三本の柱を金輪で一本にたばねた形になっている。この図は、本居宣長の『玉勝間《たまかつま》』にも載せられているものであるが、残念なことに年代が記されていない。したがって、いつごろのものかが厳密にはわからないのである。

今回、出雲大社境内遺跡でみつかった柱根の形状は、この「金輪御造営差図」の正しさを裏づけるものとなり、本殿の一六丈説があらためて注目されることになった。それにともなって、平安時代に源為憲《ためのり》によってまとめられた『口遊《くちずさみ》』の中に、当時の高層建築ベストスリーとして、「雲太《うんた》、和二《わに》、京三《きょうさん》」と記されていることも再認識された。

これは、出雲の出雲大社が一番で、大和の東大寺大仏殿が二番、平安京の大極殿が三番ということである。平氏による焼き討ちにあう以前の大仏殿の高さは一五丈とされており、出雲大社はそれよりも高いというのであるから、一六丈あっても不思議ではない、というのである。

出雲大社并神郷図（写真：出雲國造千家家蔵）

ただ、今回みつかった柱の年代測定の結果は、一三世紀初頭頃という数字がでた。まさに、鎌倉時代初頭であり、古代にまでは、いま一歩とどかなかったことになる。しかし、これは、間接的に古代における出雲大社の高さを裏づけたことにもなるであろう。

とするならば、古代にどうして、この

ような高い社殿が出雲につくられたのだろうという疑問が当然のことながらわいてくるであろう。

　古代の出雲の謎は、雲のようにつぎからつぎへとわき出てきて、その興味はつきることがない。

1章

出雲の神々と神話をたどる

記・紀神話のなかの出雲

■『古事記』と『日本書紀』

歴史教育に神話をとり入れることの是非については、もうずいぶん以前から議論されている。しかし、そもそも日本神話とはどういうものなのか、ということについては、あまりとりざたされていないのではなかろうか。

いま、日本神話で知っているものをあげて下さい、というと、たとえばスサノオ神の八岐大蛇《やまたのおろち》退治やオオクニヌシ神の因幡《いなば》の素菟《しろうさぎ》の話などがあげられるのではなかろうか。あるいは、アマテラス大神の天の岩戸の話がでてくるかもしれない。もちろんこれらは、日本神話に間違いない。しかし、さらにいうと、これらは、『古事記』と『日本書紀』にみられる神話、つまり、記・紀神話に他ならないのである。

いうまでもなく、『古事記』と『日本書紀』は、日本の古典を代表するものであり、古代史について考えるさいには、なくてはならないものである。このふたつを総称して、「記紀」とよぶのが一般的である。最近では、『古事記』と『日本書紀』とでは、成立の事情その他がちがうのであるから、「記紀」とひとまとめにしていうのは適切ではないという考えもある。たしかに、両書にはちがいも多いのであるが、中央政府の手によってまとめられたという大きな共通点もみられる。本書では、これからとりあげる『出雲国風土記《いずものくにふどき》』をはじめとする『風土記』が地方で編纂されたのに対して、中央で作成されたという意味で「記・紀」というつかい方をすることにする。

記・紀神話は量的にも多く、また、内容的にも天地開闢《かいびゃく》から始まって、国生み、神生みと続き、非常によくまとまっている。体系神話といわれるゆえんである。先にあげた八岐大蛇・因幡の素菟・天の岩戸の話も、そうした体系的に配列された神話群のなかにそれぞれ重要な要素として組みこまれている。

こうしたことから、従来、日本神話というと記・紀神話が紹介されることがほとんどであり、したがって、わたしたちもそのように考えるようになってしまっている。

しかし、日本神話は、記・紀神話がすべてではない。たとえば、『風土記』のなかにも豊富な神話がみられるし、『先代旧事本紀《せんだいくじほんぎ》』や『古語拾遺《こごしゅうい》』といった古典にもユニークな神話が残されている。したがって、日本神話といった場合、本来ならば、記・紀神話はもちろんのことであるが、その他の古典にみられるものも視野に入れて、紹介しなければいけないのである。

こうしたこのごく当たり前のことが、いままでなされてこなかったのである。したがって、わたしたちの日本神話観には、大きなかたよりがみられるといってよく、この点において、根本的な問題があるのである。

■二つの出雲神話

では、日本神話という枠を、ぐっとせばめて、出雲に関係ある神話についてみるとどうであろうか。一般的に、オオクニヌシ神やスサノオ神といった出雲の神が登場する神話や出雲が舞台になっている神話を〝出雲神話〟とよんでいる。そして、〝出雲神話〟といった場合、やはり、いままでは記・紀神話が対象になっていることが多かった。出雲に関する神話は、「記・紀」のほかにも、『出雲国風土記』を開くと、質・

量ともに豊富にみることができる。また、「出雲国《いずものくにの》造《みやつこの》神賀詞《かんよごと》」にも、量はそれほど多いとはいえないが、独特の神話がのせられている。本当の意味での〝出雲神話〟は、記・紀神話だけではなくてこうしたさまざまな出雲に関する神話を総合したものでなくてはならない。そして、さらには、それぞれの神話の世界観をふまえたものでなくてはならないであろう。

　というのは、ひとくちに〝出雲神話〟といっても多様であり、「記・紀」にみられるものと、『出雲国風土記』などにみられるものとでは、まったく様相が異なるからである。たとえば、〝出雲神話〟の代表のようにいわれるスサノオ神の八岐大蛇退治神話は、実は「記・紀」にみられるものである。この神話は、出雲を舞台とした神話であるのにもかかわらず、地元でつく

海潮神代神楽／山王寺和野神楽社中による「簸の川大蛇退治」の一場面（写真：一般社団法人雲南市観光協会）

られた『出雲国風土記』には、まったく登場してこない。オオクニヌシ神に関する一連の神話にしてもそうである。こうしたことからもわかるように、わたしたちの知っている〝出雲神話〟とは、記・紀神話の中の出雲に関する神話に他ならない。

一方、『出雲国風土記』には、国引き神話とよばれる出雲創成譚《そうせいたん》が雄大に展開されているが、この神話は、「記・紀」にはまったくとりあげられていない。また、「記・紀」の国譲り神話をみると、高天原《たかまのはら》から使者として地上へ降りたアメノホヒ命が三年間、高天原へ奏上しなかったことが記されている。しかし、「出雲国造神賀詞」には、アメノホヒ命は、しっかり任務を果たした神として描かれている。

このように、〝出雲神話〟といっても、ひとまとめにすることは難しいのである。少なくとも、「記・紀」にみられる神話と『出雲国風土記』にみられるものについては、はっきりと分けて考える必要があろう。もっとも、こうしたことは、すでにいわれ始めていることであり、「記・紀」にみられる出雲に関する神話を、出雲系神話といい、『出雲国風土記』にみられるものを出雲神話と称するようになってきている。

出雲系神話と出雲神話、一見するとまぎらわしいだけのように思われるかもしれないが、異なった出雲の神話観を表わす言葉として仕方のないことなのである。したがって、出雲系神話と出雲神話とを不用意にまぜて使ったりすることには慎重でなければならないのである。

■明確な意図に基づく配列

『古事記』『日本書紀』の最初は、天地開闢から始まっている。つまり、天と地が誕生するという場面からストーリーが展開するわけであるが、その様子はというと、一様ではない。とくに『日本書紀』の場合、巻一と巻二とが神代《かみよ》にあてられていて、そこに十一段に構成された神話が組みこまれている。それぞれの段には、本文のあとに「一書《あるふみ》」として別伝承がいくつかずつつけ加えられている。

たとえば、第一段は天地開闢のことが記されているが、ここには本文の他に、六つの一書が載せられている。したがって、『日本書紀』だけで、合計七つの天地開闢の神話がみられるということになる。

具体的にみてみると、第一段の本文は、むかし、天と地とがいまだ分かれておらず、陰と陽も分かれていなかったとき、という内容の書き出しから始まる。つまり、天地が未分離でカオスの状態からスタートするわけである。ところが、六つの別伝承のうち、最初の第一の一書では、天と地とが初めて分かれたとき、一つの物が空の中に存在した、という内容で書き始められている。ここでは、天地が分離した時点からスタートしているのである。

このように、天地開闢神話をめぐっても、天地がカオスの状態から始まるものと、すでに天地が分離した状態から始まるものとの二通りがみられる。ちなみに、『日本書紀』の他の一書はというと、カオスの状態から書き出しているのが第三の一書、第五の一書で、他は天地が分かれたところからスタートしている。

天地開闢のあとは、神生みの話となる。これが神代七代といわれるもので、この神生みの最後に誕生するのが、イザナキ神とイザナミ神である。そして、神話はこの両神による国生みへと続く。国生みのあと、イザナミ神は火の神を生んだためやけどをして亡くなり、黄泉国《よみのくに》へと旅立ってしまう。

イザナミ神を追って黄泉国を訪れたイザナキ神がもどってきて祓《はらえ》をして生まれたのが、アマテラス大神・ツクヨミ神・スサノオ神の三貴子とよばれる神々である。イザナキ神は、これらの三貴子にそれぞれ支配する領域を与えたが、スサノオ神だけはいうことをきかず、追放されてしまうことになる。

追放されるまえに、スサノオ神は高天原にいる姉のアマテラス大神に会いにいくが、領土を奪いにきたと誤解したアマテラスと誓約《うけい》をすることになる。誓約に勝って身の潔白を証明したスサノオ神は、高天原へ入るが、そこで数々の乱暴をはたらいてしまう。そのため、ついに、アマテラス大神は天《あま》の岩窟《いわや》に隠れてしまう。日神であるアマテラス大神がいなくなったため世界は常闇《とこやみ》になり昼夜の区別がつかなくなる。しかし、オモイカネ神のはかりごとによって、ようやくアマテラス大神を天の岩窟からつれ出すことに成功し、諸悪の原因であるスサノオ神に罪を与え、高天原から追放することになる。

高天原から追放されたスサノオ神は、出雲へ降り、そこで八岐大蛇《やまたのおろち》を退治して、稲田媛を救い妻とする。

このスサノオ神の子孫がオオクニヌシ神である。オオクニヌシ神は、スクナヒコナ神と共に国作りの事業をおこなう。地上、すなわち葦原中国《あしはらのなかつくに》の支配者となったオオクニヌシ神に、天上の高天原側が国を譲るように迫るのが、国譲り神話である。

国譲りにオオクニヌシ神が同意したのち、高天原からアマテラス大神の孫であるニニギ尊が降りてくる。これが天孫降臨神話ということになる。ニニギ尊は、日向の高《たか》千《ち》穂峯《ほのたけ》に天降ってくる。そして、木花開耶《このはなさくや》姫との間に、ホノスソリ尊（海幸）、ヒコホホデミ尊（山幸）らの子を生む。このあと、神話は、海幸・山幸神話となり、山幸、すなわち、ヒコホホデミ尊は豊玉姫との間にウガヤフキアエズ尊をもうける。そして、ウガヤフキアエズ尊と玉依姫との間に生まれたのが、神日本磐余彦《かむやまといわれびこ》尊、すなわち神武天皇なのである。

記・紀神話はこのように、天地の開闢から始まって、初代天皇と伝えられる神武天皇にいたるまでに及んでいる。それも、ただ個々の神話をつなぎ合わせるというのでは決してなく、明確な意図のもとに神話が配列されているのである。すなわち、天と地ができ、地である葦原中国が天である高天原に譲られる。それをうけて高天原からアマテラス大神の孫であるニニギ尊が天降り、その孫が初代の天皇になる。ここには、明らかに天皇による国土支配の正統性が読みとられる。その意味で、記・紀神話は、壮大な体系神話ということができるのである。

■神話の舞台をめぐる謎

こうした記・紀神話の中で、出雲が具体的に舞台として登場するのは、みたようにスサノオ神の八岐大蛇退治神話においてである。そのあとに続く、オオクニヌシ神の国作りも、葦原中国の国作りではあるが、出雲はその象徴的な役割をはたしている。それは、次の国譲りの舞台が出雲であることからも明らかであろう。

このように、記・紀神話の中で、出雲はその舞台として大きなウェイトを占めており、これは他の地域にはみられない特色になっている。しかし、考えなければならない問題も残されている。それは、スサノオ神の八岐大蛇退治に始まって、高天原側への国譲りにいたるまで、出雲を舞台にしてきた記・紀神話が、そのあとの天孫降臨では、一変して日向を舞台にしていることである。

この点については、いまだに定説はないものの、「記・紀」を編纂した人びとの論理などの複合的な要素がからみあっているものと思われる。しかし、いずれにしても国譲りの舞台となった出雲が、次の天孫降臨にはまったく姿をみせないということは興味深い事実といえよう。

『出雲国風土記』の神話

■「記・紀」との接点

『風土記』には、豊富な神話がもりこまれているが、その多くは、地名の由来を説明するための手段としての役割を担っている。もちろん、神話でのべられていることを、現実のできごととしてとらえることはできないし、起源伝承それ自体が本来のものではないようなものもある。つまり、地名ができたのちに、あたかもその地名の起源を説明するかのようなこじつけの神話がつくられたと思えるケースも少なくない。

したがって、地名の由来の説得力という点では、当然のことながらなるほどと思わされるものから、かなり無理のある強引なものまでさまざまなものがみられる。またそこに、『風土記』の神話を読むおもしろさがあるともいえる。

たとえば、『出雲国風土記』の意宇《おう》郡の諸郷の名称由来をみてみよう。拝志《はやし》郷は、天の下造らしし大神命が越の八口の平定におもむくとき、ここで「吾が御心の波夜《はや》志《し》」といったのが由来とされている。心がはやしたてられ、勇気がみなぎったというわけであり、これなどはスムーズな地名由来といえよう。また、飯梨《いいなし》郷は、大国魂命が天降りしたさい、ここで「御膳食《みいひをし》なしたまひき」とある。イイオシからイイナシという地名を説明しているわけであり、少し無理があるといえよう。

宍道《しんじ》郷の場合は、さらにルーズな地名起源譚になっている。天の下造らしし大神命に追われた猪が石になって南の山に二つみられるというのである。これでは宍道という地名の半分しか説明になっていないのである。これと同様というか、もっとひどいと思われるのが大草郷である。ここは、「須佐乎《すさのを》命の御子、青幡佐久佐日古《あをはたさくさひこ》命坐す。故、大草といふ」と記されている。たしかに神名には、クサという語句が含まれているが、どうしてここから大草という地名がでてくるのかと思わざるをえない。

これらの例をみても、さまざまなタイプの地名由来神話があることが理解できよう。また、これらの神話は、地名の起源をのべることを目的にしているため、断片的にならざるをえない。この点は、記・紀神話が天地開闢《かいびゃく》に始まって体系的に展開されるのに対して、『風土記』の神話の大きな特徴にもなっている。

しかし、断片的とはいえ、注意してみると、いろいろと興味深い点があることに気がつく。たとえば、記・紀神話と類似、もしくは関係があると思われる神話がみられる。かと思うと、記・紀神話にはない、『風土記』独自の神話もみることができる。以下、『出雲国風土記』から、このふたつのタイプの神話をそれぞれとり出して、内容を検討してみることにしよう。

■大穴持命の描かれ方

まず、記・紀神話と関係があると思われるものをさがすと、大原郡の城名樋《きなび》山の条があげられる。

天の下造らしし大神、大穴持命《おほなもち》、八十神《やそがみ》を伐たむとして城を造りましき。故、城名樋といふ。

これがその内容である。大穴持命は、一般的には大国主命として知られる神である。『出雲国風土記』では、大穴持命と表記され、しかも、「天の下造らしし大神」と称されている。その大穴持命が八十神を伐つために城を築こうとしたというのである。ここに登場する八十神は、『古事記』などに姿をみせる兄の神々のことと思われる。記・紀神話では、大穴持命（大国主命）は、兄である八十神に対して、きわめて従順であり、消極的である。そのために、八十神によって二度も殺され、根国《ねのくに》へ逃れることになる。

しかし、城名樋山の条からは、記・紀神話とは異なった大穴持の姿がみられる。さらに、同じ大原郡の来次《きすき》郷の条にも関連した伝承がみられる。それによると、大穴持命が、八十神を地上には置かない、と宣言して追放し、逃げる八十神を追いかけてこの地、すなわち来次郷にやってきたというのである。この神話も、記・紀神話とはちがった大穴持命の積極的な姿を描きだしている。

こうした大穴持命の積極性は、意宇郡の母里《もり》郷の条にもみられる。この条は、国譲り神話と関係のある内容をもっている。具体的には、

天の下造らしし大神、大穴持命、越の八口を平け賜ひて、還りましし時、長江山に来まして詔《の》りたまひしく、「我が造りまして、命《し》らす国は、皇御孫《すめみま》命、平らけく世知らせと依さしまつらむ。但、八雲立つ出雲国は、我が静まります国と、青

垣山廻らし賜ひて、玉珍《たま》置き賜ひて守らむ」と詔りたまひき。故、文理といふ。神亀三年、字を母里と改む。

とあって、先ほどとり上げた拝志郷の条とも連続性をもっている。つまり、拝志郷から越、すなわち北陸の八口を平定にでかけた大穴持命が帰ってきたというのである。そして、長江山で自分が支配している日本列島を天孫に譲ることを宣言する。しかし、この国譲りには条件がついていて、出雲国だけは、ひき続き大穴持命自身が支配することを主張している。

稲佐浜

『古事記』や『日本書紀』の国譲り神話では、大穴持命は決定権を御子神の事代主神らにゆだねたりしていて、一貫して消極的である。しかし、『出雲国風土記』の大穴持命は、行動的であり、積極性にあふれている。

また、出雲大社の神話的な起源についても興味深い。出雲大社は、神社の中でも伊勢神宮などと共に、最も由緒が古いもののひとつであるが、神話上は国譲り神話に起源がもとめられる。

すなわち、「記・紀」では、現在の稲佐浜を舞台に国譲りがおこなわれ、この世である顕界《けんかい》のすべてを天孫に譲った大穴持命（大国主神）が幽界を支配するために鎮《しず》まったのが出雲大社とされる。

ところが、『出雲国風土記』の出雲郡の杵築《きづき》郷の条をみると、八束水臣津野命《やつかみずおみづぬ》が国引きをおこなった後、天の下造らしし大神、すなわち大穴持命の宮を造るために神々が集まって神殿を築いたことになっている。

そして、ここにみられる国引き神話は、「記・紀」にはみられず、『出雲国風土記』にのみ語られている神話なのである。

■「国引き神話」が持つ重要性

国引き神話は、そもそもは意宇郡の郡名由来神話である。しかし、それと同時に、出雲の国土創成神話としての役割を果たしている。具体的には、八束水臣津野命という巨人神が四か所から土地を引いてきて、現在の島根半島をつくりあげるというストーリーをもっている。

その内容をみていくと、まず最初に、八束水臣津野命が、「八雲立つ出雲国は、狭布の稚国なるかも。初国小さく作らせり。故、作り縫はな」と宣言する。出雲は幅のせまい布のような国で誕生してまだ間もなく、小さな国だというのである。これは、島根半島を除いてみた場合、実際に東西に比べて南北が狭い出雲の地形をうまくいい表わしている。そこで、縫いつけて大きくしようというわけである。

そして、最初に、朝鮮半島の新羅に向かって、

栲衾《たくぶすま》、志羅紀の三埼を、国の余りありやと見れば、国の余りあり、と詔《の》りたまひて、童女《をとめ》の胸鉏《むなすき》取らして、大魚のきだ衝き別けて、はたすすき穂振り別けて、三身の綱うち挂《か》けて、霜黒葛《しもつづら》くるやくるやに、河船のもそろもそろに、国来々々《くにこくにこ》と引き来縫へる国は、去豆《こず》の折絶《をりたえ》より、八穂尓支豆支の御埼なり。此くて、堅め立てし加志は、石見国と出雲国との堺なる名は佐比売山《さひめやま》、是なり。亦、持ち引ける綱は、薗長浜《そののながはま》、是なり。


というようにして、国引きをおこなっている。

新羅の岬から八束水臣津野命が土地を引いてくるのであるが、その情景描写は、と

ても歌謡的であり、このあとの三回の国引きでもくり返しでてくる。

すなわち、乙女の広い胸のような鋤で大きな魚のエラをつき刺すように土地をざっくりと別け取り、みつよりの丈夫な綱で、河船を引くように、土地よ来い、土地よ来いとそろりそろりと引き寄せたというのである。

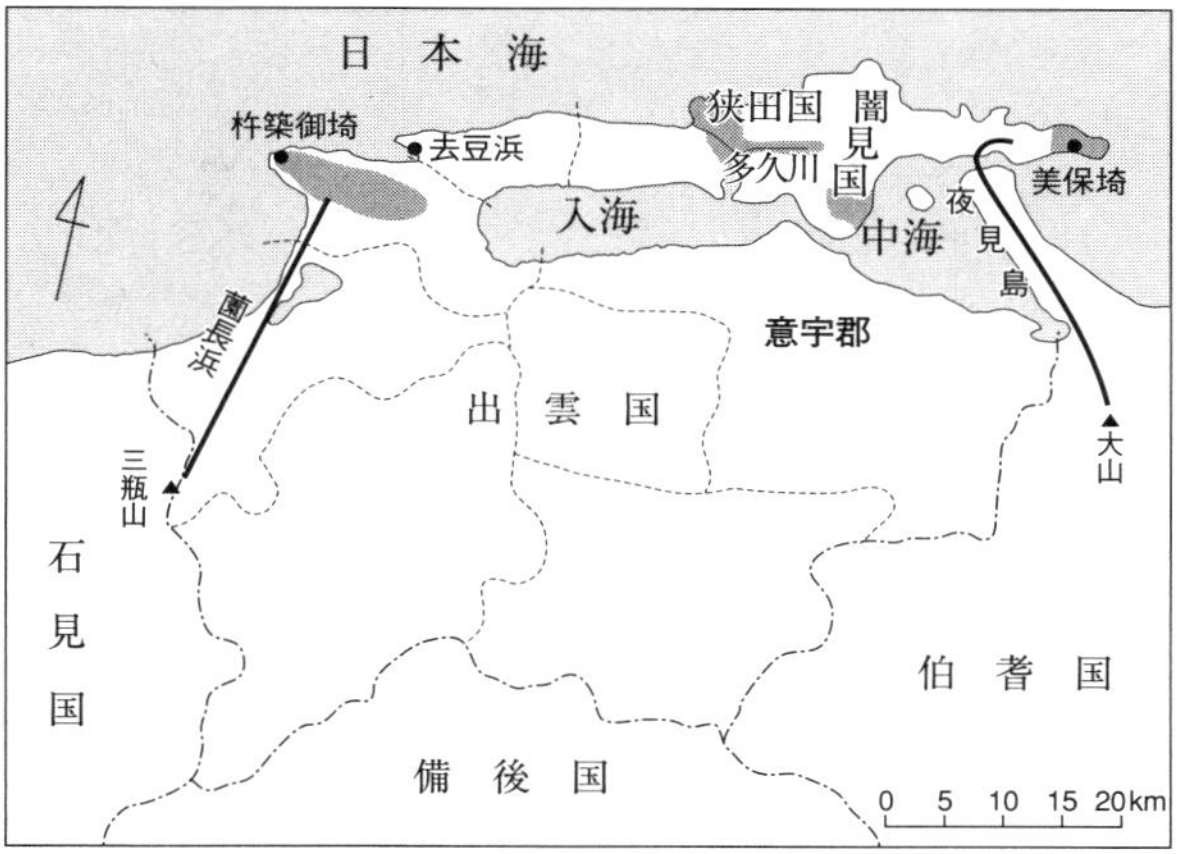

国引き神話の舞台

そして、ひっぱってきて縫い合わせたのが、島根半島の西部にあたる去豆《こず》の折絶《おりたえ》から支豆支《きずき》の岬にかけての地域であるとしている。

さらに、このときの国引きに用いた綱が薗長浜で、それをつなぎとめた杭が佐比売山（三瓶山《さんべさん》）であるという。

次に、北門《きたど》の佐伎国を、「国の余りありやと見れば、国の余あり」というので、「童女の胸鉏……」という具合に国引きしたのが、多久《たく》の折絶から狭田《さだ》国としている。北門からは、もう一か所、良波国からも国を引いてきており、これが宇波の折絶から闇見《くらみ》国にかけての地域であるという。

最後の国引きは、高志（越）の都都《つつ》の岬、すなわち北陸からのもので、引いてきて縫いつけたのが三穂崎《みほのさき》となっている。また、この国引きのさいの綱は夜見島（弓が浜）であり、綱をくくりつけた杭は火神岳（大山）としている。

そして、国引きを終えた八束水臣津野命は意宇の森につえをつき立てて、「おゑ」といったとされる。

これが意宇郡の地名の起源ということになる。郡名由来の説明としては、ずいぶんとまわりくどいともいえるが、神話の内容は実に雄大である。

国引き神話は、『古事記』や『日本書紀』にはみられない神話であるが、記・紀神話との関連という点では、イザナキ・イザナミ両神の国生み神話との比較が興味深い。端的にいうと、国生み神話は、生み落とすわけであり、上から下へという垂直のベクトルをもつ神話である。それに対して、国引き神話は、国を引くという行為からわかるように水平のベクトルをもっている。

一般に記・紀神話は、天孫降臨神話をはじめとして、垂直型のものが多いとされている。国生み神話もそうである。その上で、こうした垂直型神話は、朝鮮半島にもみられることから、日本民族のルーツを北方系に求める考え方の根拠のひとつにされることがある。

しかし、いうまでもなく、記・紀神話だけが日本神話ではない。『出雲国風土記』の中の神話も、もちろん日本神話の一部である。そして、そこにみられる国引き神話は、あきらかに水平型の神話である。したがって、記・紀神話のみをみて、日本神話は垂直型であるというのは早計であり、ましてて、そこから日本民族の系統を推測する事はつつしまなければならないであろう。そうした点を気づかせてくれるということでも国引き神話は、重要な神話なのである。

二つの黄泉国

■神話に記された死者の国

古代人は、死後の世界をどのように考えていたのであろうか。仏教的にいうならば極楽・地獄ということになるであろうか。しかし、仏教は六世紀の半ばころに公伝したものであることをふまえると、それ以前のありようが謎になってくる。こうした謎をとく手がかりのひとつが神話にある。

日本神話の中で死者の国は黄泉国《よみのくに》とか根国《ねのくに》などと表現される。黄泉とは地下にある泉のことである。こうしたことを考え合わせると、古代人は死者の国が地下にあったと認識していたとみることが可能である。しかし、死者の国を他界としてとらえるならば、常世国《とこよのくに》のような海上他界観も古代にはあり、そう簡単に断定してしまうことはできない。

神話で黄泉国がでてくる有名な場面は、死後のイザナミ神にイザナキ神が会いにいくところである。イザナキ・イザナミ両神は、国生みをおこない、その後、神生みをおこなうわけであるが、神生みの最後に火の神であるカグツチを生んだためイザナミ神はやけどをして亡くなってしまう。妻をしたうあまりにイザナキ神はカグツチ神を斬り殺し、イザナミ神のいる黄泉国へと向かう。しかし、そこでみたものは、死者となった醜い妻の姿であった。驚いたイザナキ神は、いそいで逃げ帰ろうとし、それを恨んだイザナミ神は引きとめようと追いかけてくる。やっとの思いで黄泉比良坂（泉津平坂）までたどりついたイザナキ神は、千人所引《ちびき》の磐石《いわ》で坂路を塞いでしまう。つまり、黄泉比良坂はこの世とあの世とを結ぶ坂ということになる。そして、そこで、この世側のイザナキ神とあの世側のイザナミ神との間で問答がおこなわれる。すなわち、イザナミ神が、イザナキ神の国の民を一日に千人殺すというと、それに答えてイザナキ神は、それなら一日に千五百人産ませようというのである。

この坂を『日本書紀』は泉津平坂と表記し、どこか特定の場所をさすわけではないとしている。しかし、『古事記』では、黄泉（比良）坂と表記され、さらに、出雲の伊賦夜《いふや》坂とも記されている。現在、島根県の東部の八束郡東出雲町に揖屋《いや》という地名が残っており、祭神をイザナミ神とする揖屋神社が鎮座している。また、この神社から東方へ少し行ったところには、黄泉比良坂の伝承地とされるところもあって石碑が建てられている。

黄泉比良坂とされる伝承地については、さほど古い歴史をもつものではないといわれており定かなものではないが、揖屋神社は古代の伊布夜《いふや》社・揖夜神社とされている。すなわち、八世紀の初めの天平五年（七三三）に成立した『出雲国風土記』の意宇《おう》郡の条には、神祇官社として伊布夜社が記載されている。したがって、伊布夜社は八世紀の初めには、すでに官社であり国家の保護の対象とされる神社であったことが知られる。さらに、十世紀初めにまとめられた『延喜式《えんぎしき》』の神明帳にも、揖夜神社として載っており、引き続き官社として保護されていたことがわかる。

これらから、伊賦夜・伊布夜・揖屋はいずれも古代地名であり、ほぼ同一の地域をさしているとみてさしつかえないであろう。いうまでもなくこれは神話という次元での話であるが、『古事記』では、出雲の東部を黄泉国への入口と考えていたといって

黄泉比良坂の伝承地

揖屋神社

よいと思われる。

■矛盾する二つの方角

出雲の東部を黄泉国と関連させる考えでは、イザナミ神を葬った場所の問題もみのがせない。イザナミ神が火の神を産んだ結果、亡くなってしまうわけであるが、『日本書紀』の第五段の第五の一書では、紀伊の熊野の有馬村に埋葬したと記されている。

ところが、『古事記』をみると、出雲と伯耆との国境にある「比婆之山」に葬られたことになっている。この比婆山については、現在、出雲地域内だけでも、東部の能義郡伯太町の比婆山をはじめとして十か所以上の伝承地がある。

これらのことを考え合わせると、少なくても『古事記』においては、出雲が黄泉国と密接な関係があるとされていたことが理解できよう。

この点については、古代人は乾《いぬい》の方角、すなわち西北に死者の国があると思っていたという説があって、有力視されている。このようにとらえるならば、記・紀神話の中で出雲系の典型的な神といわれるスサノオ神やオオクニヌシ神が共に死者の国である根国と深い関連をもっていることもうなずける。

スサノオ神は、父神であるイザナキ神から海原を支配するように命じられたのに、それに従わずに母神のイザナミ神のいる根国へ行きたいといって泣き叫び父神の怒りをかうことになる。また、最後に八岐大蛇を退治して根国へ去ったという伝承ものこしている。

大国主大神と須世理比売（写真：出雲大社蔵）

一方、オオクニヌシ神の場合は、兄神である八十神からの迫害を逃れるために、スサノオ神の支配する根国へ行くことになる。そこでスサノオ神の御子神であるスセリヒメと愛しあうようになり、スサノオ神が出すさまざまな試練を二人で乗り越えて地上にもどり、八十神を追放してしまう。

そして、国土の開拓を終えたのち、それを天孫に国譲りして、自らは幽界、すなわち死者の世界へ隠れるのである。

こうしたスサノオ神やオオクニヌシ神の

行動も、出雲が黄泉国と深い関係をもった地域とするならば、それほど違和感はないであろう。さらに、出雲と黄泉国との関連性ということに注目して、地元でまとめられた『出雲国風土記』をみていくと、黄泉国への入口とされている黄泉の坂・黄泉の穴の記載が目にとまる。しかし、不思議なことに、『出雲国風土記』にでてくる黄泉の坂・黄泉の穴の場所は、出雲の西北部なのである。つまり、『古事記』にみられるイザナミ神の埋葬地や黄泉比良坂（伊賦夜坂）が出雲の東部であることを考えると、まったく異なった場所ということになる。

■史料の「背景」

『出雲国風土記』の黄泉の坂・黄泉の穴の具体的な記載は、出雲郡の宇賀郷の条にみられる。宇賀という地名由来をのべたあと、

即ち、北の海辺に磯あり。脳《なづき》の磯と名づく。高さ一丈ばかりなり。上に松生ひ、芸《しげ》りて磯に至る。里人の朝名に往来《ゆきかよ》へるが如く、又、木の枝は人の攀《よ》ぢ引けるが如し。磯より西方に窟戸あり。高さと広さと各六尺ばかりなり。窟の内に穴あり。人、入ることを得ず。深き浅きを知らざるなり。夢に此の磯の窟《いはや》の辺に至れば必

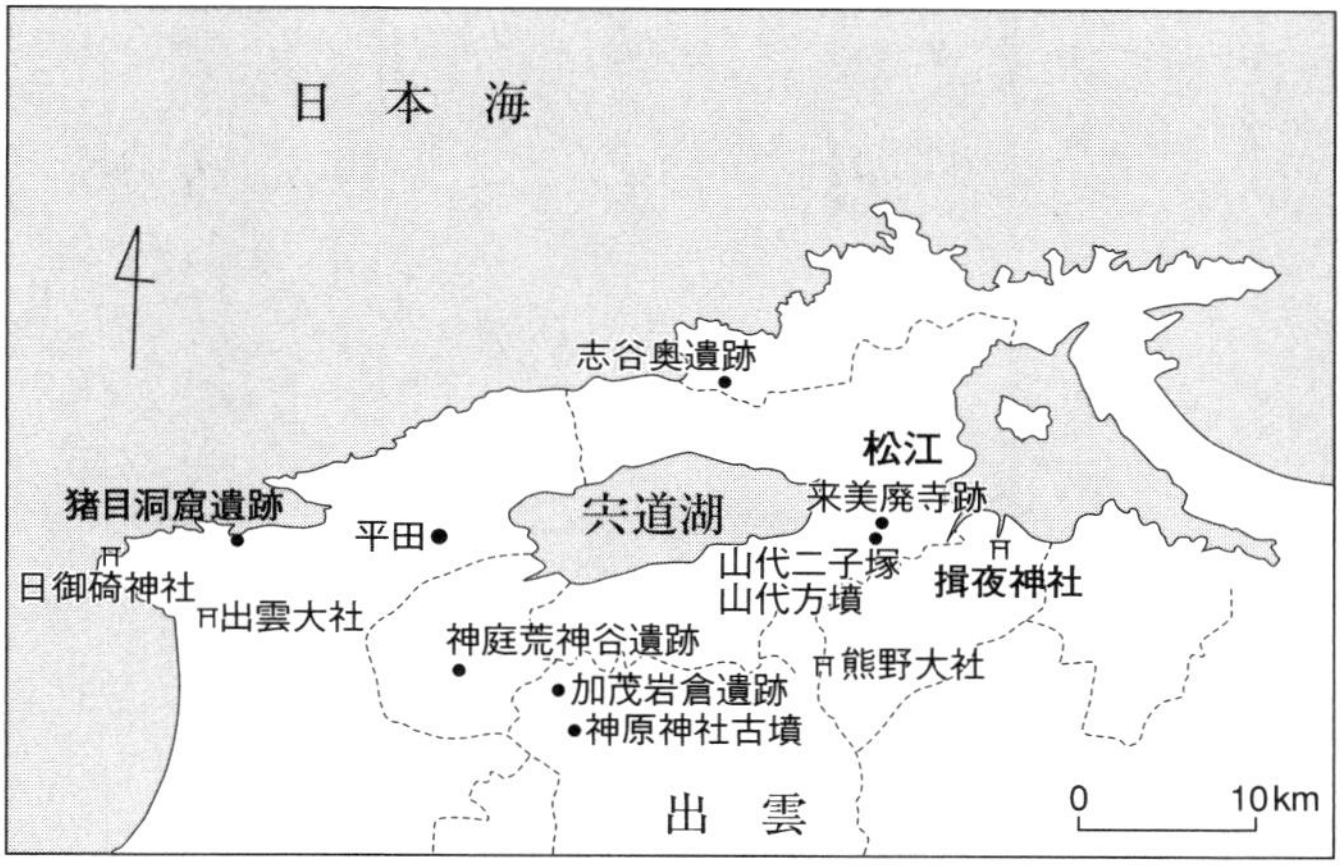

出雲国略図

ず死ぬ。故、俗人、古より今に至るまで、黄泉の坂・黄泉の穴と号《なづ》く。

というように記載されている。これによると日本海に面した脳磯の西方に岩窟があるというのである。その高さと広さとは共に六尺というのであるから、二メートルほどの大きさの岩窟である。中は穴になって続いているが、人が入ることができないため、奥行きがどれくらいあるのかは不明としている。そして、このあたりにきている夢をみると、その人は必ず死ぬという。そこで、土地の人は昔から今にいたるまで、ずっと黄泉の坂とか黄泉の穴とかといっている、という伝承である。

内容から明らかなように、地元の人はこの

猪目洞窟

岩窟が黄泉国へ通じていると思って、恐れていることがわかる。

このように、『出雲国風土記』にも黄泉国へと至る黄泉坂・黄泉穴がみられ、出雲と黄泉国との関係は十分に認めることが可能である。問題なのは、こうした黄泉国への入口が、なぜ『古事記』では出雲の東部とされたのに対して、『出雲国風土記』では西北部になっているのかということであろう。

しかし、この問題は、『古事記』と『出雲国風土記』とが、それぞれどの視点に立って書かれているかということを考えれば解釈がつくように思われる。いうまでもなく、『古事記』は中央政府によってまとめられたものである。それに対して、『出雲国風土記』は在地の権力者である出雲国造が中心となって作り上げたものである。

ということは、『古事記』は大和を中心にして、一応、日本全体を視野にいれているると考えられる。しかし、『出雲国風土記』は、原則として出雲地域を対象としているといえる。

このことを、乾の方角、すなわち西北を死者の国と考える古代人の感覚にあてはめると、『古事記』の場合、大和からみて西北にあたる出雲が死者の国となる。そして、その入口はというと、伯耆との国境、つまり、出雲の東部ということになろう。けれども、『出雲国風土記』の場合、出雲の中で西北の方角が死者の国となるわけであるから、その場所は島根半島の西端あたりとなるわけである。したがって、出雲郡の宇賀郷に黄泉の坂・黄泉の穴の伝承が載せられていることは不思議なことではないといえよう。

出雲の東部と西部の二か所に黄泉国の入口があるという一見すると奇妙な話も、『古事記』と『出雲国風土記』のそれぞれの性格を考えれば少しも不思議なことではなく、むしろ当然のことと理解できよう。それを奇妙とみてしまうのは、やはり、『古事記』の側からばかりわたしたちが神話をみてしまうからではなかろうか。

オオクニヌシの実像

■複数の顔を持つ神

日本神話にすっかり縁遠くなっている若者たちにもオオクニヌシ、すなわち大国主命はよく知られた神であり、因幡《いなば》の素兎《しろうさぎ》の話といえば大方の人たちがストーリーを知っている。現在もオオクニヌシは、いろいろなところで信仰されている。最も代表的なものは、出雲大社の祭神としてであり、縁結びの神として全国に知られている。その他にも農耕神、開拓神、あるいは医療の神や温泉の神など、実にさまざまな祀られ方をしている。こうしたことは、裏をかえせば、オオクニヌシの実体がいかにつかみにくいかということをものがたってもいる。

複雑さは、神名からもうかがうことができる。たとえば、『日本書紀』の巻一の第八段第六の一書には、

大国主命、亦の名大物主《おほものぬし》神、亦は国作大己貴《おほなむち》命と号す。亦は葦原醜男《あしはらのしこお》と曰す。亦は八千戈《やちほこ》神と曰す。亦は大国玉神と曰す。亦は顕国玉《うつしくにたま》神と曰す。

とあって、合わせて七つの神名が記されている。そして、これに続けて、少彦名《すくなひこな》命との国作りの神話が語られている。

また、『古事記』にも、大国主神という神名の他に、大穴牟遅《おおなむち》神・葦原色許男《あしはらのしこお》・八《や》千矛《ちほこ》神・宇都志国玉《うつしくにたま》神といった別名をみることができる。

このように、多くの神名がみられることは、オオクニヌシという神の神格の形成を考える上で、大変、興味深い。というのは、オオクニヌシという神は、本来、それぞれの神名をもった個別の神がいて、それらがひとつの神格に統合されたと考えられるからである。たとえば、大物主神の場合、『日本書紀』の崇神天皇七年条に、

我は是、倭国の域《さかい》の内に所居《を》る神、名を大物主神と為《い》ふ。

というように姿をみせ、さらに、政治が思うようにいかず悩む崇神に、

天皇、復《また》な愁へましそ。国の政治の治らざるは、是吾が意《こころ》ぞ。若し吾が児大田田《おほたた》

根子《ねこ》を以て、吾を令祭《まつ》りたまはば、立《たちどころ》に平ぎなむ。

とさとしている。また、雄略天皇七年七月三日条には、

天皇、少子部連蜾蠃《ちいさこべのむらじすがる》に詔して曰はく、「朕、三諸岳の神の形を見むと欲ふ。或いは云はく、此の山の神をば大物主神と為《い》ふといふ。或いは云はく、菟田の墨坂神なりといふ。汝、膂力人《ちからひと》に過ぎたり。自ら行きて、捉て来」とのたまふ。

という伝承がみられる。雄略が三諸岳の神の姿をみたいといったというのである。また、この山の神を大物主神とする説があったことも記されている。こうした伝承をふまえると、大物主神は、三諸岳（山）、すなわち大三輪の祭神と考えられ、この神とオオクニヌシとは同神とされている。この両神の関連性については、「出雲国造神賀詞」の中にも、

乃ち大穴持命の申し給はく、皇御孫の静まり坐さむ大倭国と申して己命の和魂《にぎみたま》を八咫鏡《やたのかがみ》に取り託けて倭の大物主櫛𤭖玉命《くしみかたま》と御名を称《たた》へて大御和《おほみわ》の神奈備に坐させ、（後略）

とあって、大穴持命、すなわちオオクニヌシの和魂が大三輪の大物主神であるといっている。

次に、大己貴命《おほなむち》についてみると、「オホ」は文字通り大きいということであり、「ナ」は土地、「ムチ」は貴人の意味をもつと考えられる。そして、オオクニヌシは、この神名で国作りと国譲りとをおこなっている。

また、葦原醜男という神名は、『日本書紀』では、名称のみが記されており、具体的にどのような活動をしたかについては述べられていない。一方、『古事記』では、垂仁天皇の段に、「出雲の石硐の曾宮に坐す葦原色許男大神」として姿をみせる他、須勢理毘売《すせりびめ》との結婚や国作りに関係した神となっている。

大国主命と大己貴命

オホ	ナ	ムチ
＝	＝	＝
大	土地	貴人
＝	＝	＝
オホ	クニ	ヌシ

　八千戈神についても、『日本書紀』は、具体的な行動を記していない。『古事記』には、高志《こし》国の沼《ぬな》河比売《かわひめ》との婚姻の伝承が記されている。

　大国玉神は、『古事記』ではオオクニヌシの別名とはしていないわけであり、『日本書紀』の独自の伝承ということになるが、この神に関しても、具体的な行動は記されていない。顕国玉神についても同様であり、『日本書紀』は何ら具体的な活動も記していない。

このようにみていくと、「大国主命」と他の神名をもつ神々との間の関係については、さほど密接とはいい難いように思われる。さらに、「大国主命」という神名は、「大己貴命」という神名と同じ意味をあらわしていると考えられる。

つまり、記・紀神話に代表的な神として登場する大国主命（神）は、複数の神格をひとつに統合して一神にしたと考えられるのであるが、一神とするさいに特に大己貴命に注目して、「大国主」という神名を新たに作り出したといえよう。

■天の下造らしし大神

ところが、『出雲国風土記』をみると、オオクニヌシのイメージは一変する。『出雲国風土記』の中では、オオクニヌシは、「所造天下大神」、すなわち「天の下造らしし大神」という美称で表記されており、この他には、「天の下造らしし大神命」、「天の下造らしし大穴持命」、「大神大穴持命」といった表記も用いられている。これらのうち、大穴持命は、大己貴命と相通じる神名といえる。

いずれにしても、『出雲国風土記』の中でオオクニヌシは、天下を造った大神とし

『出雲国風土記』にみられる大国主命の表記

表　記　名	所　在　地
所造天下大神大穴持命（7例）	意宇郡母里郷 〃　山代郷 神門郡朝山郷 〃　八野郷 飯石郡多祢郷 仁多郡 大原郡城名樋山
所造天下大神命（9例）	意宇郡拝志郷 〃　宍道郷 〃　賀茂神戸 島根郡手染郷 〃　美保郷 楯縫郡玖潭郷 出雲郡宇賀郷 神門郡滑狭郷 大原郡来次郷
所造天下大穴持命（1例）	意宇郡出雲神戸
所造天下大神（10例）	楯縫郡 出雲郡杵築郷 〃　美談郷 神門郡高岸郷 〃　多伎郷 飯石郡三屋郷 〃　琴引山 大原郡神原郷 〃　屋代郷 〃　屋裏郷
大穴持命（1例）	仁多郡三処郷
大神大穴持命（1例）	仁多郡三沢郷

て認識され、最高神として扱われていることがわかる。

さらに、神社に注目してみると、『出雲国風土記』には、神社の総数が三九九と記載されている。これらの神社の中でオオクニヌシを祭神とする杵築《きづき》大社（出雲大社）と熊野大神を祀る熊野大社の二社のみが、「大社」とされている。

また、神々に目をやると、「天の下造らしし大神」と称されるオオクニヌシと熊野大神・佐《さ》太《だ》大神・野城《のぎ》大神の四神のみが、「大神」と表記されている。このように、オオクニヌシは、二大社・四大神という特権的なカテゴリーのいずれにも入っている。

さらに、『出雲国風土記』の中での四大神の登場回数をみても、熊野大神が二回、佐太大神が二回、野城大神が一回なのに対して、オオク

出雲大社

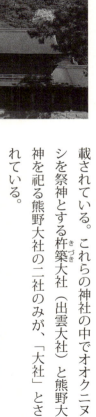

ニヌシは神話の主人公としてみられるものだけでも二一回を教えることができ、文字通り群をぬいた多さをみせている。

このように、オオクニヌシの神名をみていくと、『古事記』と『日本書紀』とでは差違がみられる。さらに、『出雲国風土記』まで視野に入れてみると、その相違はもっと大きくなり、それは相違というよりも、まったくの別世界といったほうが適切なように思われる。

スサノオのイメージ

■荒ぶる神、スサノオ

日本神話のなかでも、代表的な神とされるスサノオ神は、典型的な荒ぶる神としても有名である。しかし、それはあくまで記・紀神話の中での話である。『出雲国風土記』をみると、スサノオ神の姿は一変する。そのギャップの大きさには、目をみはるものがある。

まず、記・紀神話の中のスサノオ像をみていくと、出自は、アマテラス大神、ツクヨミ命と共に三貴子と称されている。すなわち、イザナキ命が黄泉国《よみのくに》からもどって禊《みそぎ》をしたさいに誕生したことになっている。その後、海原の支配を命じられたのに

八岐大蛇神話の概要

書名	スサノオ神の表記法	スサノオ神の降りた場所	国神の表記法	八岐大蛇の表記法	でてくる剣の名称	備考
古事記	須佐之男命 速須佐之男命	出雲国の肥の河上の鳥髪の地	大山津見神の子である足名椎・手名椎 娘の櫛名田比売	高志の八俣遠呂知	十拳剣 都牟刈の大刀 (草那芸の大刀)	
日本書紀本文	素戔嗚尊	出雲国の簸の川上	脚摩乳・手摩乳 娘の奇稲田姫	八岐大蛇	十握剣 草薙剣	最後に根国へ行く
日本書紀第一の一書	素戔嗚尊	出雲国の簸の川上	稲田宮主簀狭之八箇耳 娘の稲田媛			
日本書紀第二の一書	素戔嗚尊	安芸国の可愛の川上	脚摩手摩・稲田宮主簀狭之八箇耳 娘の奇稲田姫	八岐大蛇	蛇の麁正 草薙剣	
日本書紀第三の一書	素戔嗚尊	出雲国の簸の川上の山	脚摩乳・手摩乳 娘の奇稲田姫	彼の大蛇	蛇の韓鋤 草薙剣	
日本書紀第四の一書	素戔嗚尊	新羅を経て出雲国の簸の川上の鳥上の峰		大蛇	天蠅斫剣 草薙剣	
日本書紀第五の一書	素戔嗚尊	韓郷から紀伊国を経て熊成峯				最後に根国へ行く

従わず、青山を枯らすほど号泣し、イザナキ命によって追放されてしまう。

その途中、姉神のアマテラス大神がいる高天原を訪ねたところ、アマテラス大神はスサノオ神が高天原を奪いにきたと思い武装して出むかえる。そこで、誓約《うけい》をおこなってスサノオ神は、自分に野心がないことを証明するが、その後、高天原に入ってから乱暴の限りをつくすことになる。そして、あまりの乱暴に耐えかねたアマテラス大神が、ついに天岩窟へ身を隠してしまう。その後、オモイカネ神らの計画によって、アマテラス大神を天岩窟から出すことに成功した神々は、スサノオ神に罰を与える。

出雲へ追放される途中、食物神のオオゲツヒメ神を殺害したスサノオ神は、鳥髪の地に降り立つことになる。『日本書紀』に「一書」としてのこされている別伝承の中には、朝鮮半島に天降りして、そこから自分の体毛をぬいて木材に変えて船を造り、日本列島へきたとするものもある。そして、そこで八岐大蛇を退治し、クシイナダヒメと結ばれるのである。出雲降り、それに続く八岐大蛇退治については、『古事記』、『日本書紀』でいくつかのバリエーションがみられるが、いずれにしても、ここでのスサノオ神はヒーローとして描かれている。

記・紀神話にみられるスサノオ神のおおよその姿を追ってみたが、出雲へ追放される以前と以後とでは、性格が大きく変化していることに気がつく。それまでは手のつけられない乱暴者であったスサノオ神が、八岐大蛇を退治する善神へと変身してしまうのである。しかし、猛々しい性格という点では一貫している。つまり、記・紀神話においてスサノオ神は、善きにつけ悪しきにつけ荒ぶる神として終始しているといえる。ところが、『出雲国風土記』の中では、スサノオ神はとたんにやわらいでしまうのである。

■やわらぐ神、スサノオ

記・紀神話の中でも、八岐大蛇退治神話は特に知られたもののひとつである。その舞台となった出雲でつくられた『出雲国風土記』にも、当然、この神話のことが記されていてもよさそうであるが、実は一行も語られていないのである。

もちろん、スサノオ神についての記述がみられるのであるが、八岐大蛇を退治したことについては、まったくふれられていない。スサノオ神の記載は、全部で四か所あるが、いずれも短くて簡単なものばかりである。具体的には、まず、意宇《おう》郡の安来郷の条に、国土のすみずみまで巡行しているときに、ここにきて「吾が御心は、安平《やす》けくなりぬ」といったとある。ここからは、わずかに移動する神としてスサノオ像がうかがえるくらいであり、荒ぶる神という性格は少しもみられない。

須佐神社

次に、大原郡の御室山《みむろやま》の条をみると、スサノオ神が御室を造ってそこに宿ったことが記されている。また、佐世《させ》郷の条には、佐世の木の葉をかざしてスサノオ神が踊ったとある。御室山・佐世郷の両条からも荒ぶる神としての性格は、まったくうかがうことができない。むしろ、佐世郷の条からは、木の葉を頭に刺して舞い踊るユーモラスなスサノオ像すら感じられる。

四つめは飯石郡の須佐《すさ》郷の条である。ここでは、スサノオ神が「此の国は小さき国なれども、国《くに》処《どころ》なり。故、我が御名は石木には著《つ》けじ」と語って、自分の御魂《みたま》を鎮め置いたとされる。そして、神領として大須佐田・小須佐田を定めたと記されている。

スサノオ神の記述は、このようにいずれも簡略なものばかりであるが、その中では須佐郷のものが最も詳しい。さらに、郷名に神名が使われている点、鎮座《ちんざ》したということや神領を定めたという内容を含んでいる点もみのがせない。つまり、これらのことから、スサノオ神の本貫地《ほんがんち》、すなわちスサノオ神を信仰する人々の拠点をここに考えてもよいであろう。

しかし、くり返すと荒ぶる神としての性格は、どこにもみることができない。この点、記・紀神話とは大きなギャップが残されたままである。この双方のへだたりを埋める手段として、『出雲国風土記』にみられるスサノオ神の御子神たちの伝承に注目してみたい。

■御子神たちの伝承

『出雲国風土記』には、全部で九郡のうち、五郡にわたってスサノオ神の七神の御子の伝承が八か所みられる。まず、意宇郡の大草郷には、アオハタサクサヒコ命が登場するが、ここでは、この神が鎮座しているので大草というとあるのみで少しも要領を得ない。この神は、大原郡の高麻山の条にもみられ、ここでは山上に麻を蒔いたとされている。
島根半島部に目をやると、島根郡の山口郷にツルギヒコ命がいて、「吾が敷き坐す山口の処《ところ》なり」といったという伝承がみられる。また、方《かた》結《え》郷では、クニオシワケ命が、「吾が敷き坐す地は、国形《くにがた》宜《え》し」といったとされる。いずれも簡略に地名の由来をのべているだけである。

島根郡に隣接する秋鹿郡にも二神の姿をみることができる。恵曇郷には、イワサカヒコ命の伝承がのこされている。国土巡行をしていたこの神が、「此処《こ》は国稚く美《う》好《るは》しかり。国形、絵《え》鞆《とも》の如きかも。吾が宮は是処《こ》に造らむ」といったというのである。多《た》太《だ》郷には、やはり国土巡行をしていたツキホコトオヨルヒコ命がこの地へやってきて、「吾が御心は、照《あ》明《か》く正《た》真《だ》しく成《な》りぬ。吾は此処に静まり坐さむ」といったとある。

のこりの二神は女神で、いずれも神門郡に登場している。まず、八野郷にはヤノノワカヒメ命がいて、オオナモチ命が婚姻を結ぼうとして屋（神殿）を造ったという伝承がみられる。また、滑《なめ》狭《さ》郡には、ワカスセリヒメ命がいる。この神に対してもオオナモチ命は婚姻を結ぼうと通っており、ワカスセリヒメ命の社の前の岩がよくすべるので、「滑磐石なるかも」といったとされる。

以上がスサノオ神の御子神たちの伝承である。いずれの伝承も記述が短く、しかも、ほとんどの神々は、『出雲国風土記』にしか姿をみせない土着の神である。わずかに、ワカスセリヒメ命が『古事記』に登場するスセリヒメ命と、また、クニオシワケ命がやはり『古事記』のクニオシトミ命と同神かとされるが、確証はない。

このように心細い伝承の数々であるが、全ての伝承をトータルにみると、興味深いことに気がつく。それは、御子神たちの神名や行動に、記・紀神話のスサノオ神の性格と類似した要素をみい出せるということである。たとえば、ツルギヒコ命からは剣を、ツキホコトオヨルヒコ命からは矛をそれぞれ連想することができる。これらから、両神の性格を武器を象徴した猛々しい武神とみなすことができよう。これは、とりもなおさず荒ぶる神の性格とも共通している。また、アオハタサクサヒコ命の麻を蒔くという行動は、この神が増殖神であることをうかがわせる。これは、朝鮮半島に天降りしたスサノオ神が自らの体毛を木々に変えたという行為と相通じるものがある。

つまり、スサノオ神の伝承に御子神のものを含めてとらえると、記・紀神話のスサノオ像に近くなるのではなかろうかというわけである。すなわち、パターン化していうと、「記・紀」のスサノオ像は、『出雲国風土記』のスサノオ神プラス御子神となる。

このような見方が許されるとすると、次に問題になってくるのは、こうしたことが生じる理由ということになる。

『古事記』は、和銅五年（七一二）、『日本書紀』は、養老四年（七二〇）の完成である。それに対して、『出雲国風土記』は、天平五年（七三三）の成立である。ほぼ同じ時期にまとめられているが、『出雲国風土記』が最もあとにできている。したがって、単純にいうと、「記・紀」のスサノオ像がはじめにあり、それを『出雲国風土記』がスサノオ神と御子神とにわけたと考えられる。しかし、そう単純にもいえないのである。それは一方では、『出雲国風土記』の性格として、在地性の強さが指摘されているからである。

他の国々の『風土記』が国司層を中心として編纂されたのに対して、出雲の場合は、出雲国造が編纂の最高責任者になっている。さらに、国司が編纂に関与していないということもみのがせない。これらのことは、当然のことながら、『出雲国風土記』の性格を決定づける大きな要素といえるであろう。

「記・紀」と『出雲国風土記』とのスサノオ像のギャップをどのようにとらえるかは、大変、難しい問題で、簡単に結論をいうことはできない。しかし、あえていうならば、

『出雲国風土記』の世界を考えるとき、在地性の強さをベースにおきたいと思う。

しかし、「在地性」という言葉にも問題がないわけではない。というのは、『出雲国風土記』は、出雲最大の実力者の出雲国造を中心にまとめられたのであるから、出雲国造による神話の改変の可能性は、当然あるわけである。そのことをふまえた上での在地性の強さということである。

つまり、スサノオ神の問題に関しても、『出雲国風土記』にみられるような伝承が在地に語りつがれていたと考えるわけである。それを「記・紀」の編纂者は作成の過程で、スサノオ神と御子神の伝承を合わせて潤色し、新たな荒ぶるスサノオ像を創造したのであろう。

■「スサノオライン」の提唱

『出雲国風土記』にみられるスサノオ神と御子神の伝承、すなわちスサノオ伝承を、「記紀」のものより本来的で在地的なものとしてみるとき、その分布も大変、興味深い。なぜならば、スサノオ神の四か所の伝承は、出雲の南部にみられ、しかもほぼ一直線で結ぶことができる。これをスサノオラインとよぶことにしたい。それに対して、八か所の御子神の伝承は、いずれもスサノオラインの北側に位置している。そして、ほとんどの伝承は、海辺もしくは水辺に近接しているのである。また、二神の女神の伝承は、出雲の西部の神門郡にみられ、ともにオオナモチ命との婚姻が神話の内容になっている。そして、神門郡の北の出雲郡は、杵築大社（出雲大社）があることでも明らかなように、オオナモチ命の信仰圏なのである。

伝承分布のみから、あまり多くのことをいうのは机上の空論といわれるかもしれない。しかし、この興味深いスサノオ伝承の分布をベースにして、ひとつの憶測をのべてみたい。スサノオ神の信仰の本貫地は、飯石郡の須佐郷と考えられるから、そこを基点としてみると、スサノオ神の伝承は、大原郡を通り、出雲の東部の海浜部の安来郷へとほぼ直線上に伸びている。スサノオラインである。このことは、とりもなおさず、スサノオ神を信仰する人々の進出をうかがわせている。これらの集団は、どのような人々であったのであろうか。この点については、飯石郡をはじめとして、奥出雲が製鉄で知られ、『出雲国風土記』にも鉄の記載がみられることなどから製鉄集団と推測することができる。つまり、製鉄神であるスサノオ神を信仰する製鉄集団が山間部から海浜部へと進出する姿をスサノオラインは反映しているのである。

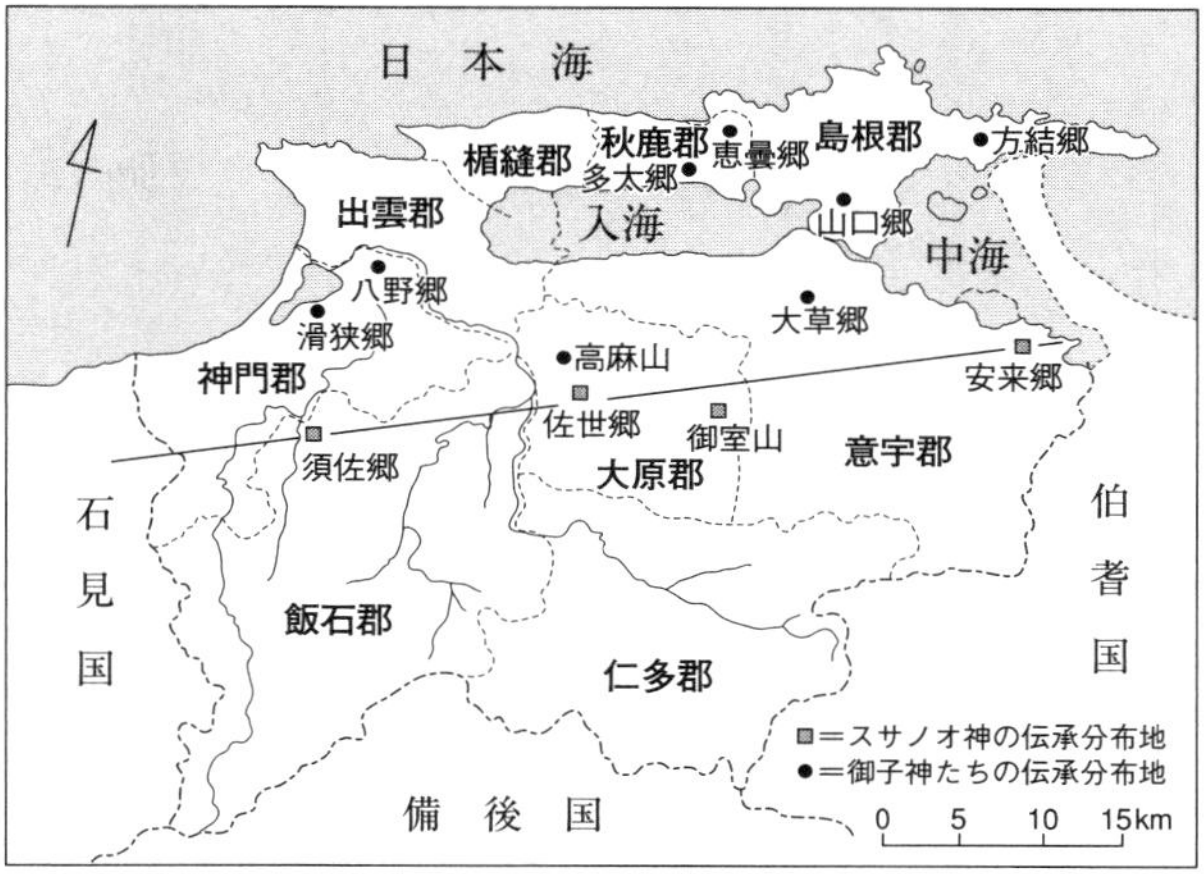

スサノオ伝承の分布

そして、その過程で、他の集団をとりこんでいったと思われるが、それが御子神の伝承分布から読みとれる。伝承分布が海辺・水辺と関係深いという点から考えると、とりこまれた集団は海人たちであったと思われる。その分布がはじめスサノオラインによりそうようにみられ、その後、北上して島根半島の島根郡・秋鹿郡へと伸びているのは象徴的である。それは、製鉄集団による海人集団の支配の過程を示しているように思われる。それでは、なぜさらに、楯縫郡・出雲郡へと伸びていないのかというと、いうまでもなくそこはオオナモチ命の信仰圏だからである。

この点については、御子神のうちの女神

の伝承分布からも理解できる。製鉄集団が交流手段などの必要性から海辺・水辺をめざすのであれば、須佐郷からそのまま北上して、出雲の西部をめざした方が早いように思われる。事実、そのルートもめざしたことが女神の伝承分布からうかがえる。しかし、この北上には、当然のことながら、オオナモチ命を信仰する人々との対立が想定される。二神の女神がオオナモチ命と婚姻関係をもっているのは、このことを反映していると思われる。つまり、神門郡でスサノオとオオナモチ両神の信仰集団がぶつかりあって、その結果、一応の妥協が成立したと考えられるのである。したがって、スサノオ神を信仰する製鉄集団は、神門郡より北へは伸びていくことはできなかったわけである。

『出雲国風土記』のスサノオ伝承の分布から、スサノオ神を信仰する集団の動きを考えてみた。それは、製鉄集団による海人集団の支配ということでもあった。もちろん、こうしたことをのべるためには、さらに多方面からの検討が必要であろう。しかし、いままで出雲の古代史というと、東部と西部だけがとりあげられてきたように思われる。東部と西部という視点に、製鉄集団の南部と海人集団の北部という視点を加えることによって、出雲の古代史は、さらに、ダイナミックになるであろう。

特集1

出雲の神々図鑑

オオクニヌシ神

葦原中国の支配者が見せる二つの顔

▼多くの名をもつ神

日本神話のなかでオオクニヌシ神は因幡の素菟《しろうさぎ》などの神話でもわかるように、アマテラス大神と並んで最も良く知られた神ではなかろうか。しかし、その実体はよくわかっていない。

まず、神名についても別名が大変、多い。『古事記』『日本書紀』をみると、オオクニヌシ神の他に、オオモノヌシ・オオナムチ・アシハラシコオ・ヤチホコ・オオクニタマ・ウツシクニタマなどの神名が記されている。

これらのうち、オオクニヌシ神とオオナムチ神は大きな土地の所有者というような意味となり、農耕神・開拓神といったキャラクターになる。

アシハラシコオは葦原醜男であるから、そのまま受けとると日本で一番の醜男《ぶおとこ》ということになってしまうが、これは荒々しいとかエネルギッシュとかと解釈すべきであろう。

八千矛《やちほこ》神は多くの矛という意味であるから武力的な神、オオクニタマ神とウツシクニタマ神は、偉大な国の中心的な魂といったことになろうか。

いずれにしても、こうした多様な顔をもつオオクニヌシ神が『古事記』『日本書紀』の中では、地上を作り、それを高天原に国譲りするという重要な役割を担っているのである。

▼オオクニヌシ神の不可解な行動

ところが、『古事記』や『日本書紀』とほぼ同じ八世紀の前半に作られた『出雲国風土記』をみるとオオクニヌシ神のイメージは一変してしまう。まず、名前であるが、オオナモチ神と称され、さらに「天の下造らしし大神」とたたえられている。さらに、その行動自体も『古事記』や『日本書紀』とはまったくといってよいほど違う。一例として、国譲りについてみてみたい。

『古事記』『日本書紀』では、高天原の使者に対して、オオクニヌシ神は積極的な解答をしていない。自分の子神であるコトシロヌシ神にきいてくれといっている。特に『古事記』では、コトシロヌシ神が国譲りに同意すると、今度はもう一人の子神であるタケミナカタ神にきくように願っている。

そして、タケミナカタ神がタケミカヅチ神との力競べに敗れて国譲りに賛成するとオオクニヌシ神自身もようやく国譲りをすることになるが、高天原のような壮大な宮殿の造営を要求して、そこに鎮座することになる。これが出雲大社というわけである。

ここから想像できるオオクニヌシ神は、消極的というか交渉にたけているというか何ともつかみどころがない。

それに対して、『出雲国風土記』をみると、自らが地上の国は「皇御孫命《すめみま》」に譲ると宣言している。しかし、一方では出雲国だけは自分が支配する国であり譲ることはしないとも主張している。

また、国譲りの舞台についても、『古事記』や『日本書紀』では、出雲国の西部の稲佐浜であるのに対して、『出雲国風土記』では、東部の母理郷《もりごう》というようにまったく異なっていることも興味深い。

オオクニヌシ神の神話

①因幡の素菟

美しいヤカミヒメに求婚するため、因幡の国に向かう兄神たち（八十神）に付き従っていたオオクニヌシ神は、その途中、皮をはがれて苦しみもがいている菟に出くわす。聞けば、淤岐島（おきのしま）から因幡国へ渡ろうとワニを騙して海上を渡ろうとするが、途中で気付かれ皮を剥ぎ取られてしまった。その後、通りかかった八十神のいう通り海水に浸かったら、かえってひどくなったという。

オオクニヌシ神は治療の仕方を菟に教え、それによって菟はもとの姿となった。

②根の国訪問

八十神たちの求婚を拒み、因幡の国のヤカミヒメが選んだのは、オオクニヌシ神であった。これによって兄神たちの恨みをかったオオクニヌシ神は計略によって二度殺害されるが、母神の力によって蘇る。兄神から逃れるため、スサノオ神の住む「根の国」に向かったオオクニヌシ神は、スサノオ神から与えられた様々な試練をくぐり抜け、その娘スセリビメと結婚し、葦原中国の支配者となった。

③天孫降臨

オオクニヌシ神は皇孫に国土を譲り、自身は国土を守る神として出雲大社にまつられ、かわってアマテラス大神の孫ニニギが天孫降臨を果たした。

オオクニヌシ神の別名

古事記

大《おお》穴《な》牟《む》遅《ち》神
葦原《あしはらの》色《し》許《こ》男《お》
八《や》千《ち》矛《ほこ》神
宇《う》都《つ》志《し》国《くに》玉《たま》神

出雲国風土記

天の下造らしし大神	天の下造らしし大穴持命
天の下造らしし大神命	大神大穴持命
天の下造らしし大神大穴持命	大穴持命

日本書紀

大《おお》物《もの》主《ぬし》神
国作《くにつくりの》大《おお》己《な》貴《むち》命
葦原《あしはらの》醜《しこ》男《お》
八《や》千《ち》矛《ほこ》神
大《おお》国《くに》玉《たま》神
顕《うつくし》国《くに》玉《たま》神

国譲りの舞台

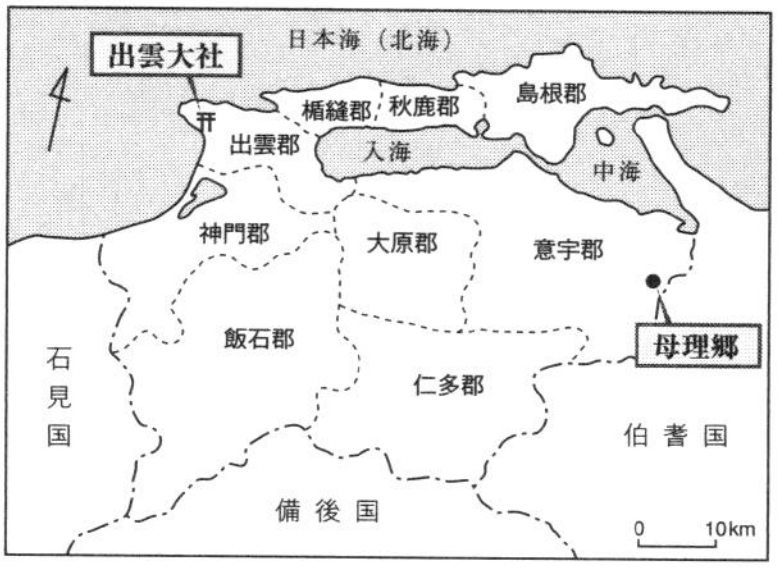

スサノオ神

高天原を追放された〝荒ぶる神〟の実像

▼複数の「性格」をあわせもつ

スサノオ神は、「記・紀」によると、イザナキ神の鼻から生れたことになっている。このとき左目からはアマテラス大神、右目からはツクヨミ神が生れている。いわゆる「三貴子」の中の一神としてスサノオ神は、とても高い神格をもっている。

しかし、一方ではスサノオ神は荒ぶる神であったため、高天原を追放されてしまう。出雲へ天降ったスサノオ神は、そこでヤマタノオロチを退治する英雄神へと変貌をとげる。

その後、クシ（イ）ナダヒメと結ばれ、オオクニヌシ神をはじめとする多くの出雲の神々の祖神となる。このように、地上におけるスサノオ神の性格は高天原での性格とはまったく一変する。

『日本書紀』の一書《あるふみ》では、高天原を追放されたスサノオ神は、御子神のイタケル神と共にまず新羅に天降り、それから船で出雲へやってきたとしている。このときイタケル神は新羅からたくさんの樹種をもってきて、それを紀伊国など各地にまいたとされる。スサノオ神自身も髯《ひげ》・胸毛などの体毛をぬきとって杉や檜《ひのき》などの樹木に変えている。このようにスサノオ神には、朝鮮半島との関係や増殖神としての性格もみられる。

『古事記』では、スサノオ神は根の国の支配者となって、訪れたオオクニヌシ神にさまざまな試練を与えている。そして、これらの試練をのりこえたオオクニヌシ神に自分の娘のスセリヒメを与え、太刀・弓矢・琴を授けて葦原中国（地上）の支配者としている。

一方、『出雲国風土記』の中のスサノオ神をみると、「記・紀」でのイメージは一変してしまう。スサノオ神自身の伝承は合わせて四か所にみることができる。まず、安来郷では、スサノオ神がここにきて心が落ち着いたといったので安来という地名がついたとする。飯石郡の須佐郷には、この地の名に自分の名前をつけようといって鎮座したとあり、大原郡の佐世郷では、佐世の木の葉を頭にさして踊ったと伝え、御室山では、スサノオ神が御室をつくったことを記している。

▼どちらが本当のスサノオ神なのか

このように『出雲国風土記』の中のスサノオ神は、素朴で平和な神として描かれている。「記・紀」のイメージとはまったく異なっている。しかし、スサノオ神の御子神にまで目をやると、こうしたイメージのギャップをある程度、埋めることができる。御子神七柱のうち、ツルギヒコ神とツキホコトオヨルヒコ神とからは荒々しい武神のイメージを、またアオハタサクサヒコ神という麻を蒔いた神からは増殖神のイメージを読みとることができる。

『出雲国風土記』にみえるスサノオ神と御子神の性格を合わせると、「記・紀」のスサノオ神のイメージに重なってくる。この点について、『出雲国風土記』は在地性の強さがいわれる地誌であり、それは神話についてもいえることから、スサノオ神の伝承に関しても、『出雲国風土記』の方がより本来的なものと考えられる。

スサノオ神の神話

①高天原追放

父イザナキ神に海原を治めるよう命じられたスサノオ神はその命に従わず、母イザナミ神のいる根の国に行くことを望む。これにより、イザナキ神の怒りをかったスサノオは天界を追放されてしまった。別れを告げるため、姉神アマテラス大神のもとにスサノオ神は向かったが、高天原を奪いにきたと誤解したアマテラス大神は武装して迎える。「誓約」（うけい）により、その誤解をはらしたスサノオ神だが、高天原で数々の悪行を働いてしまう。これに怒ったアマテラス大神は天石屋戸に隠れ、世界は闇に包まれることになった。神々の努力でアマテラス大神は天石屋戸から出てきたが、スサノオ神はその責任を問われ、高天原を追われ、出雲へと追放になった。

②ヤマタノオロチ退治

出雲に天降ったスサノオ神は、老夫婦の国神に出会う。二人は娘のクシナダヒメが大蛇に食べられてしまうことを嘆き悲しんでいた。スサノオ神は、大蛇を酔わせ、寝入ったところを十拳の剣で斬り殺すと、大蛇の尾から出た剣をアマテラス大神に献上し、クシナダヒメを妻とする。その子神の子孫がオオクニヌシ神である。その後、スサノオ神は根の国の主宰神となり、そこを訪れたオオクニヌシ神にさまざまな試練を与えた。（195P参照）

スサノオ神の系図

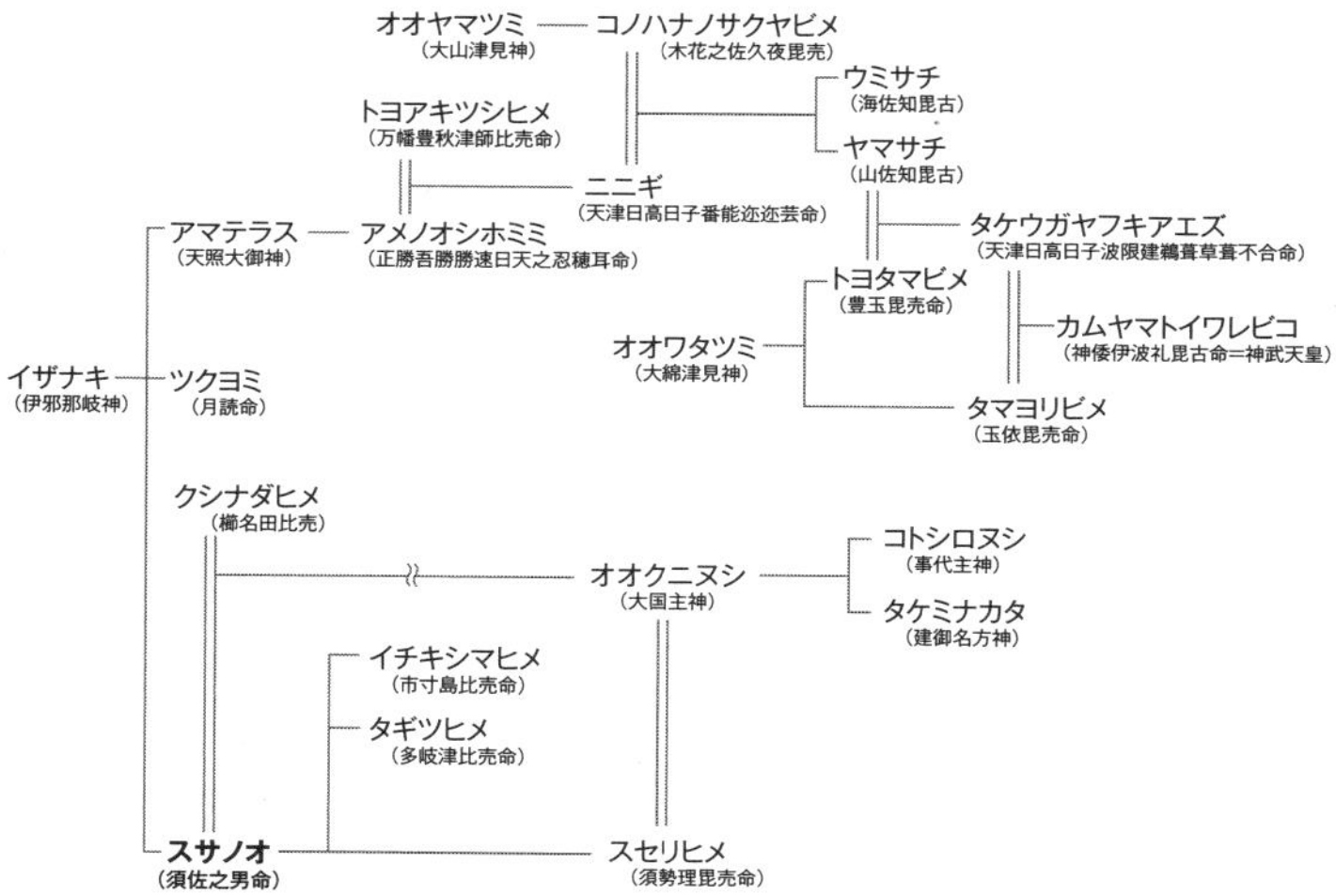

コトシロヌシ神

国譲りで「託宣の神」がとった決断の謎

▼「エビスさん」で知られる神

コトシロヌシ神は、事代主神とか八重事代主神とかと表記されるが、一般にはむしろ、「エビスさん」という名の方が知られているのではなかろうか。片手に大きな鯛をもち、もう片方の手にはつりざおをもってにこやかな顔をしている神である。

しかし、この神には不思議な点がいくつもある。コトシロヌシ神は現在、母神であるミホツヒメ神と共に美保神社の祭神として信仰されている。美保神社は、島根半島の東端に鎮座しているという立地条件からも明らかなように、漁民の信仰のあつい神社である。イメージ的には、コトシロヌシ神が鎮座している神社としてはぴったりという感じがする。

ところが、天平五年（七三三）にまとめられた『出雲国風土記』などからも明白なように美保神社の祭神は、ミホススミという女神がもともとの姿と考えられる。それどころか、『出雲国風土記』には、コトシロヌシ神はまったくでてこないのである。コトシロヌシ神が活躍するのは、もっぱら記・紀神話においてであり、それも国譲り神話が中心である。

▼青柴垣の中に姿を隠す

「記・紀」では、コトシロヌシ神は、オオクニヌシ神の御子神として高い神格をもち、託宣の神といわれている。それは、国譲り神話において、決断に困った父のオオクニヌシ神から国譲りの決定権をまかされ、承諾の返答をしているからである。『古事記』によって、国譲り神話をみてみると、高天原からの最初の使者であるアメノホヒ神も二番目のアメノワカヒコ神もオオクニヌシ神にとりこまれてしまい、高天原への返事をおこたってしまう。そこで、タケミカヅチ神とアメノトリフネ神が遣わされることになる。

両神は出雲国の伊那佐の小浜（稲佐浜）へ天降り、国譲りの交渉を開始するが、オオクニヌシ神は、「僕は得白《まを》さじ。我が子、八重言代主神、これ白すべし」といって、美保で魚を取ったり鳥を狩ったりしている自分の子のコトシロヌシ神にきいてくれと返答を逃げてしまう。

そこで、アメノトリフネ神を派遣してコトシロヌシを召し出してきくと、コトシロヌシ神は父のオオクニヌシ神に、「恐《かしこ》し。この国は、天つ神の御子に立奉《たてまつ》らむ」と答えて、天の逆《さか》手を打って、乗っていた船をひっくり返すと青柴垣に化してその中に隠れてしまった。

以上が『古事記』にみられる国譲り神話であり、コトシロヌシ神は国譲りに同意して、最後は青柴垣の中に姿を隠し、この世を去ってしまっている。現在、美保神社でおこなわれている青柴垣神事は、この場面をモチーフとしたものであり、諸手船神事は、稲佐浜からコトシロヌシ神のいる美保へ急使が遣わされたことをモチーフとしている。

また、コトシロヌシ神は「出雲国造《いずものくにのみやつこの》 神賀詞《かんよごと》」では、父のオオクニヌシ神から皇御孫《すめみま》命の守り神たることを命じられている。さらに天皇の身を守るべく宮中に祀られる八神殿にも名を連ねている。

国譲り神話とは

オオクニヌシ神が支配していた地上の国「豊葦原水穂国」に対し、高天原のアマテラス大神は、支配権の譲渡を迫ることになる。

↓

使者としてアメノホヒ神が送られるが、オオクニヌシ神に取り込まれてしまう。

↓

第二の使者としてアメノワカヒコ神が立つが、オオクニヌシ神の娘と結ばれてしまう。そこでナナシギシに葦原中国の様子を窺わせるが、アメノワカヒコ神によって、射殺されてしまう。その矢は高天原にまで届くが、タカミムスヒ神が地上へ投げ返すと、アメノワカヒコ神に刺さり、死んでしまう。

↓

新たにタケミカヅチ神とアメノトリフネ神が派遣される。降り立ったのは伊耶佐の小浜（稲佐浜）。この地でオオクニヌシ神に国譲りを迫る。

↓

オオクニヌシ神は、息子であるコトシロヌシ神に聞いてから返事をすると応える。

↓

アメノトリフネ神が美保にいたコトシロヌシ神のところへ向かい、意見を問うと、国譲りに即座に応じた。そして、海中に青柴垣をつくると、飛び込んでしまった。

↓

コトシロヌシ神の行動を知ったオオクニヌシ神は、もう一人の息子であるタケミナカタ神の意向を確かめるようにいう。

↓

タケミカヅチ神との勝負に敗れたタケミナカタ神は諏訪に逃れる。

↓

国譲りに応じたオオクニヌシ神は、出雲大社に鎮座することになる。

↓

アマテラス大神の孫ニニギ神が新たなる地上の支配者として天降る（天孫降臨神話）。

アマツキイサカミタカヒコ神

『出雲国風土記』に姿を見せる神名火山の神

▼神が隠れこもる山・カンナビ

アマツキイサカミタカヒコ神は、『出雲国風土記』に姿をみせる神であり、カミムスヒ神の御子神で別名をコモマクラシツヌチ神という。

また『古事記』の垂仁天皇の条に、出雲国造の祖として登場するキイサツミ神とも神名の類似から関連がいわれている。

まず『出雲国風土記』の出雲郡漆沼《しつぬ》郷の条をみると、「神魂命の御子、天津枳比《あまつきひ》佐可美高日子《さかみたかひこ》命の御名を、又、薦枕《こもまくら》志都沼値《しつぬち》といひき。此の神、郷の中に坐《いま》す。故、志刀沼《しつぬ》といふ」とあり、アマツキイサカミタカヒコ神が漆沼郷の土地神であることがわかる。漆沼郷は現在の斐川町の漆治のあたりとされる。

この神が祀られている神社については、『出雲国風土記』の出雲郡にみられる神名火山の条が参考になる。そこには、

曽支能夜《そきのや》社に坐す伎比佐加美高日子《きひさかみたかひこ》命の社、即ち此の山の嶺にあり、故、神名火山といふ。

と記されている。ここにみられる神名火山は現在、斐川町の仏経山のこととされ、付近には神庭荒神谷遺跡もある。神名火山は、出雲と大和とにみられ、その本質については不明な点が多い。言葉の意味としては、「カン（カミ）・ナビ・ヤマ」で神が隠れこもる山ということになろう。

いずれにしても、この伝承に登場するキイサカミタカヒコ神は、神名の類似からアマツキイサカミタカヒコ神のことと考えられる。したがって、アマツキイサカミタカヒコ神はそもそも神名火山に鎮座する神であり、その本来の神社は神名火山の頂上にあった。

しかし、『出雲国風土記』が成立した八世紀のはじめごろにはすでに山麓に祀られるようになっており、その神社は曽支能夜社（現、曽枳能夜神社）の境内社になっていたらしい。

▼出雲国造との関係

『古事記』によると、垂仁天皇の皇子である本牟智和気《ほむちわけ》は、生れつき言葉をしゃべらなかったが、困った天皇は夢に神託をえて皇子を出雲へ遣わしたとある。すると、出雲において、「出雲国造の祖、その名は岐比佐都美《きひさつみ》」が現れ、「青葉の山を飾りて、その河下に立てて、大御食《みけ》献らむ」といって食物を献上したところ、本牟智和気は出雲大社について尋ねる言葉を発したという。

この伝承では、みたように出雲国造の祖がキイサツミ神となっている。しかし、出雲国造の祖については、アメノホヒ神とするのが一般的であり、第十二代のウカヅクヌ神のときに初めて出雲国造に任じられたことになっている。キイサツミ神とアメノホヒ神とをどのように理解するかは出雲国造のことを考える上で重要な問題であるが史料が限られていて詳細は不明である。

また、アマツキイサカミタカヒコ神とキイサツミ神の関係も同様に不明な点が多いが、両者の名称の類似から考えても何らかの関係があるものと思われる。つまり、アマツキイサカミタカヒコ神は仏経山周辺の土地神であると共に出雲国造とゆかりのある神と考えられる。

『出雲国風土記』に記された神名火山

神名火山

「カンナビ」とは神が隠れこもるという意味であり、出雲の場合、宍道湖の四隅に配置されている。このことから宍道湖を守護しているようにもみえる。

神名火山（秋鹿郡）

現在の朝日山。松江市東長江町、鹿島町にまたがる。
鹿島町側の麓には、佐太神社がある。

神名樋野（意宇郡）

現在の茶臼山。松江市山代町、矢田町にまたがる。

神名樋山（楯縫郡）

現在の大船山。所在地は出雲市多久町。

神名火山（出雲郡）

現在の仏経山。所在地は出雲市斐川町。風土記では頂上に鎮座したとされる曽支能夜社は、その後、麓に祀られるようになった。付近には神庭荒神谷遺跡もある。

ヤツカミズオミヅヌ神

『出雲国風土記』に記された「国引き神話」の巨人神

▼出雲の国土創神

国引き神話の主人公であるヤツカミズオミヅヌ神は、『出雲国風土記』のみに姿をみせる神である。

『古事記』の中のスサノオの神統譜にオミヅヌ（淤美豆奴）という神がみられ、ヤツカミズオミヅヌ神と同神かといわれているが、他には姿をみることができない。

国引き神話とは、ヤツカミズオミヅヌ神が八雲立つ出雲国は、幅の狭い布のような形に作ってしまったので大きくしようと宣言して、四か所から国引きをおこなって現在の島根半島にほぼあたる部分を作ってしまうという神話である。

まず、新羅からの国引きで完成したのが出雲大社のあたりである杵築ということになる。

このとき国引きに用いた綱が薗長浜で、その綱をしっかり固定したのが三瓶山といわれている。

次に、隠岐からの二回の国引きによって狭田国と闇見《くらみ》国の二地域をつくり上げる。そして最後は、越からの国引きによって島根半島の東部の美保を作りあげることになる。このときの綱が弓浜半島で、その綱を固定したのが大山とされる。

こうした壮大な神話の主人公がヤツカミズオミヅヌ神であり、巨人神としての性格をもっているといえる。

ヤツカミズオミヅヌ神には、もうひとつ興味深いことがいえる。というのは、国引き神をみると、ヤツカミズオミヅヌ神が「八雲立つ出雲」といったとある。

一方、記・紀神話では、スサノオ神がヤマタノオロチを退治したあとに「八雲立つ出雲八重垣　妻籠《つまご》みに　八重垣作る　その八重垣を」とよんだことになっていて、こちらの方が通説となっている。

つまり「八雲立つ出雲」といったのは一般にスサノオ神が最初ということになっているが、こと『出雲国風土記』をみる限り、ヤツカミズオミヅヌ神が名づけ親ということになる。

▼神名についての二つの解釈

ヤツカミズオミヅヌ神は「八束臣津野」と表記されるが、神名解釈としては、〈八束水〉と〈臣津野〉に分けてとらえるのがふつうである。そして、全体で大水の神とか水の主宰神と考えるのが通説といってよいであろう。

しかし、ヤツカミズオミヅヌ神が国引きの神であることを重要視するならば、〈八束水〉はさらに〈八束〉と〈水〉と分けてとらえることが可能であろう。この意味は「長い水」ということになる。国引き神話の中で、長い水という形容にあてはまるものといえば綱が思いおこされる。海上はるか新羅や越にまで、まっすぐに伸びている綱は、まさしく一すいの水を連想させるのではあるまいか。

このように考えると、ヤツカミズオミヅヌ神は、大水の神（臣津野）が本質的な神名の意味を表わしていて、それに八束水が装飾的についたものと理解することができる。

国引き神話の舞台

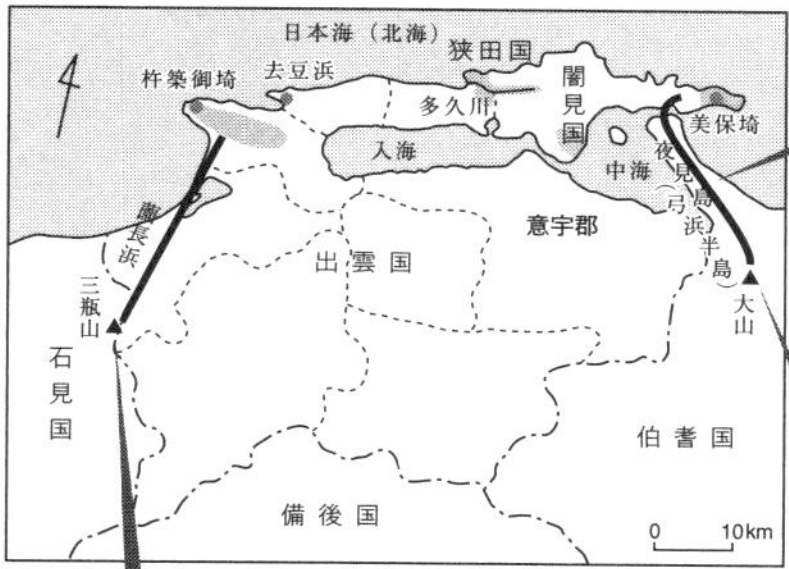

弓浜半島

大山

三瓶山

国引き神話とは

ヤツカミズオミヅヌ神が、「八雲立つ出雲は、狭布の稚国なるかも。初国小さく作らせり。故、作り縫はな」（出雲は幅の狭い布のような国で、誕生してまもない小さな国である。縫いつけて大きくしよう）と宣言。

国引き 一

朝鮮半島の新羅の岬から引いてきたのが、去豆《こず》の折絶《おりたえ》から支豆支《きずき》（杵築）の岬にかけての地域。その時に杭としたのが三瓶《さんべ》山であり、綱としたのが薗長浜である。

国引き 二

北門《きたど》の佐伎国から引いてきたのが、多久《たく》の折絶から狭田《さだ》国にかけての地域。

国引き 三

北門の良波国から引いてきたのが、宇波の折絶から闇見《くらみ》国にかけての地域。

国引き 四

越の都都《つつ》の岬から引いてきたのが、三穂崎《みほのさき》（美保崎）。その時に杭としたのが火神岳（大山）であり、綱としたのが夜見島（弓浜半島）である。

ミホススミ神

美保の女神の神話は何を物語るか

▼美保の女神の実像

島根半島の東端に位置する美保神社の祭神は現在、コトシロヌシ神とミホツヒメ神の二神である。しかし、そもそもはミホススミ神という女神であったと考えられる。それは、八世紀のはじめにまとめられた『出雲国風土記』の島根郡の美保郷の条に、

天の下造らしし大神命、高志国《こし》に坐す神、意支都久辰為命《おきつくしゐ》の子、俾都久辰為命《へつくしゐ》の子、奴奈宜波比売命《ぬながはひめ》にみ娶《あ》ひまして、産みましし神、御穂須須美命《みほすすみ》、是神坐《いま》す。故、美保といふ。

とあり、美保に鎮座している神はミホススミ神であると明記されている。そればか

りか、美保という地名の由来自体もミホススミ神がいることによるとのべている。つまり、美保の神はそもそも一神で、それはミホススミ神であったのである。

それでは、どうして美保神社の祭神が変わったのかというと、コトシロヌシ神は「記・紀」の国譲り神話で、美保について父であるオオクニヌシ神から国譲りをするか否かの決断をまかされるという重要な役割を担っている。いわば、「記・紀」でいうと美保の神はコトシロヌシ神というイメージなのである。

また、ミホツヒメ神は「記・紀」ではコトシロヌシ神の母であり、オオクニヌシ神の妻となっている。加えて、ミホツヒメ神とミホススミ神とは神名も似かよっている。

こうしたことがもととなって、「記・紀」が地方へも普及するにともなって、美保の神もいわばネームバリューの高い「記・紀」の神々に変わったのであろう。

▼出雲と北陸の交流のあかし

ミホススミ神は、天の下造らしし大神、すなわちオオクニヌシ神が高志（越）国、つまり北陸の女神であるヌナガワヒメ神をめとって産んだ御子神ということになっている。

このオオクニヌシ神とヌナガワヒメ神の婚姻伝承は、『古事記』の中に歌謡としても残されている。

ミホススミ神がオオクニヌシ神とヌナガワヒメ神との間の子であり、島根半島の東の端に鎮座しているということはとても興味深い。というのは、『出雲国風土記』の国引き神話によると、高志（越）から国を引いてきたのが、とりもなおさず美保であるからである。

出雲と越とは、日本海を西から東へ向かって流れる対馬海流で結ばれ、こうした神話のみならず実際の交流もあったと思われる。

美保の先端は『出雲国風土記』にも美保埼と記されていて、「周りの壁《きし》は峙《そばだ》ちて崔《さか》しき定岳《やま》なり」とのべられていることからもわかるように、古代から目印としての役割を果たすのに十分な地形であったと考えられる。実際に十三世紀の半ばには、すでに海関が設置されていたともいわれている。

こうしたことから考えて、美保は古代から海上交通の要地のひとつであり、越をはじめ他地城との交流も盛んであったと思われる。それを神話的にのべているのがミホススミ神の神話に他ならない。

オオクニヌシ神とヌナガワヒメ神

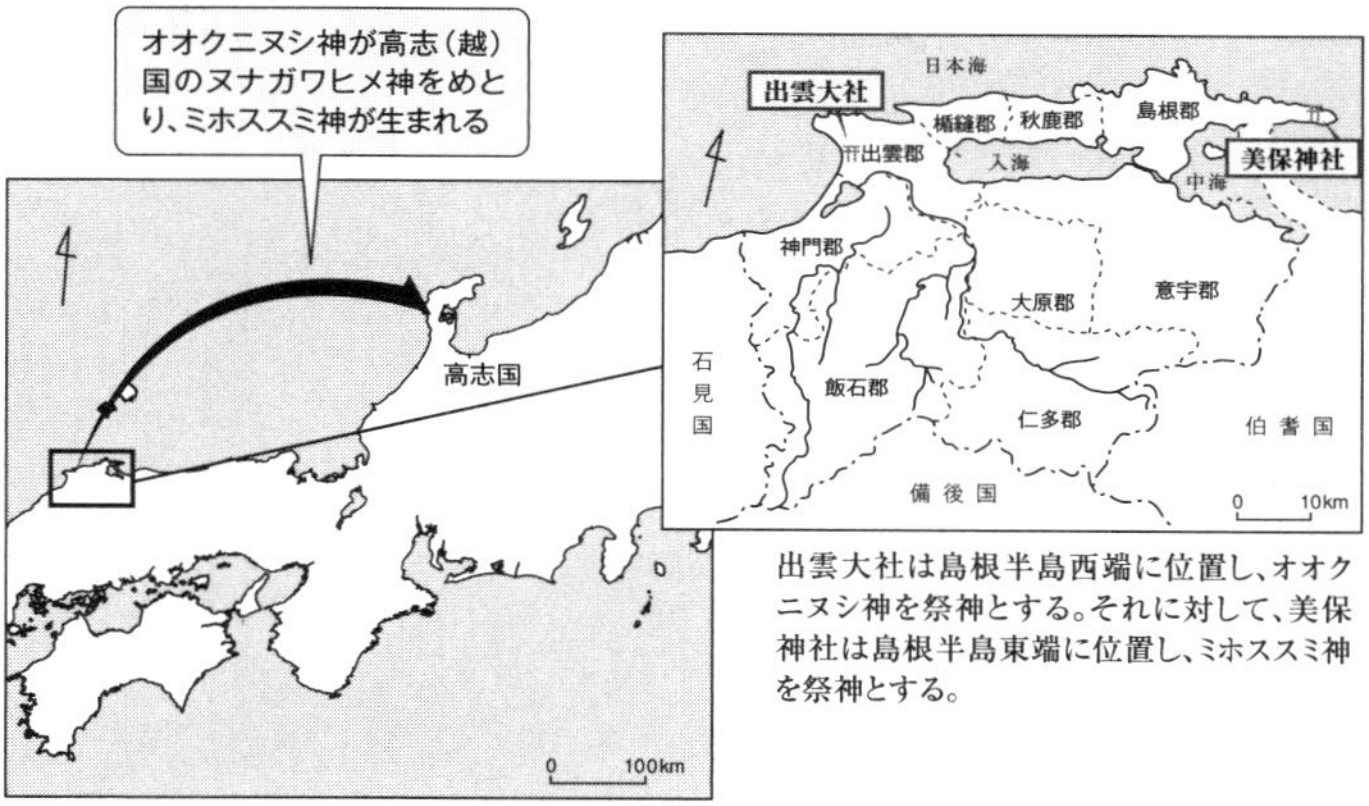

出雲大社は島根半島西端に位置し、オオクニヌシ神を祭神とする。それに対して、美保神社は島根半島東端に位置し、ミホススミ神を祭神とする。

美保関

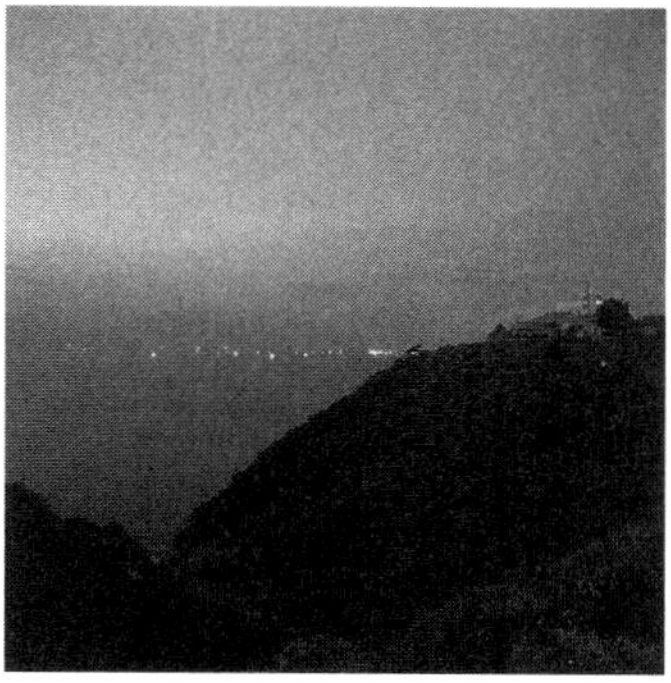

ミホススミ神の系図

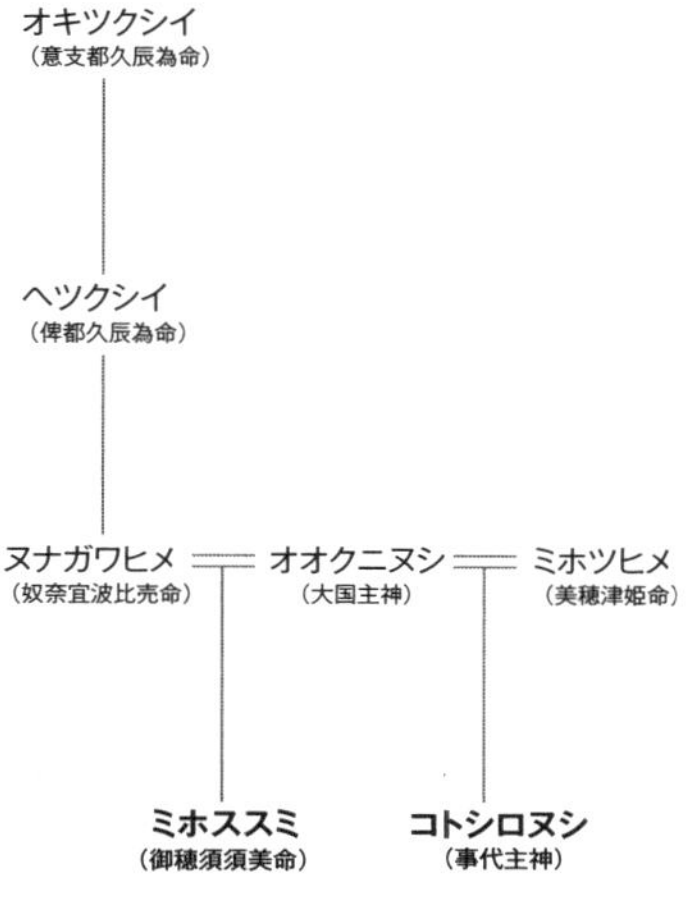

サダ大神

岩屋で生まれた大神と「丹塗矢伝承」

▼洞窟を射ぬいた金の弓矢

サダ大神は、『出雲国風土記』にみえる四大神の中の一神であり、非常に神格の高い神であるが、不思議なことに『古事記』などの他の古典にはみられない神である。

母神は、カミムスヒ神の子であるキサカヒメ神である。サダ大神の鎮座地は、秋鹿《か》郡の佐太御子社、すなわち現在の佐太神社とされている。

『出雲国風土記』で誕生のときの状況を探ってみると、島根郡の加賀《かか》郷と加賀神埼の条とに、「佐太大神の産まれまししところなり」とあり、日本海に面した加賀神埼の洞窟の中で生まれたことが記されている。この洞窟については、現在の加賀の新潜戸《くけど》のことといわれている。

サダ大神が生まれる時、母神のキサカヒメ神はどうしたことか弓矢を紛失してしまい、「吾が御子、麻須羅《ますら》神の御子にまさば、亡せし弓箭《ゆみや》出で来」と願う。すると角製の弓矢が水のまにまに流れでてくる。しかし、母神はこれを手にとると、これは自分のものではないと投げすててしまう。ついで金の弓矢が流れ出てきた。母神はそれを手に取るやいなや、「何と暗い岩屋である」といって岩屋を射通してしまう。そして、サダ大神が生れたというのである。

さらに、この岩屋には母神が鎮座するといい、この辺りを船で往来する時には、必ず大声を出して行かなければならないと伝えられている。でないと、神がつむじ風を起こして船は沈んでしまうとされている。

このキサカヒメ神は、『古事記』に登場するキサカイヒメのこととされ、「蚶貝《きさかい》」すなわち赤貝の神といわれている。

▼存在感のない父神

サダ大神の誕生譚については、丹塗矢伝承との関連がしばしばいわれる。男神が矢に変身して女神と婚姻し、子神が誕生するという丹塗矢伝承は広くみられる神婚説話の一つのパターンである。女神が日光を受けて妊娠するという日光感情型説話もこのパターンに入る。

この説話の特徴の一つとして、母神については詳しく記され、出自などものべられるが、父神については曖昧なことしかわからず、存在のウエイトも高くないということがあげられる。

サダ大神の場合にも、父神に関しては、「麻須羅神」、すなわち立派で雄々しい神とあるばかりで、詳細についてはまったくといってよいほど不明である。

しかし、サダ大神の誕生譚には、丹塗矢伝承との共通点と共に相違点もみられる。たとえば、丹塗矢伝承の基本的な要素ともいえる男神が矢に変身して女神に通じるという場面がサダ大神の場合にはみられない。

また、弓については角・金という二種類のものが登場するが、矢についてはまったく記されていないなど、丹塗矢伝承としてふさわしくない側面もみられる。

■新潜戸・旧潜戸

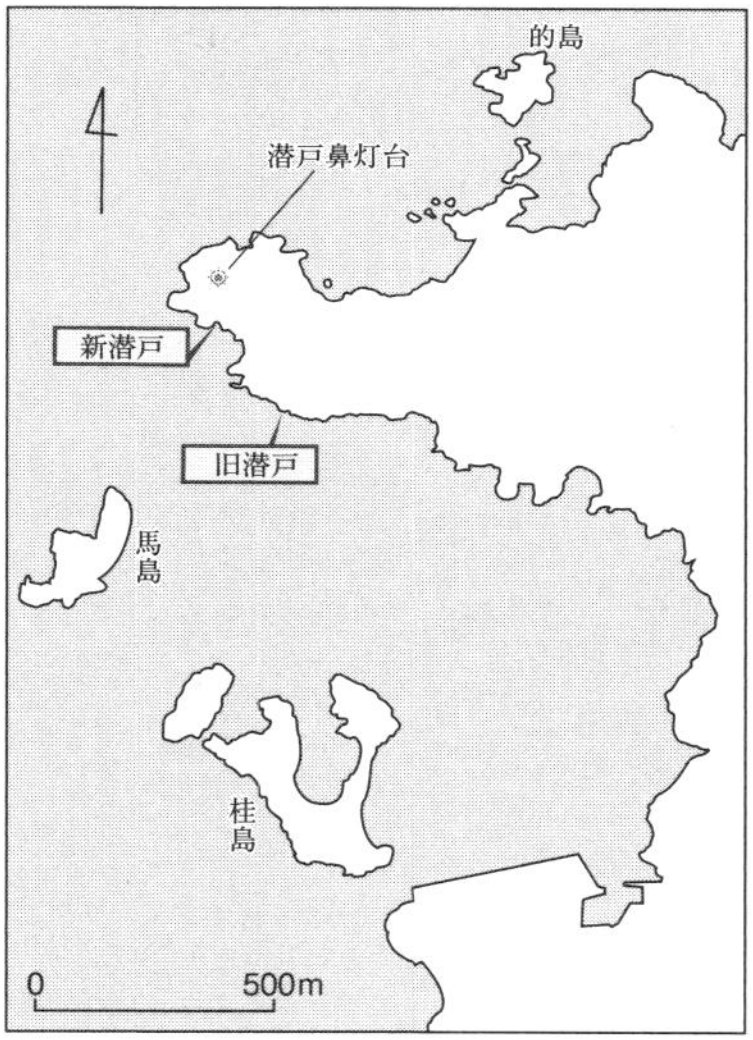

加賀の潜戸

■出雲四大神とは？

オオクニヌシ神（天の下造らしし大神）

様々な神名をもつ出雲大社の祭神。スサノオ神の子孫で、スクナヒコナ神とともに、葦原中国の国作りをする。「国譲り」の後、出雲大社にまつられた。（↓78頁参照）

サダ大神

『出雲国風土記』にみえる佐太神社の主祭神。母神は、カミムスヒ神の子キサカヒメ神。現在の新潜戸の洞窟で誕生したとされる。

ノギ大神

『出雲国風土記』では、四大神のひとつとされながら、伝承が残っていない謎につつまれた神。野城神社が鎮座地とされる。（↓122頁参照）

クマノ大神

熊野大社の祭神。信仰面においては、スサノオ神と同神という扱いがなされているが、その実体についてはわからない点も多い。（↓110頁参照）

カミムスヒ神

天地開闢の神と出雲の奇妙な接点

カミムスヒ神は、記・紀神話の造化三神の中の一神で、出雲の神とはいえない。しかし、出雲の神々との関係をさまざまな場面でみることができる不思議な神である。

▼出雲の神々との関係

まず、『古事記』をみると、スサノオ神に殺されたオオゲツヒメが自分の体から五穀を生じさせたとき、「神産巣日《かむすひ》の御祖命《みおや》」がこれらをとって種としたとある。

また、国作りの神話でオオクニヌシ神の良きパートナーとなるスクナヒコナ神はカミムスヒ神の御子神とされている。スクナヒコナ神は小人の神であるが、カミムスヒ神の多くの御子神たちの中で手の指の間からぬけ落ちた子といわれている。

『出雲国風土記』の島根郡の加賀神埼《かかのかんざき》の条にはサダ大神の誕生神話がみられ、サダ大神の母神であるキサカヒメ神はカミムスヒ神の御子神であると記されている。つまり、サダ大神はカミムスヒ神の孫神ということになる。

キサカヒメ神については、記・紀神話のキサカイヒメ神と同神といわれている。すなわち、オオクニヌシ神が兄神たちの計略によって焼き殺されたとき、カミムスヒ神がキサカイヒメ神とウムカイヒメ神を派遣してオオクニヌシ神を蘇生させることになる。

ちなみに、キサカイ神というのは赤貝のことで、ウムカイはハマグリのことをいい、キサカイヒメ神、ウムカイヒメ神は共に貝の女神である。

▼出雲大社造営への関わり

カミムスヒ神と出雲とのつながりでみのがせないのが、オオクニヌシ神との関連である。

『古事記』の国譲り神話では、オオクニヌシ神は国譲りに同意したあと、出雲国の多芸志の小浜に造られた天御舎《あめのみあらか》、すなわち出雲大社におさまった。そして、クシヤタマ神が食事の世話にあたることになった。天御舎については、現在、出雲大社としない説もある。

このとき、クシヤタマ神は、燧臼《ひきりうす》と燧杵《ひきりきね》を作って、「この、あが燧《き》れる火は、高天原には、神産巣日の御祖命の、とだる天の新巣《にいす》の凝烟《すす》の八挙《やつか》垂るまで焼《た》き挙げ」とのべている。

ここから、カミムスヒ神が出雲大社の造営に関係していることがわかるが、この点については『出雲国風土記』の方がより具体的である。

島根郡の郡名由来の条には、「神魂《かみむすひ》命、詔りたまひしく、五十足《いそ》天日栖宮《あめのひすのみや》の縦横の御量《みはかり》は、千尋の栲縄《たくなは》持ちて、百結び、八十結び結び下げて、此の天の御量持ちて、天の下造らしし大神の宮を造奉れと詔りたまひて御子、天御鳥命を楯部として天下し給ひき」とあって、オオクニヌシ神の神殿の造営を命じたのがカミムスヒ神となっている。

カミムスヒ神は、高天原系の神で、自らは出雲と直接的に関係する伝承はもたないのであるが、みたようにオオクニヌシ神をはじめとする出雲の神々とさまざまな場面で深い関わりをもっている。

つまり、高天原と地上の出雲とを結ぶ役割を担っているのがカミムスヒ神ということができよう。

■カミムスヒ神の位置づけ

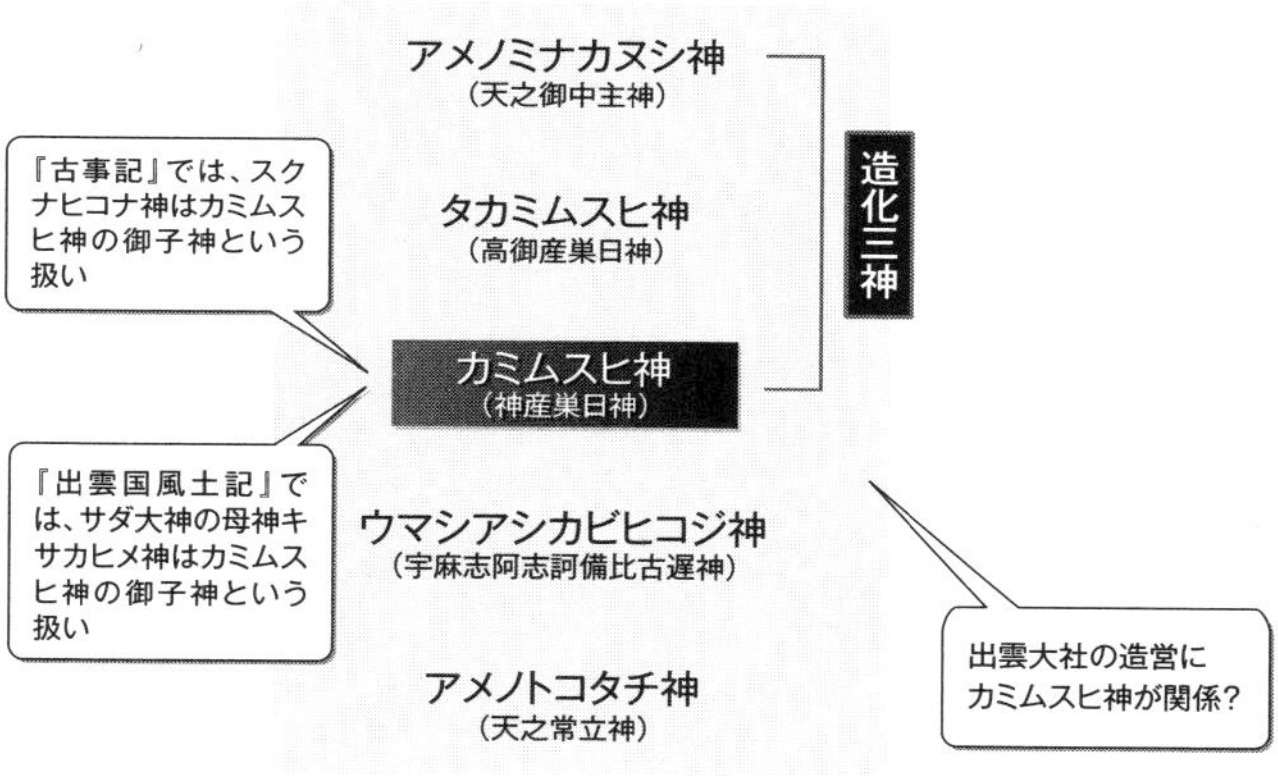

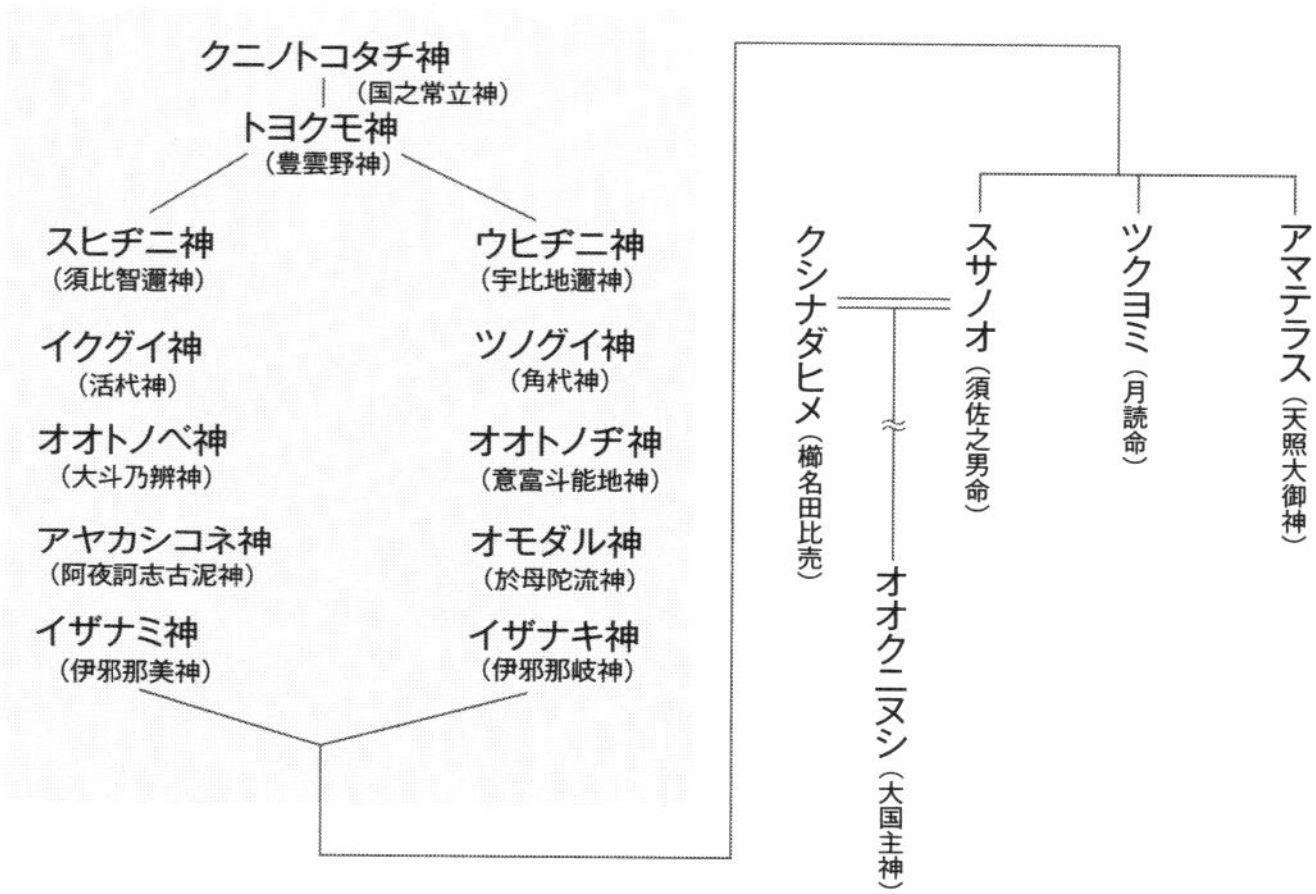

クマノ大神

オオクニヌシ神と並ぶ出雲の最高神

▼クマノ大神の位置づけ

クマノ大神は、『出雲国風土記』に登場する四大神の中の一神で、非常に高い神格の神である。

『出雲国風土記』では、「熊野加武呂命《かむろ》」とも記され、また「出雲国造《いずものくにのみやつこ》神賀詞《かんよごと》」では、「加夫呂伎《かぶろぎ》熊野大神櫛御気野命」とも記されている。「加武呂」も「加夫呂伎」も神聖な祖という意味を表わし、「御気《みけ》」は「御食《みけ》」のことで、稲魂《いなだま》の神とされている。

『出雲国風土記』には三九九社の記載がみられるが、その中で大社とされるのは熊野大社とオオクニヌシ神の杵築《きづき》大社（出雲大社）のみであり、これらからもクマノ大神はオオクニヌシ神と共に出雲国の最高神といえる。しかも、両神が並記される場合、必ずクマノ大神が先に記されている。しかし、それにもかかわらず『出雲国風土記』にみられる登場回数は圧倒的にオオクニヌシ神の方が多く、二神が同格とは思えないほどである。

ところが、『出雲国風土記』の意宇郡の出雲神戸《かんべ》の条に、「伊弉奈枳《いざなき》の麻奈古《まなご》」、つまりイザナキ神の愛した御子神とあって、クマノ大神は天神《あまつかみ》位置づけられている。それに対して、オオクニヌシ神は、「天の下造らしし大神」とたたえられているものの国神《くにつかみ》として扱われている。天長十年（八三三）に成立した養老令の官撰の注釈書である『令《りょうの》義解《ぎげ》』でもクマノ大神を天神とし、オオクニヌシ神を国神としている。

また、「出雲国造神賀詞」も、出雲国の筆頭神としてクマノ大神をあげ、神格の上ではオオクニヌシ神の上位としている。なお、現在、宗教上の解釈としてはクマノ大神をアマテラス大神の弟のスサノオ神と同神としてとらえている。

▼鑽火祭が伝える歴史の名残り

『出雲国風土記』では、出雲国造が祭祀する神はオオクニヌシ神となっている。しかし、『日本書紀』の斉明《さいめい》天皇五年（六五九）条には、熊野大社（杵築大社とする説も有力）を出雲国造に造営させたということが記されている。また『令義解』には、クマノ大神を「出雲国造斎神《いつくがみ》」と記されている。つまり、出雲国造の祭る神が二神あったことになる。

これについては、出雲国造家の祖先が出雲東部の意宇郡を拠点とする地域の首長であったときに祀っていたのがクマノ大神であり、出雲全土を支配するようになって出雲全域の神として祀ったのがオオクニヌシ神と考えられる。出雲国造は、杵築大社の祭祀を行ってオオクニヌシを祀ると共に、クマノ大神も国造家の奉斎神として重要視したのである。

この名残りともいうべき神事が、十月十五日におこなわれる鑽火祭《きりびのまつり》である。当日は出雲国造（出雲大社の宮司）が古伝新嘗祭《こでんしんじょうさい》で用いる神聖な火をおこすための燧臼《ひきりうす》と燧杵《ひきりきね》を受けとるために熊野大社におもむく。この神事は、出雲国造が代わりのさいに熊野大社でおこなわれる火継《ひつ》ぎ（霊継《ひ》ぎ）式の系統をくむとされており、熊野大社の由来の正統性をものがたると共に国造の祖先が意宇郡を拠点としていたという歴史を伝えるものといえる。

出雲の四大神とは？

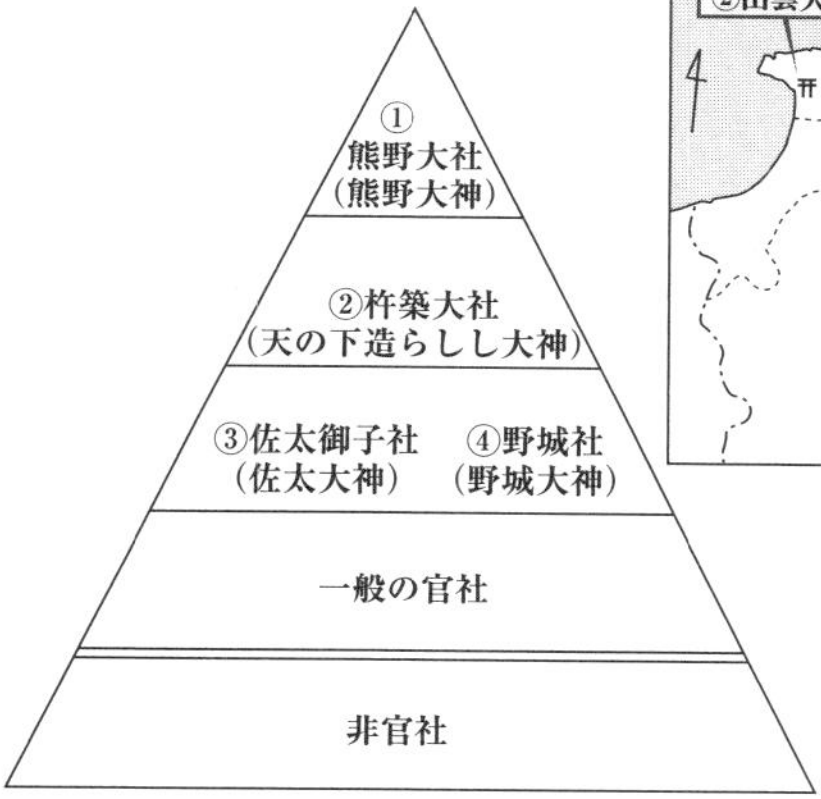

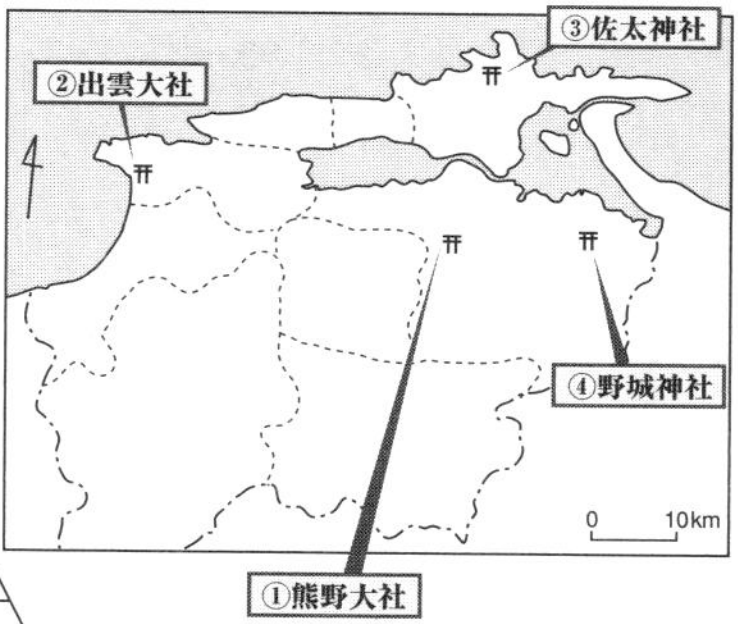

熊野大社鑽火殿

熊野大社

アメノホヒ神

国譲りの使者アメノホヒ神の本当の役割

▼出雲国造の祖先神

出雲大社の宮司は代々、出雲国造《こくそう》を名のっている。国造とはそもそも、「くにのみやつこ」と読み、大化改新以前においてヤマト政権から地方の政治をまかされた人物の職名とされている。律令時代には、ほとんどの国造は姿を消してしまうのであるが、例外的に残ったものもあり、その代表が出雲国造ということができる。

その出雲国造の祖先神とされるのがアメノホヒ神に他ならない。アメノホヒ神は、スサノオ神とアマテラス大神とのウケイによって誕生した神である。

すなわち、スサノオ神は父であるイザナキ神のいうことをきかず泣きちらしてばかりいたので、ついに追放されることになる。そのとき、姉であるアマテラス大神に別れを告げようと高天原へおもむくのであるが、高天原を奪いにきたと思ったアマテラス大神は、男装して武人の姿で弟のスサノオ神と対峙《たいじ》した。スサノオ神は、自分に野心のないことを主張し、二神はどちらが正しいかウケイという古代の呪術をおこなうことになる。

ウケイにおいて、スサノオ神はアマテラス大神の玉をかみくだいて五柱の男神を誕生させるが、その中の一神がアメノホヒ神である。そして、アマテラス大神の玉から生まれたので、アメノホヒ神はアマテラス大神の御子神ということになる。

アメノホヒ神は、天穂日・天菩比・天乃夫比などと表記され、出雲国造をはじめとして、武蔵国造・土師氏・宗像氏などの祖とされている。

▼記・紀神話とのギャップ

「記・紀」の国譲り神話では、まず初めに高天原の命令を受けて葦原中国へ降る神として登場する。しかし、オオクニヌシ神にとりこまれてしまい、三年間も高天原への復奏をおこたってしまう。つまり、使命を果たさなかった神として描かれている。

以上は、『古事記』にみられるアメノホヒ像であり、『日本書紀』をみると、地上へ派遣される神としては登場せず、わずかに第二の一書に、オオクニヌシ神を祭祀する神として姿をみせるのみである。

このように、国譲り神話でアメノホヒ神が果たしている役割については、『古事記』と『日本書紀』とでは相違がみられるものの、全体的にみると、高天原からの使命を果たさなかった神として位置づけられている。

しかし、出雲国造が代替わりのたびに朝廷におもむいて奏上する「出雲国造神賀詞」では、まったく様子のちがう神として登場する。

高天原から地上の視察を命じられたアメノホヒ神は忠実に任務を果たし、さらに、自分の子であるアメノヒナトリにフツヌシ神をつけて国譲りの交渉にあたらせている。

出雲国造の祖先神とされるアメノホヒ神であるから、「出雲国造神賀詞」にみられる活躍ぶりについては、当然といえば当然のことかもしれないが、「記・紀」でのイメージとの相違はあまりにも極端といえるであろう。

アマテラス大神とスサノオ神のウケイ

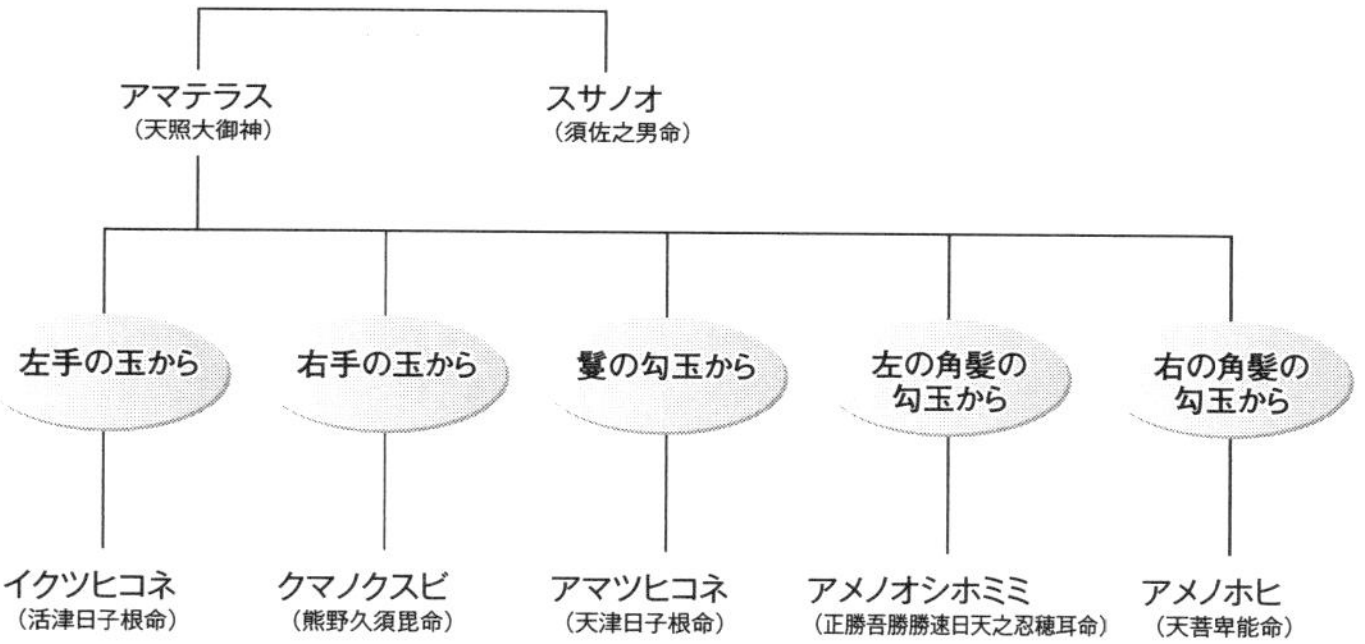

出雲国造家略系図　※数字は出雲国造の代数

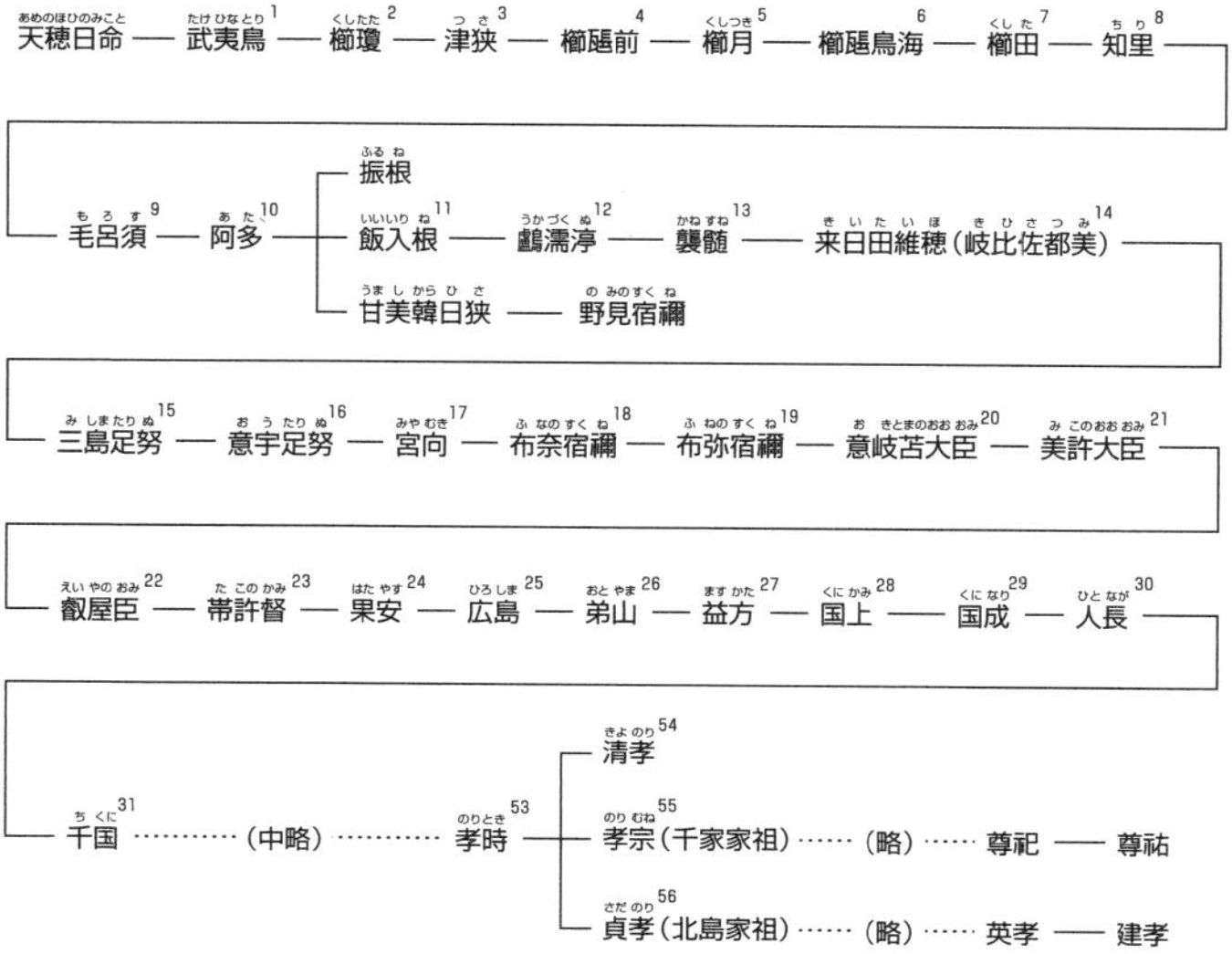

『歴史読本』2007年4月号 野々村安浩「出雲国造神賀詞と出雲国造」をもとに作成

カラクニイタテ神

朝鮮半島との関係が見え隠れする神の謎

▼ユニークな神名からわかること

「韓国伊大《からくにいた》（太）氐《て》」と表記されるこの神は、正体不明の謎の神といってもよいであろう。それだけに不思議で興味をひく神ともいえる。

この神を祭る神社は、十世紀のはじめにできた『延喜式《えんぎしき》』に六社だけみられ、それもすべて出雲国に集中している。さらにいうと、出雲国の東部の意宇郡と西部の出雲郡とに三社ずつ分布がみられる。

ところが、これらの神社は八世紀はじめに作られた『出雲国風土記』にはまったく記載がみられない。このことは、カラクニイタテ神社の創建が八世紀はじめから十世紀はじめの間であることを示している。

また、カラクニイタテ神の名称は、「カラクニ」と「イタテ」の二つの部分に分けられるが、このうち「カラクニ」は韓国、すなわち朝鮮半島をさしていると考えてよいであろう。

しかし、「イタテ」については、いろいろな見解が出されている。たとえば、スサノオ神の御子神である五十猛《いそたける》神との関係がしばしばいわれる。また、「射立て」と考えて、矢になって降臨した神とする説、「湯立て」ととらえて湯を立てる神とする説などである。

それぞれ興味深い説であるが、しかし、これらの説はいずれも「カラクニ」との連関性を考えていないように思われる。

▼「カラクニイタテ」の意味

古代史全体をみると、カラクニイタテ神社が造られた八世紀はじめから十世紀はじめの時期は、朝鮮半島の新羅との関係が悪化した時期であった。

天平七年（七三五）、新羅がこれまでの朝貢外交のスタイルを改めて対等外交を主張すると、日本は使節を追い返すようになり、とうとう宝亀十年（七七九）にいたって国交は断絶してしまう。その後、新羅側の海賊が九州の沿岸を襲撃するということがたびたびおこった。

こうした状況のなかで、日本の律令政府は、出雲をはじめ伯耆・隠岐・石見といった新羅に近い国々に命じて、四王寺を造らせたりするなど新羅への対策をこうじるようになる。これは仏教の面からの防衛策といえる。

このような新羅との関係悪化をふまえると、「カラクニイタテ」の意味もみえてくるように思われる。すなわち、「カラクニ」は新羅のことをさし、「イタテ」は「射楯」であって防備の意味をさすのではなかろうか。

つまり、「カラクニイタテ」とは、新羅に対する神祇信仰の面からの防御ということに他ならないと考えられる。

新羅に近いという点では、出雲国より隠岐国のほうがあてはまるが、隠岐国は海上に浮かぶ島であり、当時の律令政府は、出雲国を対新羅の最前線と意識したのであろう。

そこで、直接的には出雲国を新羅から守るため、ひいては、日本を防備するために出雲国に「カラクニイタテ」神社を建立したと考えられる。

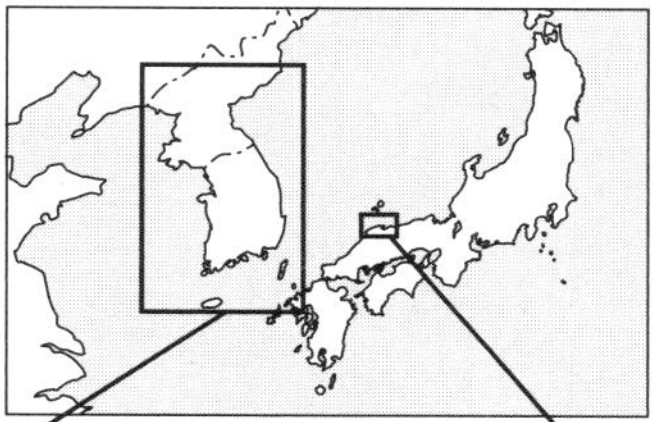

古代朝鮮半島

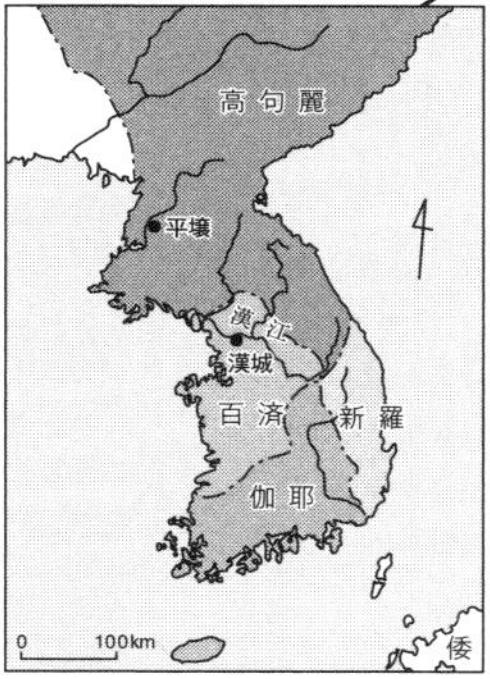

4世紀

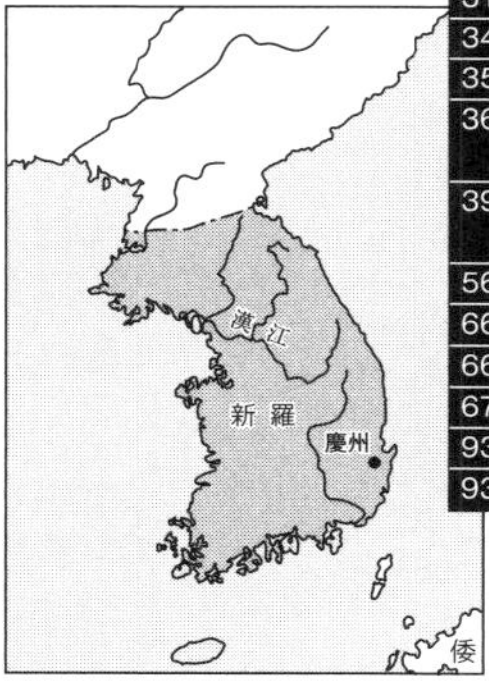

7世紀

313	楽浪郡滅亡
346	百済が興る
356	新羅が興る
369	倭軍が朝鮮半島南部に進出
391	倭軍が百済、新羅を破る
562	伽耶滅亡
660	百済滅亡
663	白村江の戦い
676	新羅が朝鮮半島統一
935	新羅滅亡
936	高麗が朝鮮半島統一

古代出雲

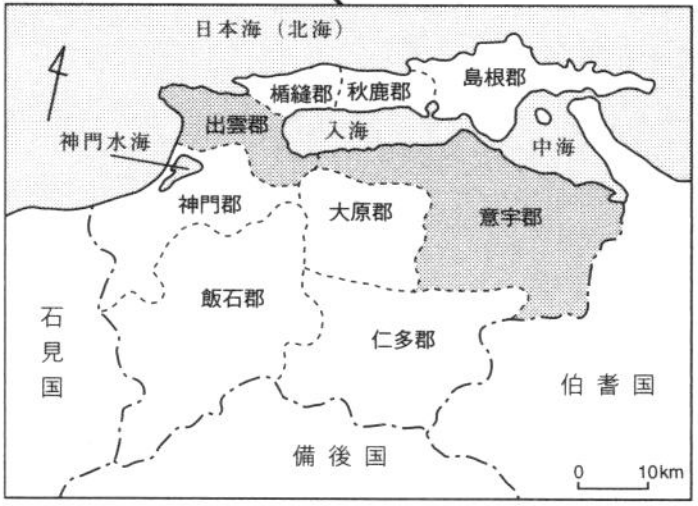

カラクニイタテ神社の分布

出雲郡	意宇郡
④同社（阿須伎神社）韓国伊太氏神社	①同社（玉作湯神社）坐韓国伊太氏神社
⑤同社（出雲神社）韓国伊大氏神社	②同社（揖夜神社）坐韓国伊大氏神社
⑥同社（曽枳能夜神社）韓国伊大氏神社	③同社（佐久多神社）坐韓国伊大氏神社

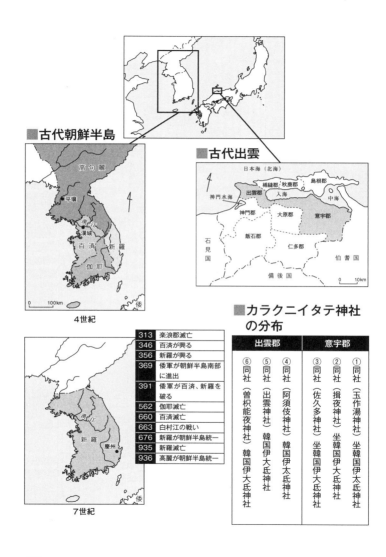

ノギ大神

四大神でありながらヴェールに覆われたその素顔

▼不思議な神様

ノギ大神は不思議な神である。『出雲国風土記』の中で四大神のひとつとしての扱いをうけながら、ノギ大神自身の伝承はひとつもなく、意宇《おう》郡の野城駅《のぎのうまや》の条に「野城大神の坐《いま》すに依りて、故、野城といふ」とあるばかりである。

『出雲国風土記』の意宇郡の条には、神祇官社として「野城社」が三社でてくる。これらの三社は、のちの『延喜式』にみられる野城神社・同社坐大穴持神社・同社坐大穴持御子社になっていくと考えられる。『延喜式』にみられるこれらの神社のうち、野城神社がノギ大神の鎮座地とされている。

『日本三代実録』をみると、ノギ大神は、貞観九年（八六七）に従五位下から従五

■ノギ大神の鎮座地　野城神社

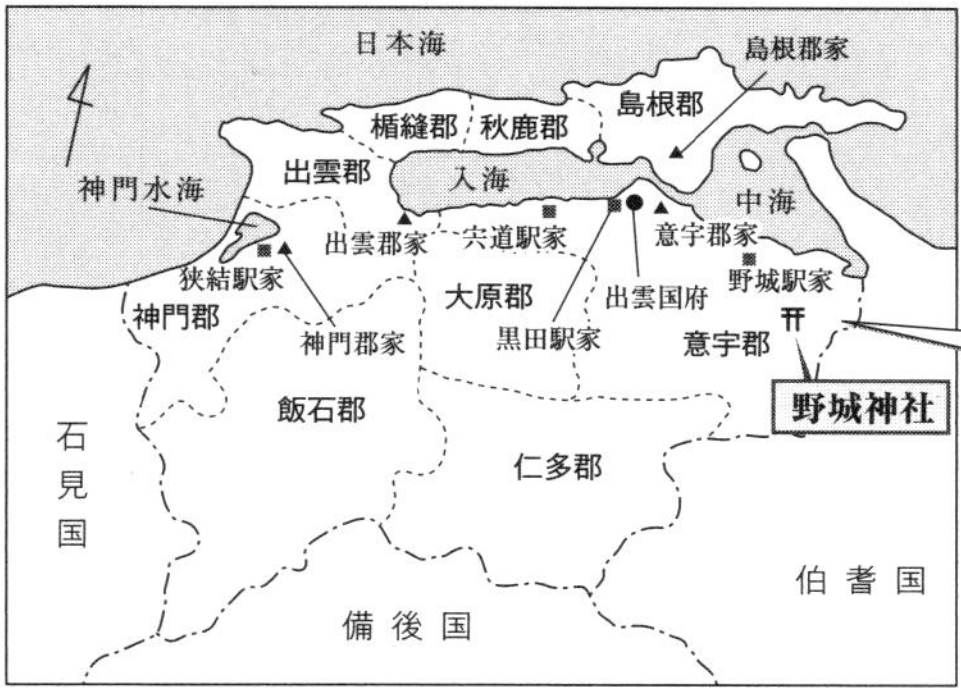

国府、郡家、駅家はいずれも律令制下でつくられた施設である。国府は、国ごとに置かれ、国司が政務を司った地方の役所。郡家は、郡の役所であり、郡司が政務をとった。駅家は、全国の主な道路につくられた建物で、現在の駅と宿泊所を兼ねたような施設である。

位上になっており、さらに貞観十三年に正五位下へと進んでいる。

現在、ノギ大神の鎮座地とされる能義神社の位置をみると、飯梨《いつなし》川中流の東岸の小丘上にある。

この小丘は、亀背《かめせ》とよばれ、能義平野の中心を占めているだけでなく、頂上から北をのぞめば安来平野を一望することができる。

このことから考えると、ノギ大神は本来、安来平野の地主神で、出雲の東端に位置する神であったと考えることができる。

そして、この一帯は、出雲国造の祖先の本拠地と密接なかかわりをもっていると思われることから、おそらくその東の境を守護する重要な役割を担った神として扱われてきたのであろう。

2章

『出雲国風土記』を読み解く

『出雲国風土記』を歩く

■『風土記』とは何か

平城京に都が移されて三年目、元明朝の和銅六年（七一三）に、諸国を対象に官命が出された。その内容は、次のようなものである。

①それぞれの郡・郷の地名に好字をつける。
②郡内の産物について品目を記録する。
③土地の肥沃についてその状態を記す。
④山川原野の地名の由来を記録する。

⑤古老が相伝している伝承を記録する。

これが、『風土記』撰進の命とよばれるものである。『続日本紀《しょくにほんぎ》』の和銅六年五月二日条にみられるこの官命にもとづいて、諸国では、『風土記』の作成が開始されたと思われるが、ひとつ注意したいのは、この官命には、〝風土記〟という言葉自体はみあたらない。現在、わたしたちは、〝風土記〟の上に国名をつけて、たとえば『出雲国風土記』というようによんでいるが、これは、本来的なものではない。当初は、先にあげた①から⑤までのことがらを調査して、国ごとにそれぞれ報告書として提出したと思われる。具体的には、下級官庁から上級官庁へさし出すさいの文書形式である解《げ》（文《ぶみ》）という形で出されたと推測される。

〝風土記〟が書名として使われるのは、延喜一四年（九一四）に三善清行によって書かれた「意見封事《ふうじ》」にみられるのが早い例とされている。つまり、平安時代の初期ごろになって、『風土記』という書名が登場するというわけである。

いずれにしても、『風土記』は、奈良時代に、国単位にまとめられて、中央政府へ提出されたと思われる。しかし、その後の散失がいちじるしく、現在、まとまった量が残っているのは、常陸・出雲・播磨・豊後・肥前の五か国のものだけであり、これらを総称して五風土記とよんでいる。この他に、部分的にみることのできるものが四十か国あまりあり、逸文《いつぶん》といっている。逸文は、ごく断片的なものがほとんどであるが、『丹後国風土記』の浦島子伝承など貴重なものも含まれている。浦島子伝承は、のちの『浦島太郎』のルーツにあたるものである。

■古代史と『風土記』

奈良時代にまとめられた地誌という基本的性格をもつ『風土記』であるが、そこには、各々の国々の人々の生活や風習・信仰などもいたるところにかいまみることができる。つまり、地域に生きる民衆の姿をみることができるのである。

しかも、『風土記』は、中央政府ではなく、それぞれの国でまとめられたという点もみのがせない。もちろん、『風土記』の編纂にあたったのは、中央から派遣されて政治をおこなっていた国司たちであったことも忘れてはならない。したがって、そうした中央官人によって、せっかくの在地の伝承が修正されたり歪曲されたりした可能性も否定できない。しかし、そうしたことに気をつけて『風土記』の内容をみていくならば、そこには、『古事記』や『日本書紀』とはまたちがった世界がひらけてくる。

こうしたことからも、『風土記』は古代の地域の歴史を知ろうとしたさい、とても魅力のある史料ということができる。したがって、いままでも『風土記』は、さまざまな使われ方をしてきたが、全体的にみると、その使われ方はまだまだ不十分のような印象を受ける。学問の分野からいうと、歴史学と国文学とがもっとも『風土記』と関係が深いように思われる。しかし、歴史学の側からは、政治的な内容が少ないことや年代をはっきりいえないことがらが多いことなどから、積極的な利用はなされてこなかったといってよいであろう。それでは国文学の方はどうかというと、やはり、語句の解釈や分析が主な研究対象で、内容についての検討まではあまり及んでいないように思われる。

つまり、『風土記』は、大変、興味あふれる史料であるのにもかかわらず、その利用のされ方は、十分とはいえない状態にあるといってよいであろう。また、その利用のされ方をみると、国別の研究に利用されることがほとんどであった。たとえば、出雲の古代史を知るために、『出雲国風土記』を使うといった具合である。本書でもそうした手法をとっている。こうした国別に『風土記』を利用するという方法は、ひとつの有効な方法であり、古代史研究に新たな情報を提供してきた。これからも、こうした国別の利用法は、さらになされていくことであろう。

それと同時に、今後は、『風土記』をひとつの作品としてとらえ、全体的にみる発想も必要である。すなわち、『風土記』を国別にみることからはなれて、ひとつの作品としてみつめるということである。たとえば、「山」と「岳」の使われ方を『風土記』全体からとり出して、その差異を通して、古代人の観念を考えるといった発想である。

いずれにしても、古代史、とくに地域史を考えるさいに、『風土記』は大変、魅力的な史料といえる。そして、その利用方法によっては、まだまだ古代史の未知の顔をみることができる可能性をひめているといってよいであろう。

■「奥付」の謎を追う

『風土記』のなかでも、『出雲国風土記』は、さまざまな点で特殊性をもっている。まず、内容的にほとんどすべてが残っているということは重要である。もちろん、奈良時代の原本が残っているわけではない。写本という形で残されているのであるが、『出雲国風土記』の最も古い写本は、永青文庫所蔵の細川家本とよばれているものである。時期的には、慶長期である。『播磨国風土記』の最古の写本である天理大学図書館所蔵の三条西家本が平安時代のものであることを考えると、写本的には『出雲国風土記』は決して古くはない。

しかし、巻首の総記の部分から始まって、若干の内容的な欠落はあるものの、奥付まで残っているものは、『出雲国風土記』のみである。

次に、その奥付をみることにしよう。

天平五年二月卅日　勘造

秋鹿郡人　神宅臣金太理

国造帯意宇郡大領外正六位上勲十二等　出雲臣広島

ここには、さまざまの興味深い情報がもりこまれている。まず、天平五年（七三三）二月三十日という完成した年月日が記されている。ついで、秋鹿《あいか》郡の人で神宅臣金《みやけのおみかな》太理《たり》という人物の名がみえる。この人物が、『出雲国風土記』の編纂チーフであろう。そして、最後に、「国造《くにのみやつこ》にして意宇《おう》郡の大領《かみ》を帯びたる」外正六位上で勲十二等の出雲臣広島の名が記されている。出雲臣広島は、編纂の総責任者と考えられる。

さて、年月日に目をもどすと、天平五年とある。これは、『風土記』の作成の官命が出されて、ちょうど二十年後である。つまり、『出雲国風土記』は完成までに二十年かかったことになる。この年月をどう考えるかについては、個人差があろうが、少し長すぎるという気もしないではない。実際、こうした立場から、一度つくったあとにもう一回、作り直したとする再撰説や一度作成したのち出雲国造家が個人的に作成し直したとする私撰説も出されている。

次に、二月三十日という日付も問題である。いうまでもなく、現在の暦には、二月三十日はない。これについては、戦後、これらを根拠として、『出雲国風土記』偽書説が出された。この偽書説は、正倉院文書に二月三十日の日付が発見されたこともあって、否定されたが、少なくとも江戸時代後期からの研究史をもつ『出雲国風土記』の奥付が学問的に言及されたのは初めてのことであった。正倉院は、奈良時代の聖武天皇ゆかりの品々を納めた倉で、天皇の勅《みことのり》がないと開けることのできない勅封蔵《ちょくふうぞう》である。したがって、そこに納められた品に偽物はないとされている。したがって、正倉院の文書に二月三十日の日付がみつかったということは、とりもなおさず奈良時代には、二月三十日という日があったということになるのである。

編纂者についても、『出雲国風土記』には謎がある。まず、編纂チーフと考えられる神宅臣金太理であるが、「秋鹿郡の人」とあるだけで、位階・職名が記されていない。臣という姓《かばね》をもっていることから、庶民ではないと思われるが、それでは一体、どんな人物かといわれると不明としかいいようがないのである。郡司層で、学識豊かな長老かと思われるが、これもあくまでも推測の域を出ない。

また、最高責任者の出雲臣広島であるが、国造《くにのみやつこ》で意宇郡の大領を兼任していると記されている。国造とは、大化改新以前の地方官の職名であり、改新以後、一般的には廃止されていくのであるが、出雲などいくつかは特例として存続が認められたのである。しかし、かつての国造としての政治的な権力はなく、出雲国造の場合も、出雲大社の祭祀者としての立場であった。

出雲臣広島は、出雲大社の祭祀者として、地元では最高の名家であると同時に、意宇郡の大領でもあった。つまり、国衙《こくが》や国分寺《こくぶんじ》が置かれ、出雲国の中心であった意宇郡の郡司の長官でもあったわけである。しかし、ここで注目したいのは、出雲臣広島は国司ではないということである。というのは、一般的には、『風土記』の編纂にあたったのは、その国の国司たちであり、その国司の手足となって、実務を担当したのが郡司と考えられる。しかし、『出雲国風土記』の場合、巻末の署名に国司の名がみえないのである。

つまり、『出雲国風土記』は、地元最大の権力者である出雲国造の出雲臣広島を中心にまとめられたといえる。したがって、そこに展開されている世界は、いわば出雲国造ワールドともいうべきもので、他の『風土記』と比べて在地色の強いものとなっている。

その他にも、方角や距離がくわしく記されていることや軍団をはじめとした軍事関係の記載がみられることなどが、『出雲国風土記』の特色としてあげられる。このように、多くの特色がみられる『出雲国風土記』であるが、これを使って八世紀初めの出雲の状況をさまざまな視点からみることができるということが最大の特色といえよう。

■構成から何がわかるか

『出雲国風土記』をひらくと、まず、総記とよばれる部分がある。ここには、出雲国の全体像がまとめられている。たとえば、国全体の行政区画としては、
九郡、郷《さと》は六十二、里《こざと》は一百八十一、余戸《あまりべ》は四、駅家《うまや》は六、神戸《かむべ》は七、里は一

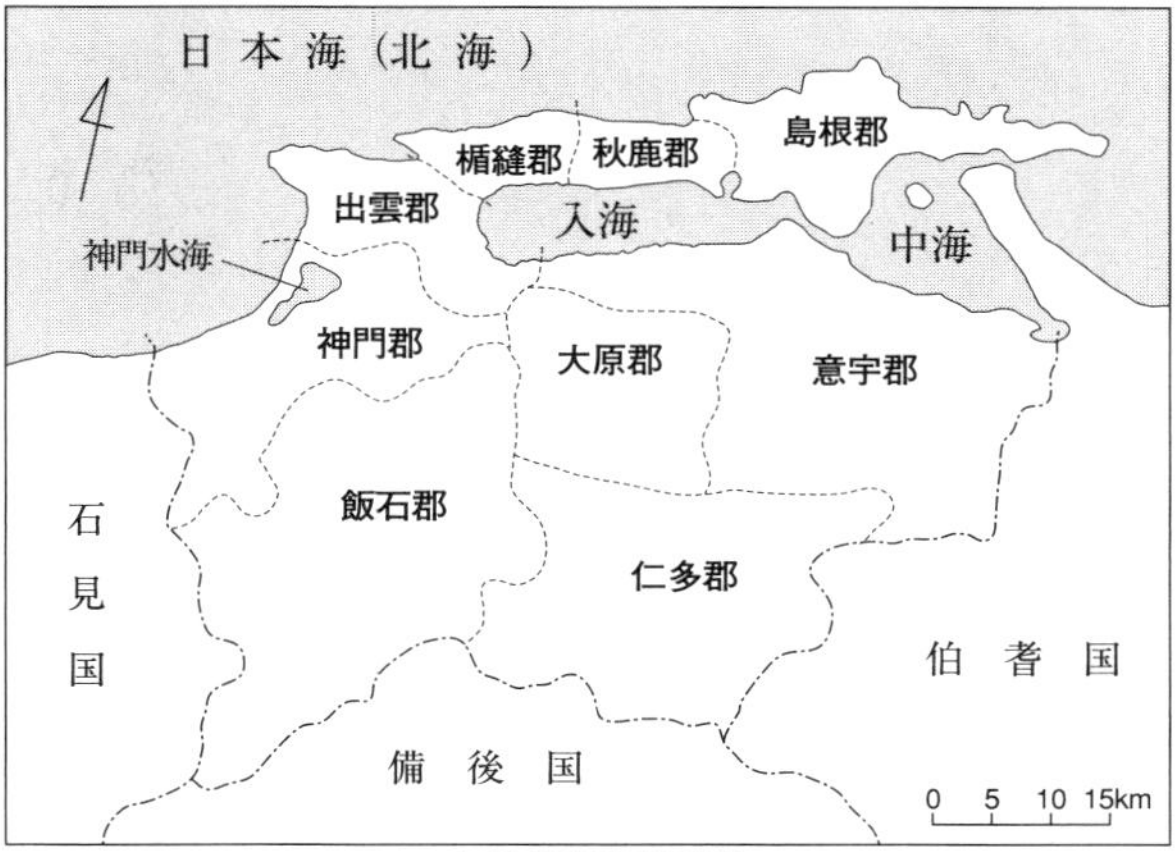

古代出雲国略図

各郡の構成

郡　名	郷数（里数）	全戸数	駅家数	神戸数（里数）
意《お》　宇《う》	11　(33)	1	3	3　（6）
島《しま》　根《ね》	8　(24)	1	1	
秋《あい》　鹿《か》	4　(12)			1　（1）
楯《たて》　縫《ぬい》	4　(12)	1		1　（1）
出《いず》　雲《も》	8　(23)			1　（2）
神《かん》　門《ど》	8　(23)	1	2	1　（1）
飯《い》　石《いし》	7　(19)			
仁《に》　多《た》	4　(12)			
大《おお》　原《はら》	8　(24)			
合　計	62　(182)	4	6	7　(11)

十一なり。

と記されている。ここからわかるように、八世紀初めの出雲は、全部で九郡からなっており、その中に五十戸を一郷とする郷が六十二入っていることが知られる。また、五十戸にならない端数の余戸が四つあり、官吏のための交通機関である駅家が六か所設けられていた。さらに、神社の経済をささえるための神戸も七つあり、その中に里が十一ふくまれていた。

また、それぞれの郡ごとの構成についても記されており、その最後に、

右の件の郷の字は、霊亀元年の式《しき》に依りて、里を改めて郷と為せり。

と記されている。これは、霊亀元年（七一五）に出された式によって、それまで里といっていたものを郷に改めるというものである。式とは律令の施行細則であり、必要に応じて出されたものである。この式によって、国―郡―里《さと》であった地方の行政体制が、国―郡―郷《さと》に改められたことになる。ちなみに、このときは、郷の下に、さらに里《こざと》という区画が立てられ、郷里制とよばれる体制になった。この郷里制は、天平十一年（七三九）の末ごろに里《こざと》が廃止されるまで維持された。

したがって、里が郷に変化したというのは、古代史のなかでも、非常に重要なでき

ごとであるが、この霊亀元年の式のことは、『出雲国風土記』にのみ記されていることで、他の史料にはみることができない。最近、霊亀元年という年については、問題があるという指摘もなされているが、いずれにしても『出雲国風土記』のもつ重要性のひとつといえよう。

総記のあとには、意宇郡から始まって、時計の針と反対回りで各郡ごとの記載が詳細になされている。そして、巻末には、出雲国内の公道とその距離を記し、ついで、軍団・烽《とぶひ》・戍《まもり》といった軍事関係の施設をまとめ、最後に奥付が入っている。これが『出雲国風土記』の全体像ということになる。

古代の民衆と歌垣的世界

■古代人の愉しみ

多様化するレジャーライフに慣れきった現代人の目には、八世紀の律令制下における民衆の姿は一体、どのように映っているのであろうか。教科書的ないい方をすると、租・調・庸といった税をはじめ、さまざまな負担に追われ、困窮した生活を強いられていたというのが古代の民衆像であろう。

その結果、民衆は、住みついている土地を逃げ出したり（浮浪《ふろう》・逃亡）、税負担を免除されている僧侶に勝手になりすましたり（私度僧《しどそう》）したとされる。また、男子が誕生しても、調・庸の負担義務のない女子として届けたりした（偽籍《ぎせき》）。そのために、戸籍だけみると、ほとんど女子ばかりの村も出現した。

これらの要素のひとつひとつについては、まぎれもない事実である。しかし、全体としてみた場合、こうした民衆像は、はたして真実といえるのであろうか。というのは、このとおりが古代の民衆の姿であったとすると、あまりにも悲惨すぎるように思われる。たしかに税負担は、過酷であったであろう。しかし、それと同時に、生活の中に楽しさもあったにちがいない。民衆には民衆の楽しさや喜びが当然あったと思うのである。この点は、現代であっても古代であっても変わらないであろう。というより、すべての時代に共通することといえよう。

そういった意味で、いままでのべられてきた民衆観には、あまりにも苦ばかりが強調されて、楽の面がなおざりにされていたように思われる。もちろん、まったく民衆の楽しみにふれられてこなかったわけではない。たとえば、歌垣がある。しかし、逆に民衆の楽しみというと、歌垣ばかりがとりあげられる傾向がみられる。しかも、その内容は一面的なものがままあり、中には、興味本位にあたかも乱交パーティーのように説明されたりすることもある。

歌垣には、たしかに男女が歌を掛け合い、その結果としての性の解放という要素が大きい。しかし、それは乱交というわけでは決してなく、一定のルールがあったと考えられる。

■「歌垣」が持つ意味

それでは、歌垣は一体、どのようにおこなわれていたのであろうか。まず、『常陸国風土記』の筑波郡の条をみてみよう。筑波山は歌垣の場所として有名なところであり、

それ筑波岳は、高く雲に秀で、最頂は西の峯崢《さが》しく嵩《たか》しく、雄の神と謂ひて登臨《のぼ》らしめず。唯、東の峯は四方《よも》磐石《いはほ》にして、昇り降りは峡《けは》しく屹《そばだ》てるも、其の側に泉流れて冬も夏も絶えず。坂より東の諸国の男女、春の花開くる時、秋の葉の黄づる節、相携ひ駢闐り、飲食を齎賚《もちき》て、騎《うま》にも歩にも登臨《のぼ》り、遊楽《たの》しび栖遅《あそ》ぶ。

と記されており、歌垣の場での歌とされるものが二首、いずれも女性にそでにされた男性の歌が載せられている。歌については、数が多すぎて載せきれないとも記している。そして、最後に、

筑波峯の会に娉《つまどひ》の財《たから》を得ざれば、児女《むすめ》とせずといへり。

という土地の人のいいつたえを記している。

筑波山の条によると、板東の諸国の男女が春と秋に飲食物をもって、「東の峯」すなわち女体山に登ってきて、歌垣が開かれている。『常陸国風土記』は全体的に文飾が大変、豊富であり、この部分についてもそのことがいえる。したがって、事実としてどれくらいのことが認められるかという点に関しては疑問があるといわれるかもしれない。

しかし、やはり歌垣の場として知られる肥前の杵島山《きしまやま》の状況と比較すると、筑波山の場合もほぼ認めてもよいように思う。具体的に、『肥前国風土記』の逸文として残されている杵島山の条はどのようなものかというと、

郷閭《むらざと》の士女《をとこをみな》、酒を提《たづさ》へ琴を抱きて、歳毎の春と秋に、手を携へて登り望《みさ》け、楽《さけ》飲《の》み歌ひ舞ひて、曲尽きて帰る。

というもので、筑波山とおおよそ同じような光景がみられるのである。

これらから歌垣は、春と秋とにそれぞれおこなわれていて、男女が飲食物をもちよって歌い踊り、歌を掛け合って、互いに相手を求めるものであったことが知られる。

さらに、筑波山の条にあるように、男性が女性にいい寄るときには、単に歌だけでは

だめで、「娉《つまどひ》の財《たから》」を用意しなければならなかった。したがって、男性は、パートナーを得るために大変な苦労をするわけであるが、女性もある意味では大変であった。というのは、その「娉の財」を得ることができずに村へ帰ったならば、一人前の女性ではないというレッテルをはられることになるからである。

それでは、もう少し、歌垣の中の様子をみてみよう。『常陸国風土記』の香島郡の条をみると、那賀《なか》の寒田《さむた》の郎子《いらつこ》と海上《うながみ》の安是《あぜ》の嬢子《いらつめ》という若い男女の話が載せられている。二人とも美男・美女として有名で、互いに会いたいと思っていた。そして、歌垣の場で偶然に出会うことになる。歌のやりとりのあと、二人は、歌垣の場からのがれて、松の下に隠れたという。互いに「手携《たづさ》はり、膝を役《つら》ね」て想いをのべ、「茲《こ》宵茲《よいここ》に、楽しみこれより楽しきは莫《な》し」という無上の一夜を過ごすことになる。しかし、最後は、

俄かにして、鶏鳴き、狗吠えて、天暁《そらあ》け日明かなり。爰に、僮子等、為むすべを知らず。遂に人の見むことを愧《は》ぢて、松の樹と化成《な》れり。郎子を奈美松と謂ひ、嬢子を古律松と称《い》ふ。古より名を着けて、今に至るまで改めず。

という、悲しくもロマンチックな結末を迎えるのである。

この伝承は、単にロマンチックなだけではなく、歌垣の内部の事情をある程度、わたしたちに知らせてくれる点でも興味深い。集った男女は、ごちそうを食べ、酒を飲んで歌を掛け合う。ここまでは集団でのやりとりであり、にぎやかな光景がうかんでくる。そのうちに、カップルができてくると、二人はそっと歌垣の場から逃げだして、二人だけの夜をおくることになる。しかし、夜が明けるまでには、また、歌垣の場にもどっていなければならないのである。だからこそ、うっかりして夜が明けてしまった郎子と嬢子は、集団の場にもどることができず、松になってしまったのである。松になったというのは、いかにも伝承でありロマンチックであるが、これは歌垣でのタブーを破ったための報いともいえよう。

このように、歌垣には一定のルールがあったと思われるが、民衆にとって楽しみであったという点については事実である。しかし、このことは、歌垣だけが民衆の楽しみであったということではもちろんない。もし、そうであれば、民衆は一年に二回しか楽しみがないことになってしまう。歌垣の他にも、こうした歌垣的な小宴会があちこちで日常的にくりひろげられていたであろうことは、十分に想像できよう。しかし、いままでこうした点については、史料があまりないということもあって、積極的にいわれてこなかったように思われる。

■出雲の遊興の場

こうした小宴会の場ということを念頭において『出雲国風土記』をみていくと、島根半島の東部の島根郡の条が目にとまる。まず、邑美冷水《おうみのしみず》とよばれる清泉がわき出てる場所がある。そこは、

東と西と北とは山、并びに嵯峨《さか》しく、南は海澶漫《ひろ》く、中央は鹵、瀾磷々くながる。男も女も、老いたるも少《わか》きも、時々に叢《むらが》り集ひて、常に燕会《うたげ》する地なり。

と記されている。三方が山に囲まれ、南には海がひらけ、中央部は小石が多い砂浜になっていて、泉がわいているというのである。そして、そこでは、老若男女が集まっていつも宴会がおこなわれている。まさに、景勝の地に人々が集まって歌舞宴会がくりひろげられている。

邑美冷水は現在、目無《めな》し水とよばれており、今も清水がこんこんとわき出ている。前方には中海《なかうみ》が広がり、そのむこうには、『出雲国風土記』に夜見島《よみのしま》と称されている弓が浜を望むことができる。宴会の場としては、絶好のロケーションといえよう。

邑美冷水

さらに、邑美冷水に近接する前原崎についても、『出雲国風土記』は、

東と北とは并びに龍樅しく、下は則ち陂《つつみ》あり。周り二百八十歩、深さ一丈五尺ばかりなり。三つの辺は草木自から涯に生ふ。鴛鴦《をし》・鳧《たかべ》・鴨、随時《ときどき》当り住めり。陂の南は海なり。即ち、陂と海との間は浜にして、西東の長さは一百歩、北南の広さは六歩なり。肆《なら》べる松蓊鬱《しげ》り、浜鹵《なぎさ》は淵《ふか》く澄めり。男も女も随時《ときどき》叢《むらが》り会《つど》ひ、或は愉楽《たの》しみて帰り、或は耽《ふけ》り遊びて帰らむことを忘れ、常に燕喜《うたげ》する地なり。

と記している。そそり立った山と海の間に堤防があり、水辺の植物が自生し、水鳥が棲息している。堤防と海との間は細長い渚になっていて、水は澄んでおり、松並木がのべている。邑美の冷水と同様に景勝の地といえよう。そこに、男女が集まって、いつも宴会がおこなわれているというのである。ある者は宴会にふけって、帰るのを忘れてしまうというのは、少々オーバーかもしれないが、宴会を楽しむ民衆の姿が目に浮かぶようである。

宴会の記事は、温泉地にもみることができる。意宇郡の忌部神戸《いんべのかんべ》の条であり、ここは、現在の玉造温泉にあたる。玉造温泉は、今も山陰有数の温泉地として知られるが、『出雲国風土記』によって、古代からの温泉であることが確認できる。そのロケーションはというと、山と海があるという。つまり、景勝の地ということであろうが、ここにいう海とは宍道湖にほかならない。

そして、湯は川の辺りにわき出てるとあり、老若男女が集まって、宴会がくりひろげられている。そこには人々をあてこんで市も立っていた。湯は、「一たび濯《すす》げば、形容端正《かたちきらきら》しく、再び沐《ゆあみ》すれば、万病悉《ことごと》に除ゆ。古より今に至るまで験《しるし》を得ずといふことなし」と記されていて、人々によって神の湯とよばれていた。見事なキャッチフレーズといってよいであろう。肌によくて、万病にも効くという、まさに神の湯といわれるのにふさわしい絶景の温泉場に人々が集まって宴会をおこなっている光景は、現代にも通じるようである。

この忌部神戸と似た記載が仁多《にた》郡にもみられる。漆仁川の辺りに湯がわいているというのである。その湯は、「一たび浴《ゆあみ》すれば、則ち身体穆平《やは》らぎ、再び濯《すす》ば、則ち万病消除ゆ」という効能をもち、

男も女も、老いたるも少きも、夜昼息《や》まず、駱駅《つら》なり往来ひて、験《しるし》を得ずといふことなし。故、俗人《くにひと》号けて薬湯といふ。

と記されている。ここには、直接、宴会がおこなわれているという記載はみられないが、忌部神戸の様子を参考にするならば、当然、同じように宴会が開かれていたであろうと思われる。

さらに、温泉の記事に注目すると、大原郡の条に、

須我《すが》小川の湯淵《ゆぶち》村の川中に温泉あり。号《な》を用ゐず。同じき川の上の毛間《けま》村の川中にも温泉出づ。号を用ゐず。

という記載がみられる。湯淵村と毛間村に名もない温泉があるというのである。したがって、これらの温泉は、忌部神戸や仁多郡の温泉とは比較にならないくらい小規模のものであったと思われる。しかし、温泉があることは明記されているわけであり、土地の人々の楽しみの場であったことは否定できないであろう。ここでも、やはり小

宴会がくりひろげられていたといえよう。

このようにみてくると、古代の出雲の人々は、けっこう日々の楽しみをもっていたことがわかる。一見すると重い税にあえぎ、苦労ばかりの生活を送っていたかのようにみえる民衆も実は、彼らなりの楽しみを享受しているのである。こうしたことは、考えてみると当たり前のことであり、何も出雲だけがこうだったのではなく、他の地域でも同様であったであろう。

古代出雲の特産物の謎

■『風土記』に記された特産物

昨今の日本人のグルメ志向の浸透ぶりは、特産物という言葉を、ごくふつうのものにしてしまった。しかし、あらためて考えてみると、この特産物という言葉は、ずいぶんと特殊な言葉といえないだろうか。たとえば、現代の米の流通を例にしてみよう。米は、日本全国で生産され、その味についても、世界的にみておいしいといえる。しかし、そうした米の中でも、どこどこの県の米が最もおいしいといったり、さらには、その県の中でもどこどこの地域のものが一番といったりする。

それでは、こうした特産物は、いつごろからみられるようになったのであろうか。

古代には、はたしてあったのであろうか。この素朴な疑問に答えてくれる史料のひとつが『風土記』である。

『風土記』の記載内容のなかには、産物名の列挙も含まれているから、当然のことながら、動植物・魚貝類・鉱物などさまざまなものが記載されている。そして、それらのなかに、特産物を思わせるようなものもみられる。

たとえば、『常陸国風土記』の行方《なめかた》郡の麻生里の記載をみると、里を囲むように山があり、そこには椎・栗・槻・櫟などの樹木が繁り、猪や猿がいると記されている。そして、山の麓の野には、乗馬に適した馬がいることも記載されていて、その馬については、さらに、

飛鳥浄御《あすかきよみ》原大宮《はらのおおみや》に臨軒しめしし天皇の世、同じき郡の大生里の建部袁許呂命、此の野の馬を得て、朝廷に献《たてま》つりき。謂はゆる行方の馬なり。或るひと茨城里の馬といふは非ず。

とのべられている。

つまり、天武天皇の時代に、この麻生里の野の馬が朝廷に献上されたというのである。その馬は、「いわゆる行方の馬」とよばれているもので、さらに続けてわざわざ、

ある人が茨城里の馬といっているのは間違いである、とものべている。

ここにみられるように、本当に天武朝に麻生里の馬が献上されたかどうかについては、問題があろうが、行方郡の馬が乗馬用の馬としてすぐれていたということに関しては、認めてもよいように思われる。すなわち、麻生里の馬は、「行方の馬」と称され、特産物のような扱いをうけていたと思われるのである。

ここで興味深いのは、「行方の馬」というように、郡名でよばれていることである。より産地を明確にしようとするならば、「麻生の馬」の方がよさそうなのに、そうしたいい方にはなっていないのである。つまり、郡がひとつの単位になっているわけであり、こうしたことは、実は、このあとみていく出雲の場合にもあてはまる。

いずれにしても、このように、『風土記』には、すでに、特産物の記載がみられるわけで、以下、出雲に焦点をあわせてくわしくみていくことにしたい。

■海辺の特産物

『出雲国風土記』にみえる九つの郡のうち、日本海に面している郡は、そこで獲れる海産物の品目を一括して記載している。たとえば、最も漁獲量が多かったであろうと思われる島根郡には、志毗《しび》・鮐《ふぐ》・沙魚《さめ》・烏賊《いか》・蜛蝫《たこ》・鮑魚《あわび》・螺《さざえ》・蛤貝・蕀甲蠃《うに》・甲《か》蠃《せ》・蓼螺子・蠣子《かき》・石華《せ》・白貝・海藻・海松《みる》・紫菜《むらさきのり》・凝海菜などといった多くの海産物をみることができる。

これらの日本海に面している郡のなかで、島根半島の中央部から西部にかけて位置している楯縫《たてぬい》郡の記述には、興味がひかれる。というのは、そこには、日本海で獲れる海産物は、東に隣接する秋鹿《あいか》郡と同様であるとしつつも、

但、紫菜は、楯縫郡、尤《もっと》も優《まさ》れり。

と記されているからである。

このことから、紫菜に関しては、出雲のなかで、楯縫郡が一番まさっていたことがわかる。しかし、ここで少し問題がないわけではない。それは、「尤も優れり」という表現をどのように解釈するかという問題である。つまり、収穫量がもっとも多いのか、それとも品質が最上なのか、ということである。この点について断定することは難しいのであるが、「優れり」という表記を重視すると、品質の面で最良と考えられよう。

それは、楯縫郡の西に隣接し、島根半島の西部を占める出雲郡の記載からもうかが

われる。すなわち、出雲郡の日本海側で捕獲できる海産物については、楯縫郡と同様とした上で、

但、鮑《あはび》は出雲郡、尤も優れり。捕る者は、謂はゆる御埼《みさき》の海子《あま》、是なり。

としている。つまり、出雲郡は、鮑が一番まさっていて、しかも、この鮑を捕る者は、御埼の海人と記している。ここにみられる御埼とは、島根半島の最西端に位置する日御碕《ひのみさき》のことと考えられる。したがって、日御碕の海人たちによって捕獲される鮑が出雲で一番だということになる。このことからみても、量的に一番というよりも、質的に最上と考える方が妥当であろう。

また、神門郡をみてみると、日本海沿岸で捕れるものについて、楯縫郡と同様とした上で、こちらは、「但、紫菜なし」と記載している。この、紫菜がない、ということをどのように解釈したらよいであろうか。紫菜は、それほど特殊な産物と

日御碕

はいえない。したがって、神門郡の海岸部において、紫菜が文字通りまったくなかったとは考えにくい。むしろ、この場合にも、質的にみて一定の水準をクリアできるような紫菜がない、と理解した方がよいと思われる。さらに、このことを、もっとも質的に高い楯縫郡の紫菜と比較していうと、商品として通用するような紫菜が神門郡にはない、といってもよいのではなかろうか。

このようにとらえてよいとすると、楯縫郡の紫菜と出雲郡の鮑は、出雲の他の郡の紫菜や鮑と比較して質的にぬきんでており、その郡の特産物として有名であったと思われる。

■山間部の特産物

こうした特産物と考えられる品々は、海産物だけとは限らない。『出雲国風土記』をみると、山間部にも特産物があったことがうかがわれる。

仁多《にた》郡は、伯耆・備後の二か国と境を接する山間部に位置し、現在も奥出雲と称される地域である。『出雲国風土記』によると、三処《みところ》・布勢《ふせ》・三沢・横田の四郷から構成されており、それぞれの郡についての記載のあと、以上の諸郷より出す所の鉄、堅くして、尤《もっと》も雑《くさぐさ》の具《もの》を造るに堪《た》ふ。

と記されている。ここから、仁多郡は、全域にわたって鉄を産出すること、さらに、その鉄は、他の地域から出る鉄と比べると堅くて、さまざまな物を造るのに最も適していることが知られる。

出雲は、古くから中国山地をはさんで接する吉備などと共に、良質の鉄を出すことで有名である。近世には、山間部において、たたら製鉄がさかんにおこなわれ、刀剣の原料になる玉鋼《たまはがね》とよばれる最良の鉄をはじめ、多量の鉄が産み出され、全国に流通した。現在も仁多郡の横田町の日刀保《にっとうほ》たたらにおいて、全国唯一の玉鋼製産がなされている。

こうした出雲の製鉄は、もちろん、近世のみのものではなく、中世、そして古代へとさかのぼる。たとえば、『出雲国風土記』の飯石《いいし》郡にも、鉄の記載がみられる。飯石郡は、仁多郡の西に隣接する郡で、やはり、奥出雲と称される地域である。その飯石郡の波多小川と飯石小川の条には、それぞれ、「鉄《まがね》あり」という記載がみられる。ここから、二つの河川では川砂鉄が採取されていることがうかがわれる。

製鉄の原料となる砂鉄には、河川から採取する川砂鉄のほかに、浜砂鉄や山砂鉄などがある。浜砂鉄とは海浜部で採取する砂鉄であり、山砂鉄は山の土砂の中から鉄穴《かんな》流しという特殊な技法を用いて採取した。近世のたたら製鉄では、主に山砂鉄が用いられ、そのため、いくつもの山が平地になってしまったといわれるほどである。

古代の砂鉄の採取には、いまだに不明のところも多いが、鉄穴流しの技法には大規模な施設が必要であり、そのことを考えると、むしろ、川砂鉄や浜砂鉄の採取が中心であったと思われる。飯石郡でみつかった製鉄遺跡である門遺跡も、神戸川の流域に展開された遺跡である。

さらに、古代においては、砂鉄の採取にはじまって、製鉄、冶金《やきん》、加工といった鉄製品の一連の製造工程が同一の場所でなされていたと考えられている。したがって、古代の出雲でも、少なくても仁多郡や飯石郡では、製鉄がおこなわれ、鉄製品が造られていたといえる。そうした中で、仁多郡の鉄は最良のもので、鉄といえば仁多、といった特産物のイメージができあがっていたと思われる。

■「市」の存在をめぐって

楯縫郡の紫菜、出雲郡の鮑、そして、仁多郡の鉄などを、それぞれ特産品として考えてみた。このように特産物が成立する背景には、市《いち》などの流通機構が必要になってくる。なぜならば、特産物とは、あくまでも相対的な関係の中で成りたつものであるからである。たとえば、紫菜でいうと、ある程度の収穫量があること、そして、それらを欲しがる人たちがいることが前提となる。そうした需要と供給のバランスの上にたって、楯縫郡のものが最上級である、という評判ができて特産物と認められることになるのである。

したがって、特産物が成立するためには、マーケット、すなわち市の存在が不可欠となってくる。このような視点で、『出雲国風土記』をみてみると、意宇《おう》郡の朝酌《あさくみ》の促戸渡《せとのわたり》の記述に目がとまる。

> 東に通道あり。西に平原あり。中央は渡なり。則ち、筌《うへ》を東西に亘《わた》し、春秋に入れ出だす。大き小き雑の魚、時に来湊《きあつま》りて、筌の辺に駈駭《はせおどろ》き、風を壓《お》し、水を衝《つ》く。或は筌を破壊《やぶ》り、或いは日に腊《きたひ》を製《つく》る。ここに捕らるる大き小き雑の魚に、浜譟《さわ》がしく、家闐《にぎわ》ひ、市人四より集ひて、自然に鄽《いちくら》を成せり。

これが、朝酌の促戸渡の描写である。渡し場があり、交通の要地である。大小の魚も獲れ、人々でにぎわいをみせている。商人たちが四方から集まってきて、いつしか市ができているというのである。こうした場所に市が形成されるというのは、ごく自然であり、実際に、朝酌の促戸渡には市が立ち、商人や多くの人々でにぎわっていたと考えられる。

また、意宇郡の忌部神戸《いんべのかんべ》の条にも市の様子がみられる。ここは、現在の玉造《たまつくり》温泉であるが、古代の状況はというと、

即ち、川の辺に湯出づ。出湯の在るところ、海陸を兼ねたり。仍りて、男も女も、老いたるも少きも、或は道路に駱駅《つらな》り、或は海中を洲に沿ひて、日に集ひて市を成し、繽紛《みられまが》ひて燕楽《うたげ》す。

とあって、現代と同じように人々で一杯の様子がうかがわれる。こういった場所に市ができるというのも十分にうなずけることであろう。

このように、『出雲国風土記』には、市の様子についての記載がみられ、実際に物資の売買がなされていたことがうかがわれる。そして、こうした場において、特産物は、人々の目をひき、好条件で取り引きされたことと思われる。

出雲の寺と新造院

■古代の仏教と寺院

六世紀の半ばころに仏教が、百済の聖明王から欽明天皇に伝えられたとされている。仏教の公伝である。こうした国家間によるパブリックな伝来以前にも、渡来人によって個人的に仏教がもたらされたであろうことは十分に想像できるが、それを記す史料はあまりにも少ない。平安時代に書かれた『扶桑略記《ふそうりゃくき》』という書物に、五二二年に司馬達等《しばたつと》が自分の家に仏像を安置していた記事がみられるくらいである。司馬達等は、法隆寺金堂釈迦《しゃか》三尊像や飛鳥大仏の作者として有名な止利《とり》仏師の祖父である。

したがって、地域における仏教の様子はというと、史料的にはほとんど知ることが難しいということになってしまう。『風土記』は、他の史料と比較すると、地域の情報が豊富であるが、こと仏教に関しては、あまり多くのものを期待することはできない。しかし、このことは、地域に仏教信仰が伝わらなかったということでは決してない。瓦をはじめとした仏教関連の遺物が各地でみつかっているし、寺院址《じいんし》の発見もあいついでいる。

出雲を含む山陰地方を例にしても、多くの遺跡・遺物が出ており、中には鳥取県の上淀廃寺《かみよどはいじ》のように全国的な注目を集めたものもある。この廃寺は、三か所の塔の跡が出たりして興味をひいたが、何よりも注目されたのは、金堂を飾っていたと思われる彩色壁画である。時代は、白鳳期であり、しかも、法隆寺の金堂壁画との共通点も指摘されている。七世紀の後半の段階で、都から遠く離れた伯耆の地に、中央と同じくらいの水準の仏教絵画がみられたのである。このことは、とりもなおさず、仏教の地方波及がスピーディにおこなわれたことをうかがわせる。

しかし、のべたように文献からは、そうした積極的な地方伝播の様子はみえてこない。具体的に、現存する五つの『風土記』を対象にして、仏教の基本的要素のひとつである寺院の状況についてみてみることにしよう。

■『風土記』に記載された寺院

まず、『常陸国風土記』であるが、ここには、寺院の記載はみられない。ただ、多珂郡の条に、

国宰、川原宿禰黒麻呂の時、大海の辺の石壁に観世音菩薩像を彫り造りき。今に在り。因りて仏浜と号く。

とあって、仏教信仰があったことは推測することができる。仏浜の岩壁に彫られた観音像は、当然のことながら信仰の対象であったであろう。そこから、信仰する人びとと教えを説く人たちの存在、すなわち、僧尼と信者がいたであろうことも想像できる。とすれば、彼らの拠点となった寺院の存在も十分に考えられる。

けれども、残念なことに寺院に関しては、『常陸国風土記』は黙して語らないのである。寺院の記載がみられないという点については、『播磨国風土記』も同様である。もちろん、仏教に関連した記事がないわけではない。揖保郡の神島の条は、その例で内容も大変、興味をひかれるものである。一体、どのようなものかというと、神島の西側に仏に似た石神があったというのである。この石神の顔には、五色の玉がはめこ

まれていたが、応神天皇の時代に来朝した新羅人《しらぎ》がそのひとつである眼の部分の珍玉をこじとってしまった。そのため、石神の怒りをかって新羅人の船は沈み、全員が死亡した。そこで、この場所を通る人は、韓人《からひと》や盲《めしい》のことにはふれなくなったとしている。

仏のような石神という、何やら謎めいた石像の話であり、応神朝という一応の時代設定があること、新羅人ということから朝鮮半島との関係がみられることなど興味深い伝承である。また、タブーの要素を含んでいることも指摘できる。しかし、残念なことに、寺院についてては知ることはできないのである。

西海道風土記はというと、『豊後国風土記』の冒頭に、

郡は八所郷は四十、里は一百一十、駅は九所並びに小路、烽は五所並びに下国、寺は二所なり僧寺と尼寺となり。

とあって、僧寺と尼寺あわせて二か所の寺院が記されている。さらに、大分郡の条にも、「寺は二所なり」とあり、「一つは僧寺、一つは尼寺なり」という記載がみられる。

これらのことから、八世紀の初期から中期にかけて、豊後国には二つの寺院があったことが確認できる。この点でも『豊後国風土記』は、貴重な史料といえるが、疑問な

点も出てくる。それは、豊後という国全体で、寺院が二か所とは、あまりにも少ないのでは、という疑問である。こうした疑問はもっともなことである。この点を気にとめて『肥前国風土記』をみると、やはり、冒頭に、

郡は一十一所郷は七十、里は一百八十七、駅は一十八所小路、烽は二十所下国、城は一所、寺は二所なり僧寺なり。

とみられる。さらに、神埼郡の条に「寺は一所なり僧寺なり」、佐嘉郡の条に「寺は一所なり」とそれぞれ記されている。

これらのことから、肥前の場合にも、寺院数は全部で二つということになる。したがって、豊後、肥前ともに国全体で寺院が二か所しかないわけであり、少なすぎるという印象をぬぐえない。この数については、単に実数を反映していないと考えることもできようが、寺と認められるのには厳密な基準があったのでは、とも思われる。いずれにしても、まだ検討されなければならない余地が残されているといえよう。

それでは、『出雲国風土記』はどうかというと、他の国の『風土記』とは少しちがったユニークな記載がみられる。

■『出雲国風土記』のなかの古代寺院

具体的にみていくと、寺と称されたものは、実はひとつしかない。意宇《おう》郡に出てくる教昊寺《きょうこうじ》がそれである。どのようなことが記されているかというと、舎人《とね》郷にあり、五重塔をもち、僧もいるとある。建立者は、教昊という僧であり、彼は『出雲国風土記』がまとめられた当時に散位大初位下であった上腹首押猪という人物の祖父であるとも記されている。

教昊寺に関しては、このようにいくつかの情報を得ることができる。『出雲国風土記』には、寺の記載はこのひとつだけであるが、この他に、「新造院《しんぞういん》」と名づけられた寺院と考えられる施設が十か所みられるのがユニークな点である。

新造院の実体については、いままでもさまざまなことがいわれているが、まず何よりも、実際にそれぞれの内容をみてみることにしよう。

意宇郡には、三か所の新造院がある。山代《やましろ》郷のものは、「厳堂《ごんどう》を建立《た》つ。僧なし」とある。ここにみられる厳堂とは何かについてであるが、いまだ明確にされていない。金堂《こんどう》のことかといわれているが、根拠は音の類似くらいしかないのが実状である。また、わざわざ、僧がいないことが記されているのも興味深い。建立者については、

「日置《ひおき》君目烈《まれ》が造るところなり。出雲神戸の日置君猪麻呂が祖なり」と記されている。ここから熊野大社と杵築大社とに奉仕する集団である出雲神戸の統率者である日置君猪麻呂の親にあたる日置君目烈が造ったことがわかる。目烈も出雲神戸の統率者であったと思われる。

山代郷北新造院復元イメージ
（写真：島根県立八雲立つ風土記の丘）

山代郷のこの新造院は、来美《くるみ》廃寺に相当すると考えられている。近年、来美廃寺から須弥壇の跡がみつかり、さらにその上には三尊形式の仏像が安置されていたことも確認され、あらためてその立派な伽藍《がらん》の規模が話題になった。

山代郷には、もうひとつ新造院の記載がある。山間部の飯石郡の少領である出雲臣弟山《おとやま》が造ったもので、厳堂があって、僧が一人いると記されている。残りのひとつは、山国郷にあり、郷の人である日置部根緒の建立によるもので、三重塔があった。

楯縫《たてぬい》郡には、郡司の長官である大領の出雲臣太田が造った新造院が沼田郷にみられ、厳堂を備えていた。出雲郡にも、河内郷に厳堂をもった新造院がみられる。造ったのは、もとの大領であった日置臣布弥で、この人物は、『出雲国風土記』が成立した当時の大領の日置臣佐底麿の祖父にあたる。

神門《かんど》郡には、二つの新造院がみられる。ひとつは、神門臣一族が朝山郷に建立したもので、厳堂をもっていた。他のひとつは、古志《こし》郷にあり、刑部臣一族の手になるものである。伽藍については、「本、厳堂を立つ」とあって、いまひとつはっきりしないが、厳堂があったと思われる。

あとの三つは、大原郡の新造院である。しかも、そのうちの二つは斐伊《ひい》郷にある。ひとつめは、大領の勝部臣虫麻呂が造ったもので、厳堂があり、僧も五人いると記されている。もうひとつは、郷の人である樋伊支知呂麻《ひのいきちまろ》によって建てられた新造院で、厳堂をもち、尼が二人置かれている。残りのひとつは、屋裏《やうち》郷にあり、前少領であった額田部《ぬかたべ》臣押島の手になり、塔があり、僧も一人いたことが記されている。

以上が十か所の新造院の概要である。僧尼の存在や塔がみられることから、大まかな点では、寺院と考えてよいと思われる。しかし、なぜ、個別の寺院名ではなく、新造院という名称でひとまとめにされているのかという問題をはじめとして、さまざまな謎もわいてくる。

■新造院の謎

新造院という言葉を素直に受けると、新しく造った院（建物）ということになる。すると、できたばかりの寺で、まだ名称が決まっていないとも考えられるが、この考えには矛盾がある。というのは、たとえば、出雲郡の新造院のように、『出雲国風土記』が成立した当時の人物の祖父が造った新造院もあるからである。つまり、一世代を三〇年とすると、この新造院は六〇年前に建立されたことになる。これを新しく造ったとは、いえないであろう。

したがって、なぜ新造院といったのかが、あらためて問題になるのであるが、この点については、まだ謎のままである。わたし自身は、当時おこなわれた寺院併合政策との関係でとらえるのが良いと考えている。

『続日本紀』をみると、一連の寺院併合政策の記事が載せられている。まず、霊亀二年（七一六）五月十五日条に、寺院の併合を命じる詔が出されている。その理由は、寺院の手入れがなされず、荒れはてたままになってしまっているというもので、「数寺を併せ兼ねて、合わせて一区と成す」としている。そして、国司が中心となって、「郡内の寺院の合わすべきと、并せて財物とを条録し、使に附けて奉聞すべし」と命じている。ここにみられる「郡内」は「部内」の誤りともいわれているが、この通りに解釈すると、郡レベルでの併合と考えることができ興味深い。

この併合令は、養老五年（七二一）五月五日にも再確認されている。そして、天平七年（七三五）六月五日の勅には、「先に寺を并せしめたること、今より以後、更に并すべからず」とあって、寺院の統廃合がひと段落ついたことがうかがえる。

この中に『出雲国風土記』が成立した天平五年（七三三）を位置づけると、寺院併合がかなり進み、終わりに近づいている時期といえるであろう。つまり、出雲においてもこうした寺院併合がおこなわれたと考えられ、その結果、新しく誕生したのが新造院なのではなかろうか。それでは、先ほどの祖父が造ったという由緒をどのように考えればよいのであろうか。この点については、数か寺を合わせてひとつの寺としたさい、新しい寺、すなわち新造院の由緒として権威づけのために、最も古い寺院の由緒を採用したのではなかろうか。

新造院という名称については、このように考えるのが一番、合理的と思っているが、他にも残された謎は多い。たとえば、伽藍はどのようなものであったかという点も、厳堂・塔といったように断片的にしかわかっていない。また、僧尼も問題である。奈良時代には、大和の東大寺・下野の薬師寺・筑前の観世音寺に設けられた戒壇のいずれかで僧の資格を得なければならなかった。新造院の僧尼たちは、こうした正式の僧である官度《かんど》僧であったのだろうか。それとも、正式な資格をもたない私度《しど》僧だったのであろうか。

新造院をめぐっては、いまだに数多くの謎が残されている。

出雲国の寺と新造院

名称	郡	郷	伽藍の規模	僧尼の有無	建立者	
教昊寺	意宇	舎人	五層の塔	僧あり	教昊僧	散位大初位下上腹首押猪の祖父
①新造院	意宇	山代	厳堂	なし	日置君目烈	出雲神戸日置君猪麻呂の祖
②新造院	意宇	山代	厳堂	僧一人	出雲臣弟山	飯石郡少領
③新造院	意宇	山国	三層の塔		日置部根緒	山国郷の人
④新造院	楯縫	沼田	厳堂		出雲臣太田	楯縫郡大領
⑤新造院	出雲	河内	厳堂		日置臣布弥	旧大領で、現大領佐底麿の祖父
⑥新造院	神門	朝山	厳堂		神門臣ら	
⑦新造院	神門	古志	（厳堂）		刑部臣ら	
⑧新造院	大原	斐伊	厳堂	僧五人	勝部臣虫麻呂	大原郡大領
⑨新造院	大原	屋裏	（?）層の塔	僧一人	額田郡臣押島	前少領で、現少領伊去美の従父兄
⑩新造院	大原	斐伊	厳堂	尼二人	樋伊支知麻呂	斐伊郷の人

神社とその数をめぐって

■出雲の古社

現在も出雲には、出雲大社をはじめとして多くの古い神社をみることができる。それは、何も大きな社《やしろ》に限ったことではない。たとえば、島根半島の漁村を歩いていて、ふと、こんもりとした繁みに目をやると、そこに小さいながらも古く立派な社殿があったりする。そんなとき、出雲の人々の古代からの神話信仰の伝統を思わずにはいられない。

『出雲国風土記』をひらくと、そこには、「合せて神社は三百九十九所なり」と記されている。さらに、一百八十四所神祇官に在り。

二百一十五所神祇官に在らず。

とも記載されている。

これらのことから、『出雲国風土記』がつくられた八世紀のはじめ、出雲には三九九の神社があったことがわかる。また、そのうちの一八四社は、中央政府で神社関係のことを統轄する神祇官《じんぎかん》の台帳に記載されていることも知られる。つまり、この一八四社は、政府が公認した神社、すなわち官社ということができる。

ふつう、あるひとつの国で官社がいくつあるかを知るためには、一〇世紀の初頭にまとめられた『延喜式《えんぎしき》』が用いられる。『延喜式』の巻九と巻十は、神名帳とよばれており、国別に官社がすべて記載されている。出雲のコーナーも、もちろんあり、全部で一八七社が記されている。

したがって、一般的には、一〇世紀前後の段階でしか、一国単位の官社の数を確認することができないのである。しかし、出雲の場合には、それよりも約二世紀も早い段階での官社、そして非官社の状況を知ることができる。

ここで興味深い問題がある。というのは、官社の数についてである。すでにみたように、八世紀初期には一八四であり、一〇世紀前後では一八七となっている。これをどのように考えるか、という問題である。ふつう、この約二世紀の間に、政府公認の神社が三社ふえたと理解するのではなかろうか。つまり、『出雲国風土記』に載っている神社に新たに三社加わったという考えである。

こうした考えは、一見すると当然のことで疑う余地はないように思われる。しかし、少し考えると、ずいぶん問題があることに気がつく。それは、二世紀という時間の長さである。たとえば、現代を例にして考えると、二〇〇年たてば、世の中はすっかり変わってしまうだろう。古代は、もちろん現代よりも変化のスピードが格段に遅いであろうが、それでも二〇〇年の間には、なくなってしまう神社があっても不思議ではないであろう。むしろ、『出雲国風土記』に載っている神社がすべて二〇〇年間、残っていると考える方が不自然ともいえよう。

しかし、このようにいうと、それでは、どの神社が具体的に廃絶したのかと問われるであろう。実は、この質問に厳密に答えることは残念ながらできない。というのは、『出雲国風土記』にみえる一八四の官社のその役を、ひとつひとつ追っていくことは、史料的な制約があってとうていできないからである。したがって、『出雲国風土記』

に載っている一八四社が一〇世紀まで存続しているという前提の上で、話を進めていかざるを得ないのが現状である。しかし、わたしたちの頭のどこかにある、神社は古くから変わらないという意識には問題があるということも忘れてはならないであろう。

■「祭神」が変化した理由

長い歳月の間に、古社も変化するという点にもう少しこだわってみよう。こだわる理由は、神社に対する信仰や伝統を否定するためではない。むしろ、その逆で、神社といえども、時代やそこに生きる人たちと共に変化するのは当然で、そうでなければ、神社は過去の遺物になってしまうであろう。

そうした視点で出雲大社をみると、いくつかの興味深い点に気がつく。まず、社名であるが、現在、何の疑問もなく出雲大社とよんでいるが、少なくても『出雲国風土記』にはそうした社名はみられない。では、何とよばれていたのか、というと、杵《き》築《づき》大社《のおおやしろ》と出てくる。なぜそのようによばれるようになったかというと、杵築郷の条に、八束水臣津野命の国引き給ひし後、天の下造らしし大神の宮を造り奉らむとして、諸の皇神《すめがみ》等、宮処に参集ひて、杵築《きづ》きたまひき。故、寸付《きづき》といふ。神亀《じんき》三年、字を杵築と改む。

とある。これによると、ヤツカミズオミヅヌ神が国引きをおこなったのち、天の下造らしし大神、すなわちオオクニヌシ神の宮殿を造ろうとして諸々の神々を集めて築いたということになる。この大国主の宮殿が、とりもなおさず出雲大社（杵築大社）にほかならない。

したがって、『出雲国風土記』では、オオクニヌシ神の宮殿を「築いた」場所なので杵築郷という地名ができ、その神殿は、杵築大社と名づけられた、ということになる。ちなみに、『延喜式』の神名帳でも、杵築大社となっている。こうしたことから考えると、出雲大社は、本来は杵築大社とよばれていたと思われるのである。

また、出雲大社の祭神についても興味深いことがある。出雲大社の起源は、『出雲国風土記』によると、すでにみた杵築郷の条に記されている。しかし、一般的に知られているのは、記・紀神話のなかにみられる国譲り神話である。この国譲り神話によると、高天原側からの要求を受けいれたオオクニヌシ神が、自分の支配している地上を国譲りしたのち、鎮まったのが出雲大社ということになっている。

　いずれにしても、こうした伝承からわかるように、出雲大社の祭神は、オオクニヌシ神であり、もちろん現在もそうである。ところが、中世においては、祭神がスサノオ神であったことが、現在、拝殿の前にある銅鳥居《どうとりい》の銘文などからうかがわれるのである。オオクニヌシ神からスサノオ神へと祭神が変わった背景としては、平田市にある鰐淵寺《がくえんじ》との間に、神仏習合の関係が強まったことなどが考えられる。

出雲大社の銅鳥居

　出雲大社は、近世に入っていち早く神仏習合色をとり払い、祭神も古代からのオオクニヌシ神にもどし、現在にいたっているのである。

　祭神という点では、美保《みほ》神社も興味深い。美保神社は、島根半島の東端の美保関《みほのせき》町に鎮座する古社で、春の青柴垣《あおふしがき》神事や冬の諸《もろ》手船《たぶね》神事からもわかるように海とのつながりが深い。本殿は、比翼《ひよく》造とよばれる独特のもので、そこに鎮座している祭神は、コトシロヌシ神とミホツヒメである。記・紀神話をみると、コトシロヌシ神はオオクニヌシ神の御子神《みこがみ》であり、国譲り神話では、この美保にいたコトシロヌシ神が大きな役割を果たしている。また、ミホツヒメは、オオクニヌシ神の后神《きさき》である。

美保神社

しかし、この美保神社の祭神を、『出雲国風土記』でみると、様子が一変してしまう。すなわち、島根郡の美保郷の条をみると、

天の下造らしし大神命、高志国《こし》に坐す神、意《お》支都久辰為命《きつくしい》の子、俾都久辰為命《へつくしい》の子、奴奈《ぬな》宜波比売命《がわひめ》に娶《あ》ひまして産みましし神、御穂《みほ》須須美命《すすみ》、是の神坐す。故、美保といふ。

と記されている。これによると、ここには、ミホススミ神が鎮座しており、この女神は、オオクニヌシ神（天の下造らしし大神）と北陸（高志国）のヌナガワヒメ命との間の御子神ということになる。

もちろん、これは神話ではあるが、島根半島の東端と北陸との間の交流をうかがわせる興味深い伝承でもある。

また、『出雲国風土記』の美保郷の伝承をもとにすると、美保神社の祭神は、本来、ミホススミ命のみであったと考えられる。それが、時代の変遷にともなって、記・紀神話が普及し、美保と縁のあるコトシロヌシ神が祭神とされるようになったのであろう。また、やはり、記・紀神話に登場したミホススミ命と神名の類似がみられるミホツヒメが、オオクニヌシ神系の神ということも手伝って、祭神になったと考えられる。

■二大社と四大神

『出雲国風土記』の神社の記載に目をもどすと、官社一八四社、非官社二一五社の合わせて三九九社もの神社がみられた。さらに、郡ごとの記述をみていくと、そこには具体的な神社名も記されている。それらをながめていくと不思議なことに気がつく。というのは、東部に位置する意宇郡に鎮座する熊野大社と西部の出雲郡の杵築大社だけが、大社とよばれているのである。三九九社のうち、二社のみが大社《たいしゃ》とされているわけで、これは、あきらかに特別扱いといえる。

また、『出雲国風土記』にみえる神社の場合、そこに祀られている祭神は、一社につき一神と考えられている。つまり、祭神の数も全部で三九九神ということになる。それらの神々の中で、四神だけが大神《おおかみ》と称されている。具体的に名をあげると、野城大神、熊野大神、佐太《さだ》大神、そして、天の下造らしし大神である。

野城大神の神社は野城社であり、熊野大神と佐太大神は、それぞれ熊野大社、佐太御子《みこ》社に鎮座している。天の下造らしし大神とは、オオクニヌシ神のことであり、杵築大社（出雲大社）の祭神である。

こうしてみてくると、八世紀はじめに出雲にあった三九九の神社には、序列がみられることがわかる。まず、官社と非官社とに大別される。さらに官社の中でも、四社のみ大神を祭神とするものがある。その四社の中でも二社だけが大社と称されるということになる。では、杵築大社と熊野大社の間には差がなかったのかというと、ここでも興味深いことがうかがわれる。ふつうに考えると、出雲大社、すなわち杵築大社の方が上位のような気がする。しかし、それがちがうのである。たとえば、『出雲国風土記』の意宇郡の出雲神戸《いずものかんべ》の条をみると、伊《い》弉《ざ》奈《な》枳《ぎ》の麻《ま》奈《な》古《こ》に坐す熊野加《か》武《む》呂《ろ》命と、五百つ鉏の鉏猶取り取らして天の下造らしし大穴持《おおなもち》命と二所の大神等に依《よ》さし奉る。

とあって、熊野大神、つまり、熊野大社の方が上位におかれている。

なぜ、こうした二大社・四大神といった序列がみられるのかについては、いまだに定説といえるものはみあたらない。しかし私自身は、出雲国造《こくそう》と関係あるのではないかと思っている。

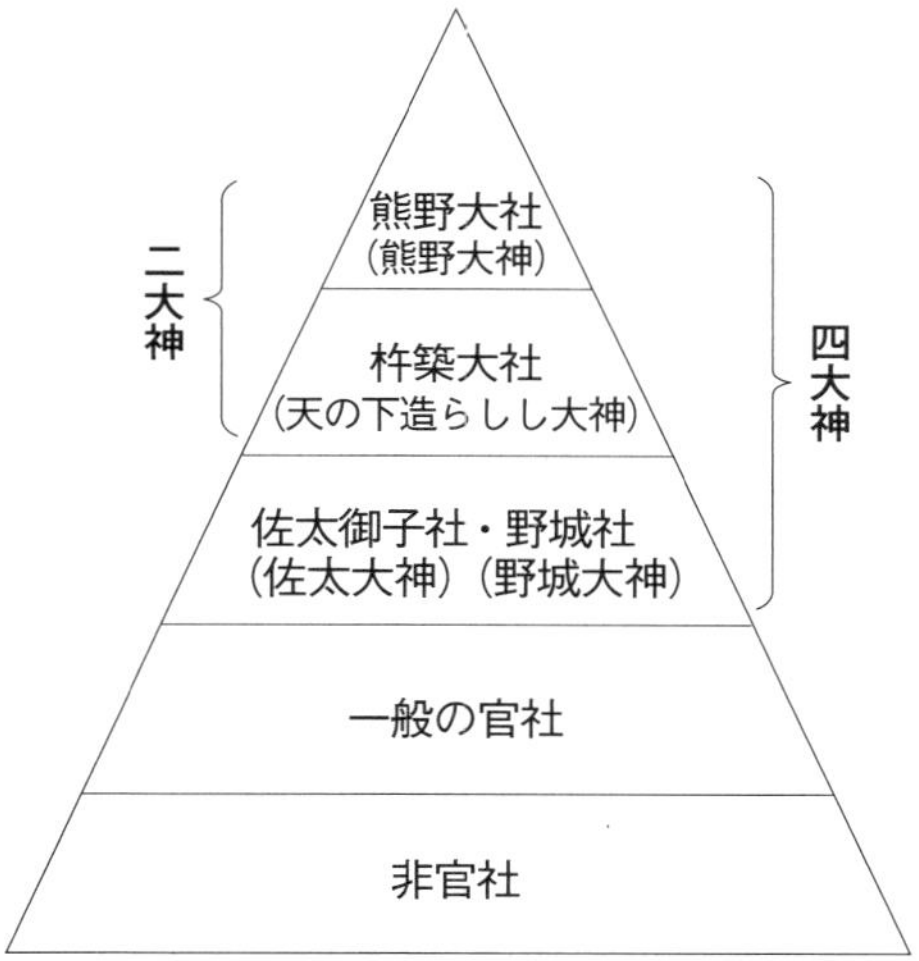

出雲の神社のヒエラルキー

出雲国造は、平安時代に意宇郡から、現在の出雲大社の地へと移ったと考えられているが、その時期は明確ではない。この問題は大変、重要な問題で簡単にいうことはできないが、わたしは、出雲国造家がそもそも祀っていたのは熊野大神ではなかったかと考えている。そして、野城大神・佐太大神・熊野大神の鎮座地と宍道湖で囲まれるエリアが出雲国造の支配領域であったときがあるのではと思っている。その後、出雲国造の支配力が増して、出雲全域を掌握した段階で、出雲の神として祀られたのが天の下造らしし大神ということになる。そして、その天の下造らしし大神を祀ることで出雲国造は、宗教的にも出雲の支配者としての地位を獲得していったのではなかろうか。

こうした歴史の推移が、『出雲国風土記』にみられる二大社・四大神を生み出す原因となっていると考えられるのである。

特集2

出雲の古社図鑑

出雲大社

〝空中神殿〟の可能性と西を向くオオクニヌシ神の謎

▼オオクニヌシ神の社

年間八〇〇万人もの人びとが参詣するといわれる出雲大社の起源は古い。神話的には、『古事記』や『日本書紀』の中にみられる国譲り神話にまでさかのぼる。

地上の主であったオオクニヌシ神がアマテラス大神を始めとする高天原の地上の支配権を譲り、自らは出雲大社の神として鎮座したというのである。

本殿は大社造とよばれる独特なものであり、地面から床までの高さが普通の神社建築と比べて非常に高いという特徴をもっている。そして、建物全体が大きくゆったりしていて、高さがきわめて高いということもみのがせない。

▼〝空中神殿〟の可能性

現在の本殿は、八丈（約二四メートル）の高さをもち、江戸時代の後期にあたる一七四四年（延享元）の造営で国宝の指定を受けている。

参詣して、特に本殿の後ろ側からみ上げるとその高さにあらためて圧倒される。しかし、平安時代には現在の倍にあたる十六丈（四八メートル）あり、さらに、それ以前には三十二丈あったと伝えられている。

平安時代にまとめられた『口遊《くちずさみ》』には、当時の高層建築物のベストスリーとして、「雲太《うんた》・和二《わに》・京三《きょうさん》」と記している。出雲の大社が太郎、すなわち一番で、大和の大仏殿が二番、平安京の大極殿が三番というわけである。

大仏殿は十五丈の高さがあり、出雲大社はそれより高いというのであるから、『口遊』を信じると十六丈という数字もなるほどと思われる。

しかし、もちろんこうした高層性については疑問視する声もみられた。こうした問題の解決に大きなヒントを与える発見が二〇〇〇年になされた。本殿の入口である八足門《やつあしもん》の手前から十三世紀初め頃に伐切されたと推定される柱の一部がみつかったのである。

柱は何と直径一・三五メートルほどの杉材を三本まとめて一本の柱としたもので、

その直径は三メートルにも達する。この三本をまとめて一本にするという方法は、出雲大社の神主をつとめる千家国造家《せんげこくそうけ》に代々継承されてきた「金輪《かなわ》御造営差図」といわれる本殿の設計図とも合致しており、これによって本殿の高層化が可能になるとされている。

この図は、本居宣長の『玉勝間』にものせられているが、図それ自体がいつのものかという年代が示されていなかった。しかし、巨木柱の発見によって「金輪御造営差図」の重要性があらためて再確認されることになった。

▼高層建築が採用された理由

発見された柱は中世初期の出雲大社の本殿の一部であるが、これによって、少なくとも平安時代末期ごろの本殿の規模も次第に明らかになりつつあるといってよいであろう。

現在までのところ、本殿の梁間《はりま》（東西の長さ）は十三・四メートル、桁行《けたゆき》（南北の長さ）は十一・六メートルほどであったと推定され、東西に少し長い長方形プランであったと考えられている。

もちろん、この発見によって古代の本殿が十六丈という高さをもっていたという

出雲大社

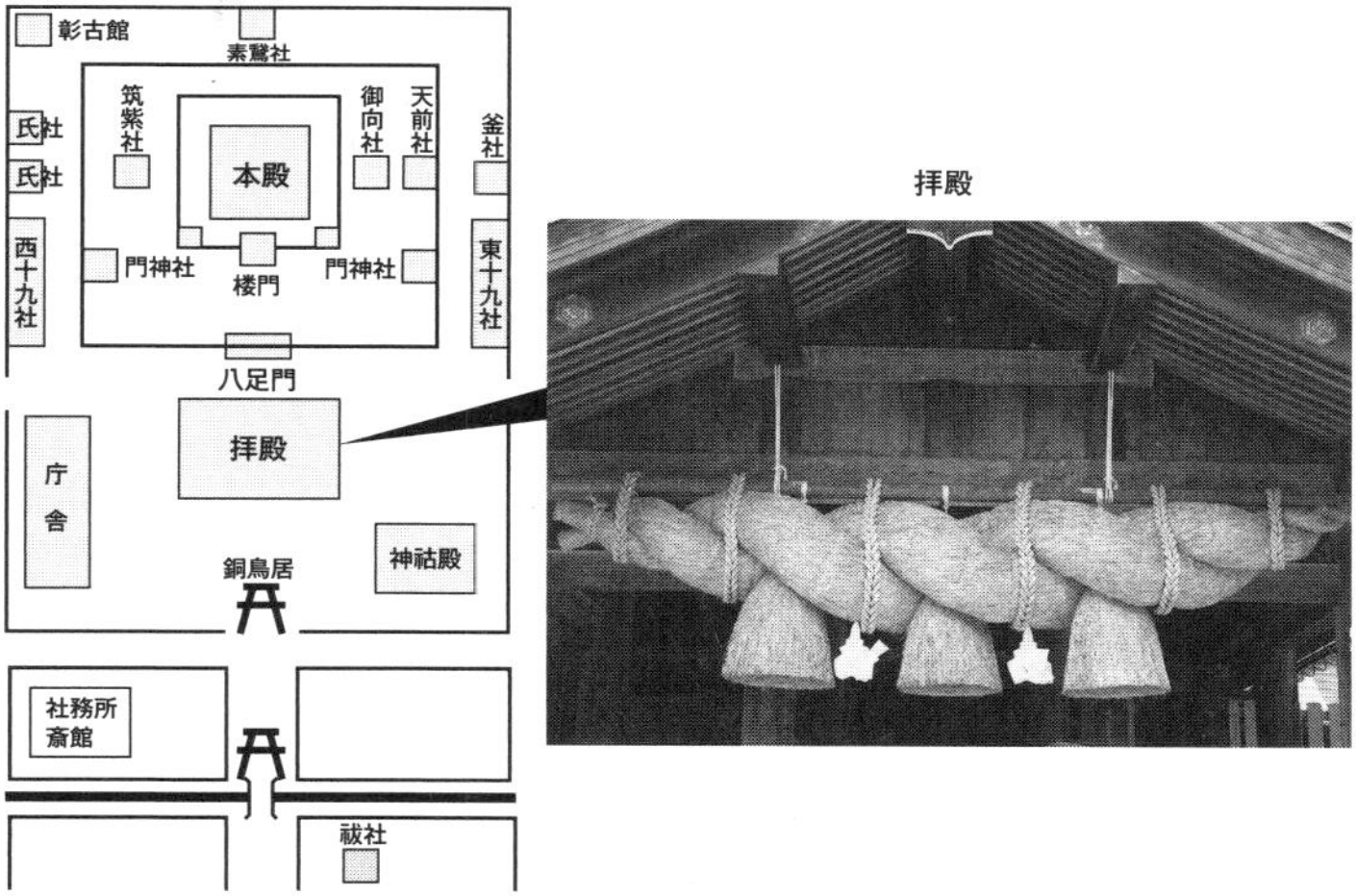

出雲大社HPをもとに作成

雲太・和二・京三

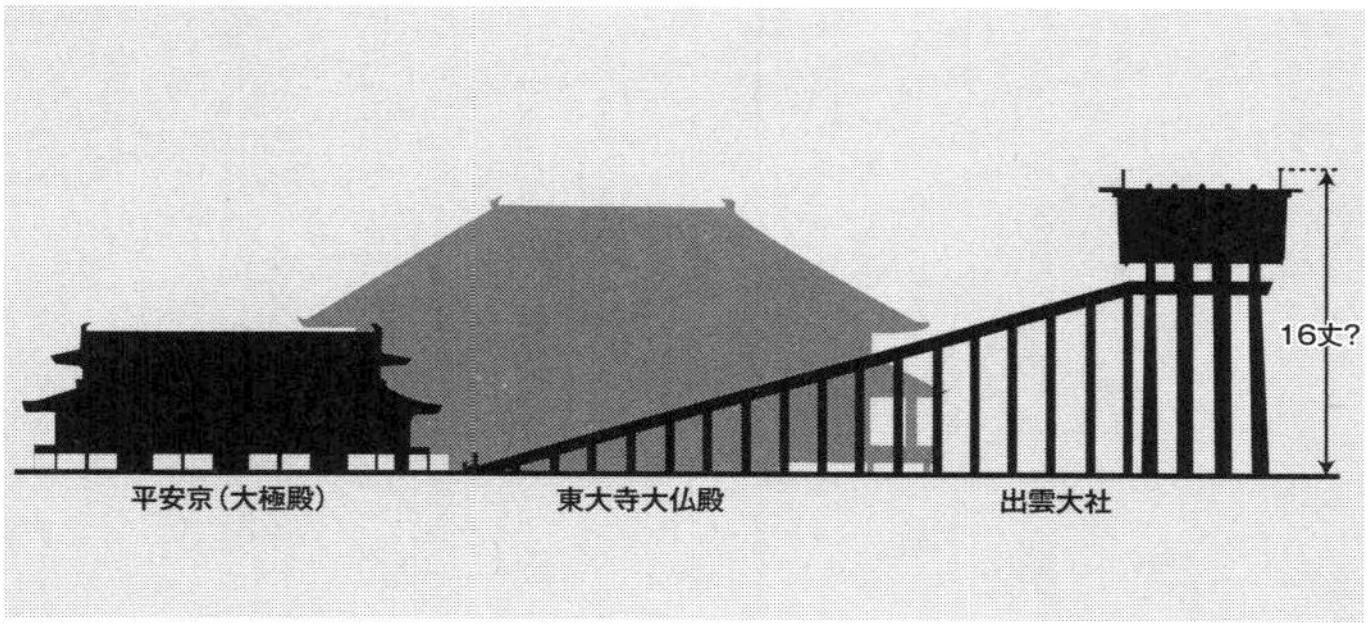

出典:「古代出雲文化展」図録

直接的な証明にはならず、高さについては、さらに検討が必要であろうが、現在の八丈をこえることはもちろんであり、かなりの高層であったことは、確かであるといってもよいであろう。

こうした高層建築が、なぜ出雲大社に採用されたかについては諸説がみられるが、「目印」になるという点をふまえると、日本海や大社に面していた神門水海《かんどのみずうみ》を往来する船から見えるように高層化したと推定することもできるであろう。

▼横向きのオオクニヌシ神

本殿は九本柱の構造になっていて、内部は田の字の四つの部分からなっている。本殿に向かって右側に扉があり、そこをあけると仕切板があって奥をさえぎっている。したがって、もし、本殿に入ったとすると、田の字の右手前から左手前の部分に移動し、さらに左手奥へと進むことになる。

ここには客座五神といわれるアメノトコタチ・ウマシアシカビヒコジ・カミムスヒ・タカミムスヒ・アメノミナカヌシの五神が祀られている。そして、左奥から右手、すなわち右奥に向かうと扉があり、その中がオオクニヌシ神の神座となっている。

■出雲大社本殿

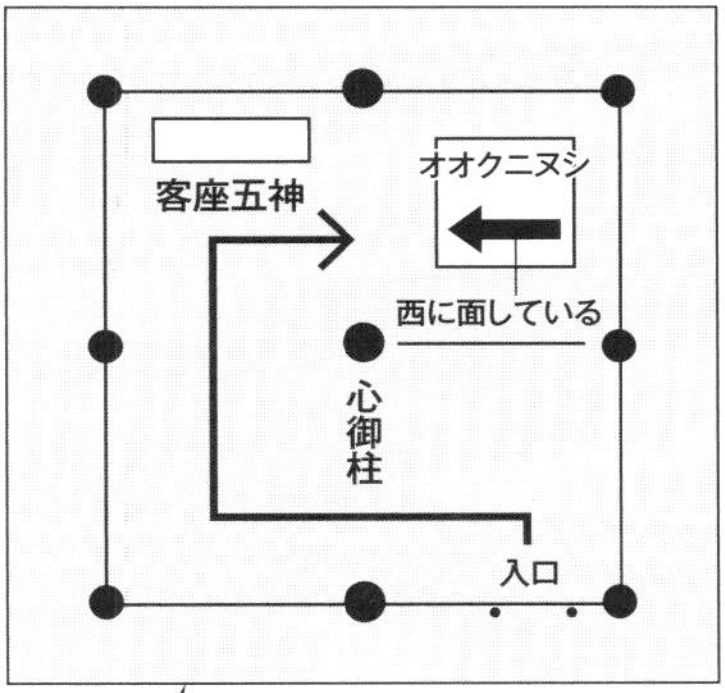

金輪御造営差図

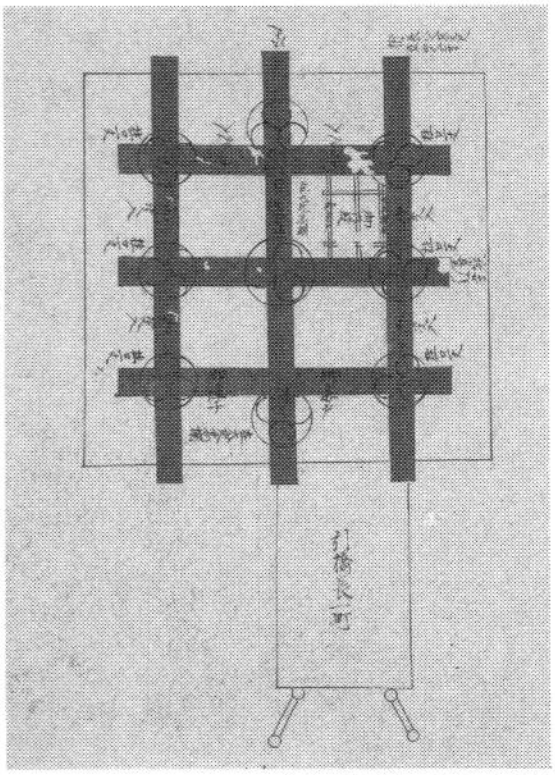

（出雲國造千家家蔵）

したがって、オオクニヌシ神は正面からみると左横、つまり西の方向を向いていることになる。

なぜ、オオクニヌシ神が西向きなのかについて定説はまだないが、西方には海があり、さらに、その向こうは九州にあたるため、オオクニヌシ神と日本海、特に九州との関係の深さを指摘する説もみられる。ちなみに、本殿の左側には筑紫社が配置されている。

出雲大社の西方には国譲り神話の舞台になった稲佐浜があり、現在、歩くと浜まで十五分ほどといったところである。

しかし、古代には海が今よりもずっと陸地にまで入りこんでいたと考えられ、さらに、出雲大社の南側には、神門水海が大きく口を開けて迫っていたと推定されることから、出雲大社と海との関係は現代よりもずっと密接であったといえる。

▼ユニークな境内社

出雲大社は、本殿だけでなく境内には多くの社がある。その一つに十九社《じゅうく》がある。十九社は本殿の左右に一棟ずつ建てられていて、共に南北に細長い建物である。毎年、十月に全国から集まった神々の宿舎とされる。

一般に十月は神無月《かんなづき》とよばれているが、出雲では「神在月《かみありづき》」と称して、出雲大社と佐太神社では神在祭がおこなわれる。神々は旧暦の十月十日に稲佐浜に上陸し、出雲大社に迎えいれられ、十九社に泊まるということになっている。

また、本殿の背後には、素鵞《そが》神社が鎮座している。祭神はスサノオ神である。スサノオ神は、オオクニヌシ神の祖先神にあたるが、そればかりではなく、中世の出雲大社では祭神として祀られていたとされる。祭神は、近世の初めに本来のオオクニヌシ神にもどされたため、スサノオ神は現在、本殿に鎮座するオオクニヌシ神を見守るかのように後方に鎮《しず》まっている。

神魂神社

出雲国造家と密接な関係を持つ古社

▼現存最古の大社造

八雲立つ風土記の丘資料館の西方を、水田をぬって五〇〇メートルほど行ったところに所在しているのが神魂《かもす》神社である。大庭大宮と通称され、かつては神魂大社、伊弉冊《いざなみ》社ともいわれた。祭神は、伊弉冊大神で、伊弉諾大神を配祀神とする。

現在の本殿は、天正十一年（一五八三）に造られたもので、国宝に指定されている。その規模は出雲大社のおよそ半分であるが、大社造の古式をよく残しているといわれており、現在の出雲大社本殿よりも古い。本殿の内部には装飾画が描かれている。

出雲を代表する古社の一つであるが、どうしたことか、『出雲国風土記』にも『延

神魂神社

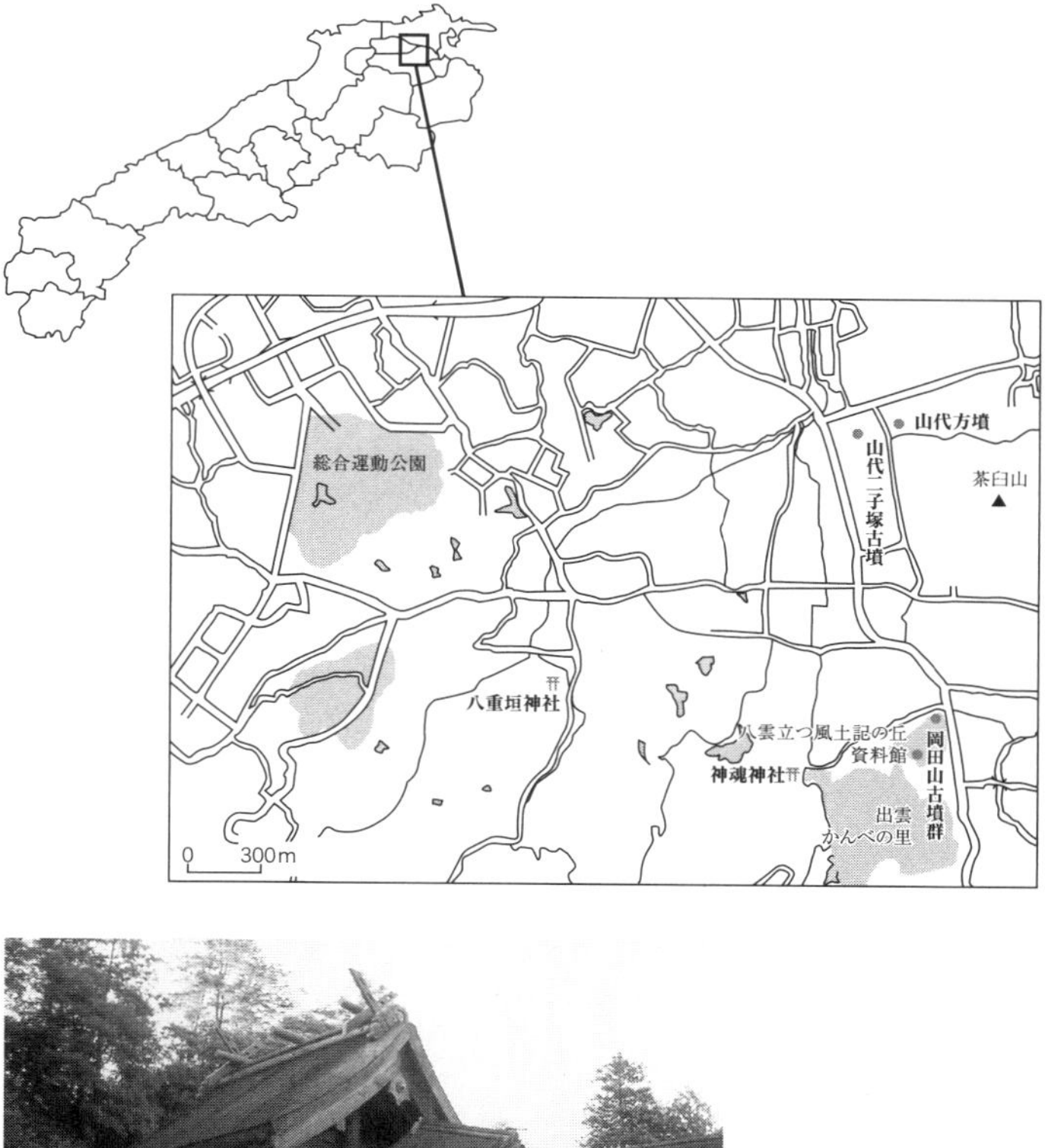

現存する大社造の社殿としては最も古く、地面から社殿までが高床になっているという大社造の特徴をよく残している。

喜式』にも名をとどめていない。したがって、創建については十一世紀中ごろ以降であろうといわれている。

神魂神社は、出雲大社の末社として、大社の宮司をつとめる出雲国造《こくそう》の出雲氏の支配下にあった。

出雲国造家が南北朝時代に千家と北島の両家に分かれたのちは、北島家の管轄下にあった。

その後、神社の支配権が北島家から戦国大名として頭角をあらわしてきた尼子氏に移ると、その過程で権神主家であった秋上《あきあげ》氏が神主権を掌握《しょうあく》した。

このように、社内の体制に変遷があったものの千家・北島両国造の火継ぎ式をとりおこなうなど、出雲国造家と密接な関係を一貫してもち続けた。

火継ぎ式は、出雲国造の代替りのさいにおこなわれるもので、火《ひ》は霊《ひ》に通じるところから、国造霊の継承という意味も含まれており、出雲国造家にとっては最も重要な儀式の一つといってもよいであろう。

現在、出雲大社でおこなわれている古伝新嘗祭《しんじょうさい》も近世には、「十一月卯ノ祭」として、神魂神社でとりおこなわれていた。火継ぎ式は千家家は熊野大社でおこなうようになったが、北島家の方は今も神魂神社でおこなうことになっている。

▼いくつもの接点

このように、神魂神社は、出雲国造と深い関係をもっているわけだが、その理由としては、出雲国造の祖先神であるアメノホヒ神がアマテラス大神の神勅を受けてオオクニヌシ神に国譲りを迫るために天降ったのがこの大庭の地であるという伝承があげられる。

さらに、社伝によると、第二十四代の国造とされる出雲臣果安《はたやす》の時に出雲西部の杵築《きづき》へ移住するまで代々の国造は、神魂神社の祭祀をとりおこなっていたという。さらに、杵築へ移住したのちも、新嘗祭や火継ぎ式の際には、神魂神社に参向したと伝えられている。国造塚とよばれる古墳や出雲国造家の居館とされる出雲国造館跡は、その名残りであるといわれている。

出雲国造館跡は、神魂神社から約四〇〇メートル北東へいったところにあり、明治時代の初めまでは、千家・北島両国造がそれぞれの国造館をもっていたとされている。

八重垣神社

ヤマタノオロチ退治神話に記された「八重垣」の秘密

▼神代にさかのぼる創建

八重垣神社は松江市内にあり、神魂神社から西へ一キロメートルほど行ったところにある。

祭神は、スサノオ神、クシイナダヒメ神で配祀神としてオオナムチ（オオクニヌシ）神・アオハタサクサヒコ神を祀る。

創建は、神代にさかのぼるとされ、社名の由来についてもスサノオ神がヤマタノオロチを退治したあとに詠んだとつたえられる「八雲立つ　出雲八重垣……」という歌によるとされている。

社伝によると、ヤマタノオロチ退治にあたって、スサノオ神がクシイナダヒメを

■ヤマタノオロチ退治神話の流れ

高天原を追放されたスサノオ神は、出雲の肥の河上の鳥髪の地に天降った。
（注『日本書紀』第四の一書では、朝鮮半島を経由。第五の一書では、最初、スサノオ神は韓郷へ天降ったとある）

↓

川上に進んだスサノオ神は、足名椎、手名椎という老夫婦の国神に出会う。老夫婦は、娘のクシナダヒメ神が大蛇に食べられてしまうといってなげき悲しんでいた。

↓

スサノオは大蛇の犠牲になろうとしているクシナダヒメを差し出すことを命じる。その間、クシナダヒメはひとことも話すことはなく、スサノオ神と老夫婦との間で話が進められていった。

↓

大蛇に酒を飲ませたスサノオ神は、酔って寝てしまった大蛇を十拳の剣で斬り殺す。このとき、大蛇の尾から出てきたのが都牟刈の大刀（草那芸の大刀）である。

↓

スサノオ神はこの剣をアマテラス大神に献上し、須賀の地に宮をつくり、「八雲立つ、出雲八重垣妻籠みに、八重垣作るその八重垣を」と歌を読む。また、足名椎を須賀宮の長官に任命する。

八重垣神社

↓

クシナダヒメとの間に子神をもうける。その子孫がオオクニヌシ神である。

■「大蛇」は何を示しているのか

斐伊川のこととみる説、精霊のシンボルとみる説、当時の出雲で行われていた蛇祭がもとになったとする説などがある。しかし、なぜ、「記・紀」に大蛇退治神話が描かれたのか、大蛇がスサノオ神に退治されたのはなぜか、ということを考え合わせると、出雲そのものが大蛇に象徴されているという見方ができる。ヤマトの出雲支配の意識が出雲に伝えられていた「蛇神信仰」と結合し、また歪曲されるなかで大蛇退治信仰が成立したのではないかと思われる。

■「都牟刈の大刀」は何を示している

大蛇の尾から出る「都牟刈の大刀」については、出雲の砂鉄の産出や刀剣の生産に結びつけて考えるのが一般的である。しかし、「記・紀」が中央でつくられたものであることをふまえると、大蛇から剣を取り出したことよりも、それを高天原に献上したことのほうが重要である。都牟刈の大刀はヤマトへの服属のしるしという意味を持った献上物という位置づけではないかと思われる。

現在、奥院となっている佐久佐女《さくさめ》の森に八重垣を作って隠した。

ヤマタノオロチを斬り殺した後、須賀宮で夫婦となり、そののち佐草宮で生活するようになって、社名を八重垣神社としたと伝えられる。

さらに、そこで御子神として生まれたのがアオハタサクサヒコ神であり、その子孫が宮司家の佐草氏とされている。したがって、八重垣神社と佐草（佐久佐）神社とは同一の神社ということになる。

しかし、八重垣神社という社名が史料にみられるようになるのは、戦国時代になってからであり、近世に成立した、『出雲国風土記』の最古の注釈書である『出雲風土記抄』には、八重垣神社は古くは大原郡海潮《うしお》郷の須我社であり、のちに当地に移り佐久佐社を合併したと記されている。

したがって、本来は佐久佐社がこの地にあった神社といわれている。

佐久佐社は、『出雲国風土記』の意宇《おう》郡にみられる佐久佐社、『延喜式《えんぎしき》』に記されている佐久佐神社である。

この神社ではアオハタサクサヒコ神を祀っていたと考えられる。

六国史の最後をかざる『日本三代実録』によると、元慶《がんぎょう》二年（八七八）に正五位上の位階を授けられている。

▼「鏡の池」の伝説

佐久佐神社は、中世以降は衰退していったようで、安国寺という寺の領地の一部になっていったとされており、こうした状況下で戦国時代になって「八重垣神社」という名が史料に登場してくるのである。

奥院には、鏡ノ池があり、この池に和紙の上に硬貨をのせて浮かべ、早く沈むと結婚が早いといわれている。

この池の中からは、古墳時代後期の須恵器がでており、八重垣神社鏡ノ池遺跡とよばれている。

社宝には、ヤマタノオロチ退治神話をモチーフとしたスサノオ神・クシイナダヒメなどが描かれた板絵三面がある。現在、国指定重要文化財となっており、平安前期に活躍した巨勢金岡《こせのかなおか》の筆といわれているが、室町時代ころの作かともされている。これらの社宝については、境内の八重垣神社収蔵庫でみることができる。

韓竈神社

なぜスサノオ神が祭神となったのか

▼出雲と渡来系文化

出雲は朝鮮半島と近いこともあって、以前から渡来文化の影響が強くいわれている。神や神話についてもそうしたことがあてはまる。

たとえば、「記・紀」にみられるスサノオ神のヤマタノオロチ退治神話を例にすると、スサノオ神がオロチを斬った剣を「韓鋤《からすき》の剣」といっている。これなどは、製鉄の技術が朝鮮半島から伝わったことやスサノオ神が製鉄神であることと無関係ではないであろう。

こうしたことをふまえて出雲国の神話についてみると、現在の出雲市にある韓竈《からかま》神社はその社名からして大変、興味深い神話である。今は山中の岩石群の中にひっ

■出雲と朝鮮半島の関わり

① タテチョウ遺跡などから韓式土器が出土している。

② 『日本書紀』の大蛇退治神話で、スサノオが最初に降り立った地を新羅とする記述がある。また、大蛇を切った剣を「韓鋤の剣」とも記している。

③ 『出雲国風土記』の国引き神話で、土地を引いてくる四カ所のうちのひとつは新羅である。新羅の「三埼」から国引きをしてつくられたのが島根半島西部の杵築周辺。

④ 韓銍社、加夜社の存在

韓銍社……出雲郡の神社で、神祇官社として、八世紀には国家の保護を受けている。10世紀の『延喜式』では韓竈神社となっている。韓銍社の「韓」は朝鮮半島のこと。
「銍」は稲穂を刈る鎌のことなので、鉄鎌などのことを指すと推測できる。鉄鎌をつくるために必要な製鉄技術が朝鮮半島から渡来したということを考えると「銍」も朝鮮半島との関係が見え隠れしている。また、韓竈神社の祭神はスサノオ神とされている。

加夜社……神門郡の神社で、社名からは朝鮮半島南部の加耶との関係がありそうに思える。

■韓竈神社

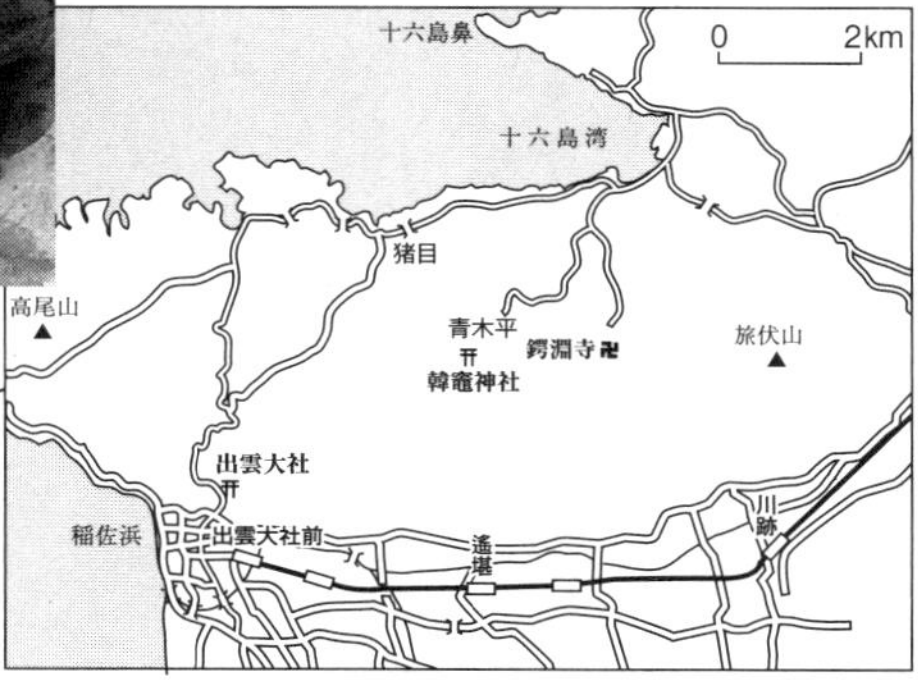

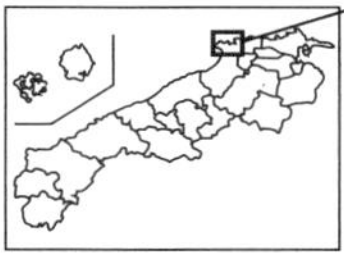

そりたたずむ神社であるが、天平五年（七三三）にまとめられた『出雲国風土記』にもすでに出雲郡の中の一社として記載がみられる。それも神祇官社《じんぎかんしゃ》、つまり、当時の神社行政を担当していた神祇官にちゃんと登録された国家公認の官社としての扱いを受けていたのである。ただし、『出雲国風土記』では、韓銍《からかま》社と表記されている。

十世紀はじめに完成した『延喜式』にも記載されているが、ここでの表記は韓竈神社となっている。八世紀はじめから十世紀はじめの間に神社の表記が変わったことになるが、もちろん『出雲国風土記』にみられる韓銍社という表記の方が古くて本来的なものといえよう。

▼韓銍社の正体

この韓銍社の「韓」は、韓国《からくに》、すなわち朝鮮半島のことをさしていると考えてよいであろう。また、「銍」は稲穂を刈る鎌のことである。したがって、ここから鉄鎌などの鉄製農具が連想される。

鉄鎌をつくるために必要な製鉄技術が渡来人によってもたらされたものであることを考えあわせると、「銍」からも朝鮮半島との関係をみい出すことができる。

現在の韓竈神社の祭神はスサノオ神となっている。スサノオ神については、『出雲国風土記』をみると、飯石郡の須佐郷や大原郡といった奥出雲に伝承の分布がみられる。したがって本来は、出雲国の山間郡、特に須佐郷に信仰の本拠をもつ神であったと思われる。おそらくは、朝鮮半島からやってきたスサノオ神を信仰する集団が拠点としたのが須佐郷であったと考えられる。

これらの奥出雲では、古代から砂鉄がとれ、製鉄がおこなわれていた。スサノオ神は、そうした製鉄をおこなう集団によって奉斎された神と思われる。そして、『出雲国風土記』のスサノオ神の伝承分布をみると、スサノオ神の信仰圏は、須佐郷から大原郡へ伸びさらに安来郷方面へと拡大していったであろうことが推測される。そこから島根半島部へも及んでいったことが御子神の分布からうかがわれる。

もちろん韓竈神社の祭神がもとからスサノオ神だったかどうか安易にいうことはできないが、朝鮮半島との関係がみられる神社の祭神としていかにもふさわしいように思われる。

須佐神社

スサノオ神の伝承分布のいまだ解けざる謎

▼三韓平定伝承と須佐神社

神戸川の支流である須佐川の南岸に須佐神社は鎮座している。本殿は大社造で、祭神はスサノオ神とイナダヒメ神（クシナダヒメ）、それにアシナヅチ・テナヅチの両神である。

『出雲国風土記』の飯石郡須佐郷の条に、スサノオ神が「此の国は小さき国なれども国処《どころ》なり。故、我が御名は石木には著けじ」とのべて、自分の御魂をここに鎮めて、合わせて大須佐田・小須佐田を定めたと記されている。

特殊神事としては、神功皇后の三韓平定伝承と関係する念仏踊りが残されている。八月十五日におこなわれる切開《きりあけ》神事がそれであり、県下では唯一、伝承されている

記載箇所	意宇郡	島根郡	秋鹿郡	神門郡	飯石郡	大原郡
スサノオ神の伝承分布地	安来郷				須佐郷	佐世郷 御室山
御子神の伝承分布地	大草郷（青幡佐久佐日古命）	山口郷（都留支日子命） 方結郷（国忍別命）	恵曇郷（磐坂日子命） 多太郷（衝桙等乎与留比古命）	八野郷（八野若日女命） 滑狭郷（和加須世理比売命）		高麻山（青幡佐草日子命）

スサノオ伝承の分布

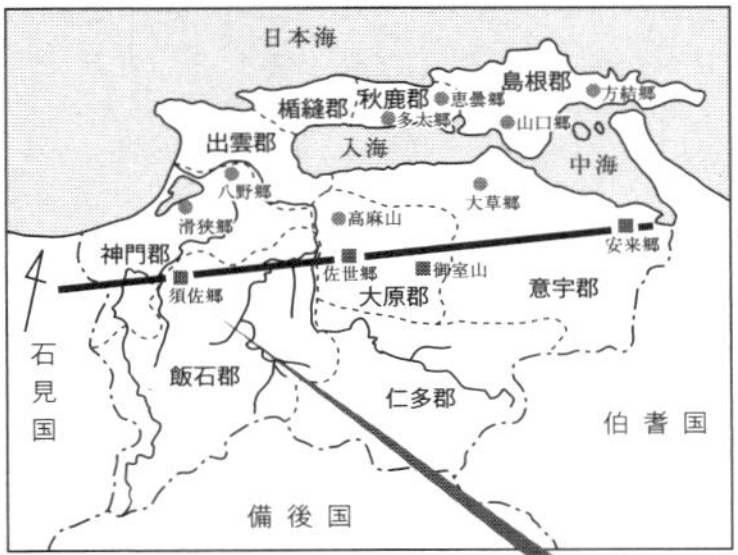

スサノオ神の四カ所の伝承は、出雲南部のほぼ一直線にみられる。
一方、御子神の伝承はいずれも「スサノオライン」の北側に位置している。そしてそのほとんどの伝承は、海辺ないし水辺に近接している。

須佐神社

三韓平定伝承とは？

神功皇后は仲哀天皇の皇后ということになっているが、一般的には架空の人物とされている。「記・紀」によると、仲哀天皇が熊襲を平定しようとしたとき、神功皇后が神がかりによって、熊襲より朝鮮半島を討つべきであると主張した。仲哀天皇がそれを受け入れず神罰を受けて崩じたのち、神功皇后は新羅征討に乗り出す。
船団が出発すると、飛廉《かぜのかみ》は風を起こし、波の神は波を起こして船の進行を助けた。また、大魚が船をかついで朝鮮半島に向かったため、水夫が漕がないまま朝鮮半島に到着したという。このとき、神功皇后の軍船が起こした波が大津波となり新羅に襲いかかる。国の半分が沈められてしまった新羅王は、天運がつきたことを嘆き、「白旗」を掲げて降参してしまったという。

神功皇后の系図

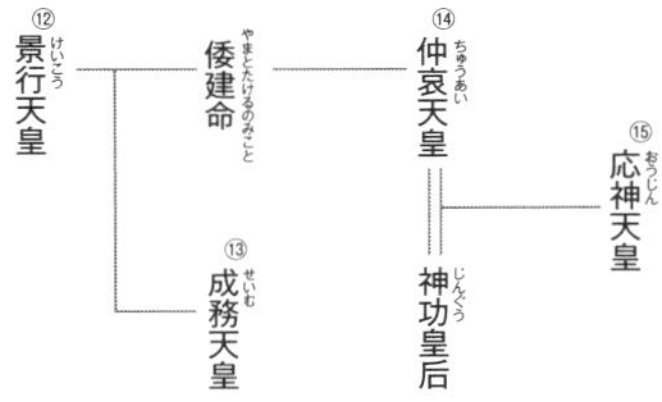

念仏踊りである。

社伝では、神功皇后が朝鮮半島からもどったさい、人々がこの踊りで出迎えたところ、神功皇后は朝鮮半島に天降ったスサノオ神の功績を仰ぎ、須佐神社に伝えたという。

これは、スサノオ神が高天原から追放されたときに、『日本書紀』の「一書《あるふみ》」に朝鮮半島を経由して天降ったという伝承があり、これと神功皇后の新羅・百済・高句麗（三韓）平定伝承とがミックスしたものである。

社宝としては、戦国時代の出雲に君臨した尼子晴久が奉納したと伝えられる兵庫鎖太刀（重要文化財）などがある。

▼「スサノオライン」からわかること

須佐神社を含む中国山地の北側の山間部一帯は奥出雲とよばれ、須佐神社の祭神であるスサノオ神とは関係が深い。記・紀神話をみると、さまざまな悪逆をおこなった報いとしてスサノオ神がいきつく先は、斐伊川上流の鳥髪山ということになっている。この鳥髪山は、現在の横田町にある船通山のこととされる。さらに、ヤマタノオロチを退治して宮殿を建立したのが須賀《すが》の地といわれており、これは大東町の須賀のこととされる。

また、『出雲国風土記』をみると、スサノオ神は、自身の伝承として四回登場しているが、そのうちの三回は奥出雲に伝承を残している。その三回はというと、須佐郷と大原郡の佐世郷および御室山《みむろやま》である。

佐世郷のものは、佐世の木の葉をスサノオ神がさして踊ったところ、その木の葉が大地に落ちたというものである。

御室山の伝承は、スサノオ神がここに御室を造って宿ったというものであり、御室という地名には神々が宿る聖地的な意味があるともいわれている。

『出雲国風土記』にみえるスサノオ神自身の伝承の四番目は、安来郷のものであり、ほうぼうを回っていたスサノオ神がこの地にやってきて安らかな気持になったという内容である。

これらの四か所の伝承を結ぶと、興味深いことにほぼ一直線につながる。こうしたいわば「スサノオライン」ともよぶべき伝承の分布をどのように考えるかについてはさまざまな見解があるが、奥出雲で近世まで盛んにおこなわれていた、たたら製鉄と結びつけて、スサノオ神を製鉄の神とみることもできるであろう。

佐太神社

佐陀神能、神在祭…多くの祭礼・神事を伝える古社

▼サダ大神が鎮座する社

佐太神社は島根半島のほぼ中央部を流れる佐陀川の左岸に鎮座し、「おいみさん」・神在社《ありしゃ》と通称されている。

本殿は、中殿・北殿・南殿とよばれる三殿が並ぶ独特のものであり、いずれも大社造である。文化四年（一八〇七）に造立されたものであり、国の重要文化財に指定されている。

主祭神は、『出雲国風土記』の中で四大神の一つとされるサダ大神であり、中殿に鎮座している。中殿にはこの他に、イザナキ・イザナミ両神、ハヤタマノオ命、コトサカノオ命が配祀されている。また、北殿には、アマテラス大神、ニニギ命が、

佐太神社

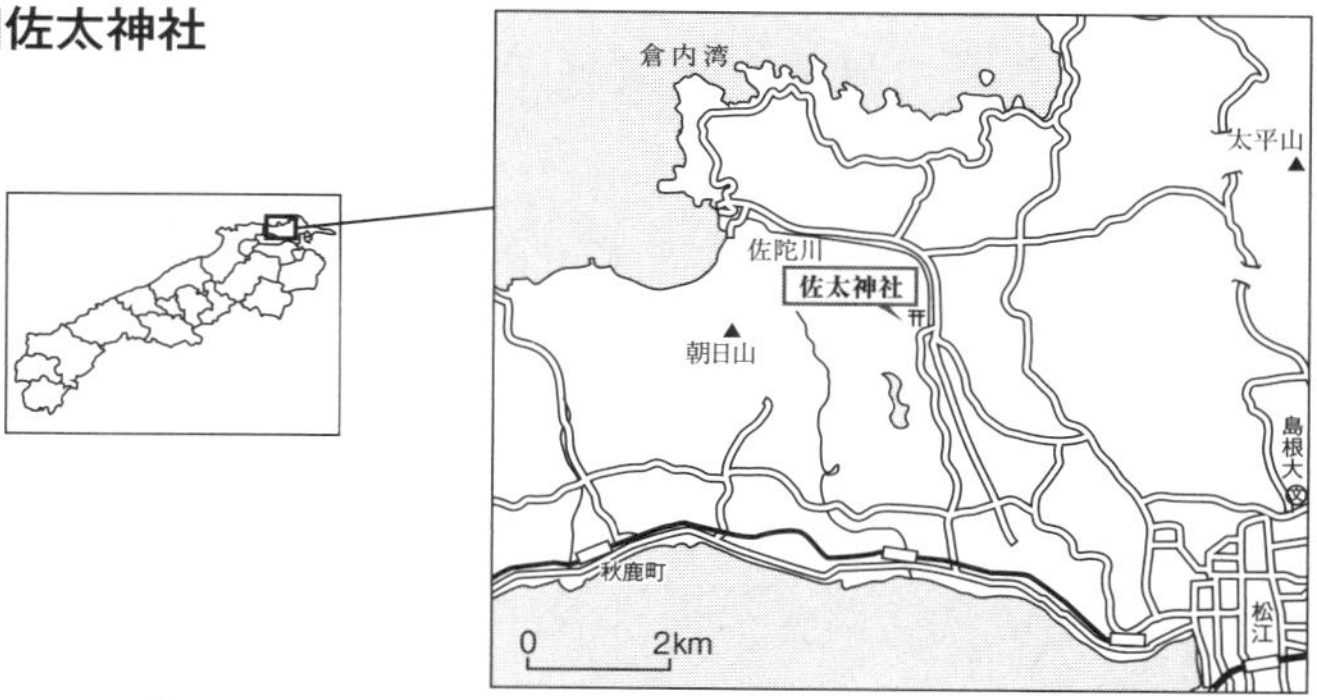

佐太神社境内

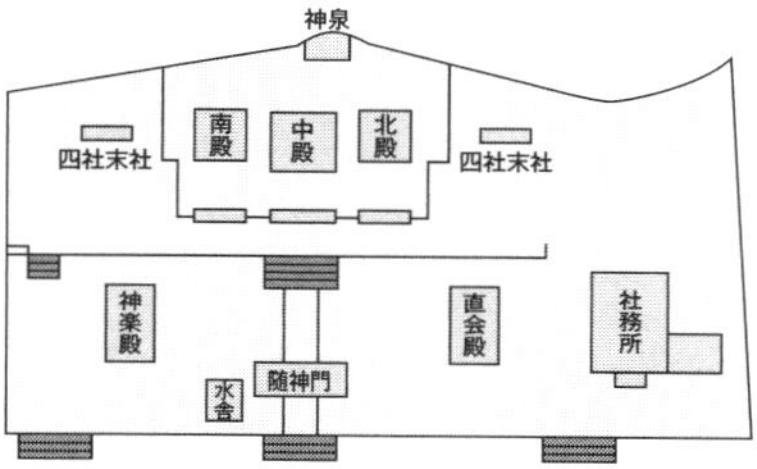

出典:「古代出雲文化展」図録

本殿が三つ（中殿・北殿・南殿）ある珍しい形式をとっている。

佐太神社

佐陀神能

南殿にはスサノオ神と秘設四座がそれぞれ祀られている。『出雲国風土記』の秋鹿郡《あいか》の条をみると、佐太御子社と記されており、さらに神名火山《かんなびやま》（現在の朝日山）のふもとに鎮座しているとある。『延喜式』では、佐陀《さだ》神社と表記されている。貞観十三年（八七一）に従四位下になっている。

中世に入ると社領も増加し、秋鹿・島根両郡にまたがり、出雲大社につぐ勢力をもっていたといわれる。近世にはさらに、楯縫郡・意宇郡の西半分の神社の支配権を握り、最盛期には社領七〇〇〇石、神職二〇〇人を数えたといわれる。神主は代々、朝山家がつとめ、現在にいたっている。織田信長の面前でルイス・フロイスと宗教論争をした日蓮宗の僧侶の朝山日乗は一族とも伝えられる。

▼里神楽の源流・佐陀神能

佐太神社には、多くの祭礼や神事が伝えられており、その数は現在も年間七五回あまりにも達するといわれている。それらの中で主要なものをあげると神在祭・御座替祭《ござかえさい》・管粥祭《くだがゆさい》・直会祭《なおらいさい》・田植祭などがある。

これらのうちで、御座替祭は九月二四日に本社はもちろんのこと、すべての末社にいたるまで神座を新しくするという神事であり、このとき奉納されるのが佐陀神能である。佐陀神能は、国指定重要無形民俗文化財になっており、その起源は桃山時代にまでさかのぼるといわれている。能楽風に洗練された神楽として優雅さにあふれ、出雲各地に伝わる里神楽の源流とされている。

神在祭は、佐太神社でおこなわれる多くの神事のなかでも最大のものである。出雲では、旧暦の十月は、全国から神々が集まる月とされ、神在月とよばれている。参集した八百万《やおよろず》の神々をもてなす祭りが神在月である。現在は、十一月二十日に始まり、二五日に付近の神目山《かんのめやま》でおこなわれる神等去出《からさで》神事をもって終了する。

神在祭の期間中は、歌舞音曲をつつしみ斎戒物忌《さいかいものいみ》をするという風習がいまも残っている。また、この期間は、龍神の使者とされる「龍蛇さま」が海から上がり奉納されることがある。龍蛇は、学名セグロウミヘビとよばれ、招福厄除の守護として珍重される。

社宝も多く、中でも平安時代のものとされる彩絵檜扇・竜胆《りんどう》瑞花鳥蝶文扇などは国の重要文化財になっている。

美保神社

不可思議な祭神の変化が意味するもの

▼エビスさんの社

島根半島の東端にあり、エビスさんの名で親しまれるコトシロヌシ神とその母神のミホツヒメ神を祭神としている。古来より、漁業の神・福の神としての信仰が厚い。

天平五年（七三三）に成立した『出雲国風土記』には、すでに神祇官社《かんしゃ》として記されているので、少なくとも八世紀の初めには国家の保護を受けていたことがわかるし、神社の創建自体についてはおそらくそれ以前にさかのぼるであろう。

『出雲国風土記』によると、祭神はミホススミ神とあり、この女神はオオクニヌシ神と越のヌナガワヒメ神との間の子となっている。一方、今の祭神のミホツヒメ神

美保神社

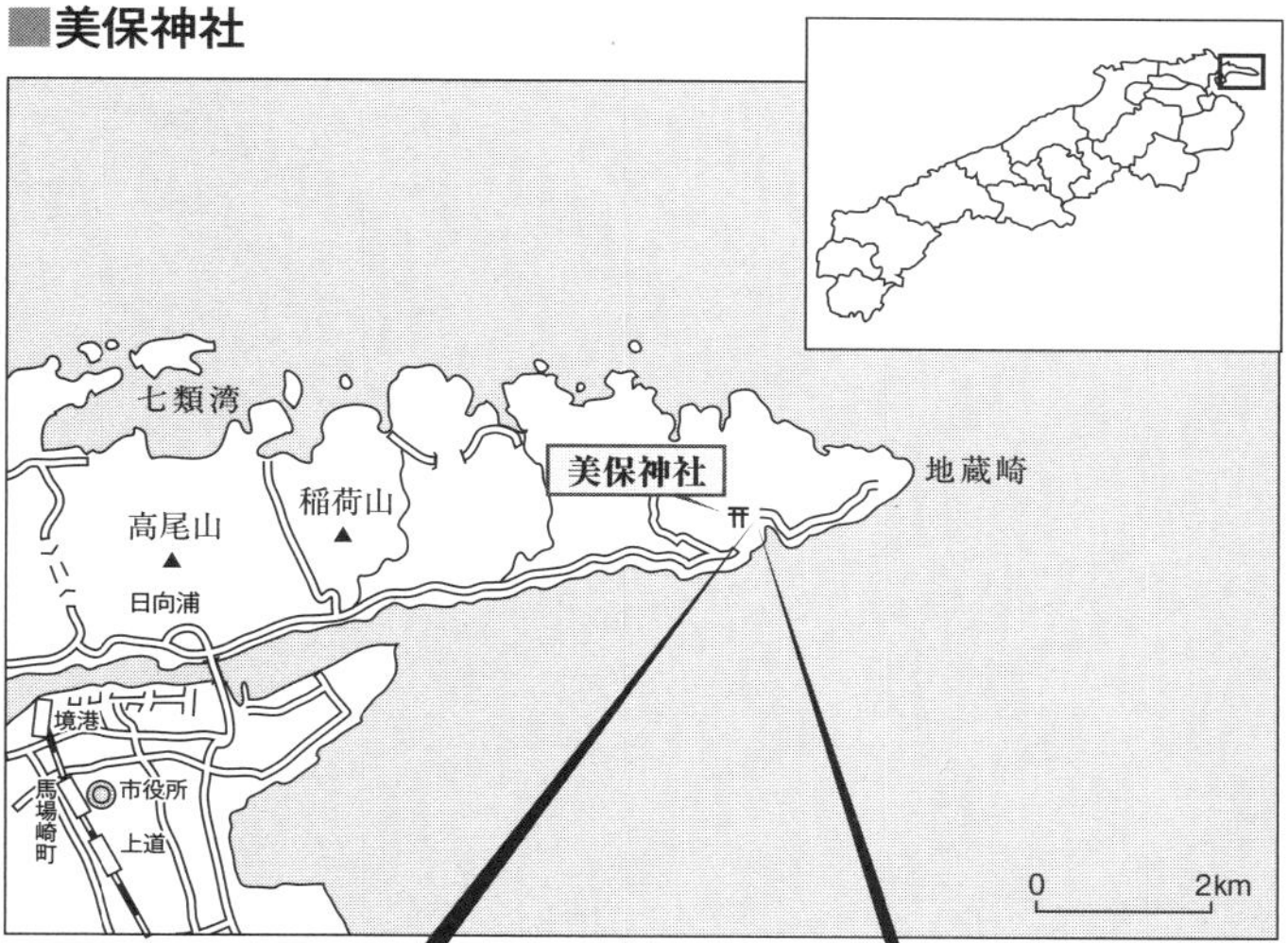

美保神社本殿

美保関灯台

美保関は島根半島の東端に位置しており、海上交通の要衝である。地蔵崎の灯台からは隠岐を臨むこともできる。社殿が海に面していることからもわかるように、典型的な海上守護の神社である。

は、タカミムスヒ神の子であり、オオクニヌシ神の妻とされている。コトシロヌシ神は、「記・紀」によると、オオクニヌシ神の子であり、国譲り神話では、三穂碕（美保埼）で魚を捕ったり、鳥を狩ったりしたことになっている。けれども、不思議なことに『出雲国風土記』にはまったく姿をみせていない。

これらのことから、前述のように美保神社の祭神は、本来、ミホススミ神であり、のちに記・紀神話の影響を受けて、ミホツヒメとコトシロヌシ神に変わったと思われる。

▼独特の社殿と神事

中世・近世を通して美保神社は漁業の神・航海安全の神として信仰を集めた。出雲大社に参詣する人は美保神社にも参らなければならないとされ、「大社だけでは片詣《まい》り」という言葉が生まれたりもした。

近世には、出雲国の神社は出雲大社か佐太神社のいずれかに属したが、美保神社はそのどちらからも支配を受けなかったということからも、その隆盛ぶりがうかがえる。神主は中世以来、横山家が世襲している。

境内の面積は二万坪にも及び、本殿をはじめ拝殿・神門などが建ち並んでいる。

本殿は、大社造の社殿を二棟並立して連結させた独特の形となっており、美保造とか比翼《ひよく》造とかとよばれている。現在の本殿は、文化十年（一八一三）に建立されたもので、国の重要文化財となっている。

末社は全部で十五社あげられるが、中でもオオクニヌシを祀る客人《まろうど》社は重要であり、諸手船《もろたぶね》神事などのさいに祭祀がおこなわれる。

神事では、四月七日の青柴垣《あおふしがき》神事と十二月三日の諸手船神事の二つが特に有名である。これら二つの神事は、共に海に特に深く関わる勇壮なものである。前者が春の祭り、後者が冬の祭りであるが、神事のモチーフは共に『古事記』や『日本書紀』の国譲り神話にみられるコトシロヌシのエピソードにもとづいている。

社宝もさまざまなものがみられるが、諸手船神事に使われる諸手船二隻やそりこ舟などがある。

また、美保の神は鳴物が好きといわれていて、出雲琶をはじめとして笛・太鼓・尺八・三味線など八四六点が重要有形民俗文化財になっている。

熊野大社

上・下宮体制がつくられた理由と祭神をめぐる謎

▼熊野三山信仰と出雲

ＪＲ松江駅からバスで五〇分ほどいった意宇川の上流の左岸に鎮座している熊野大社。祭神は、クマノ大神（クシミケヌ神）であるが、その実体については今も不明な点が多い。信仰の面ではスサノオ神と同神という扱いがなされている。

『出雲国風土記』を開くと、意宇郡の条に熊野大社とあり、『延喜式』にも熊野坐神社と記されている。鎮座の場所については、『出雲国風土記』の意宇郡熊野山の条には、「謂はゆる熊野大神の社、坐す」と記されている。ここにみえる熊野山とは現在の天狗山のことであり、少なくとも八世紀のはじめには熊野大社は天狗山にあったと考えられる。今も天狗山に登ると頂上付近に磐座がみられる。

熊野大社

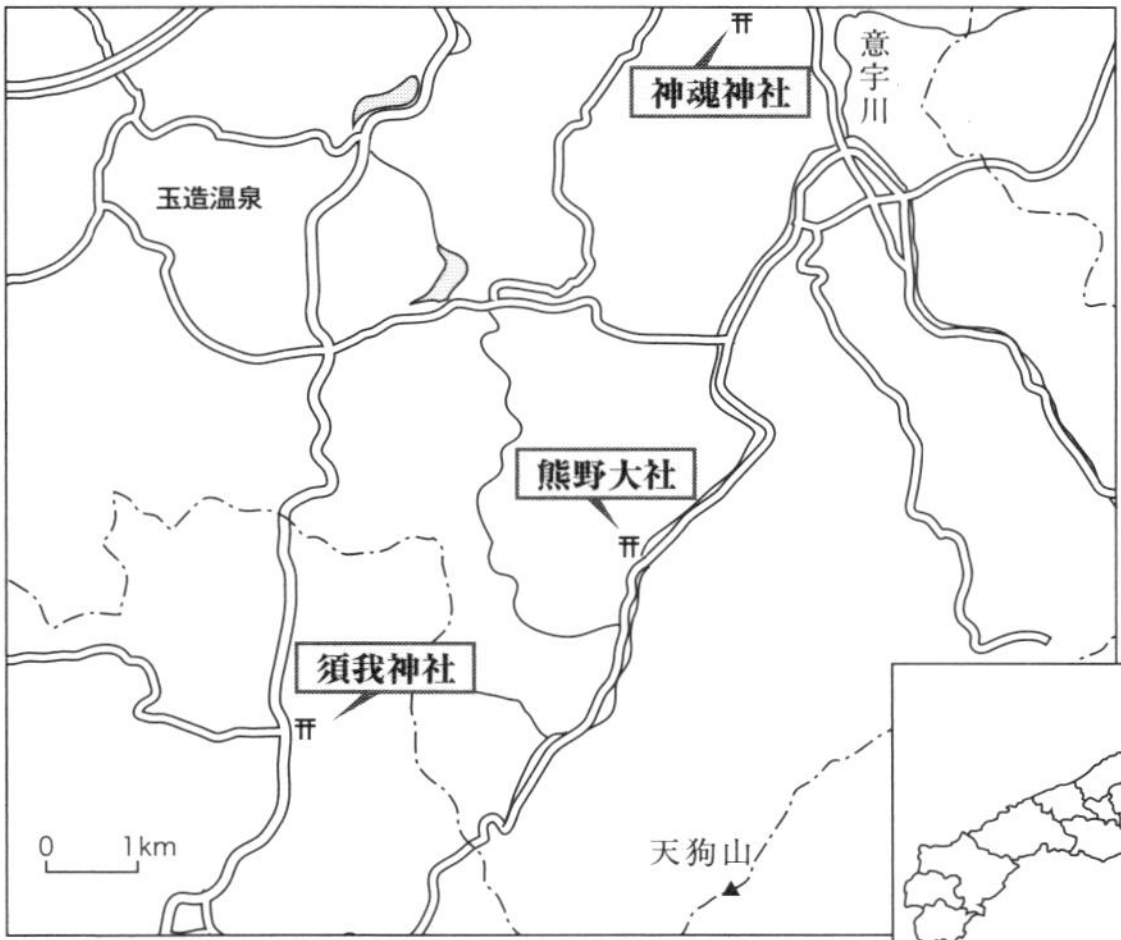

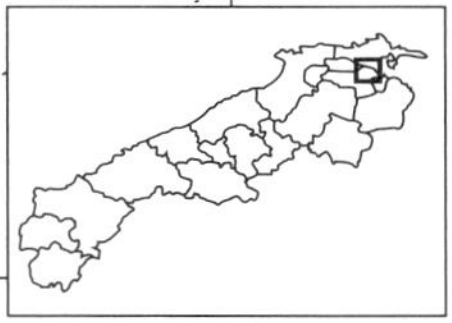

二つの大社の謎

『出雲国風土記』には、「合わせて神社は三百九十九所なり」と記されている。そのうち中央で神社関係を統括する神祇官の台帳に記載された官社は一八四社である。さらに、東部・意宇郡の熊野大社、西部・出雲郡の杵築大社（出雲大社）の二つだけが大社と呼ばれている。明らかにこの二社は特別扱いなのである。

さらに、『出雲国風土記』の記述では二つの「大社」のうち熊野大社を上位に置いている（113ページ参照）。この序列にどのような意味があるか、現在のところまだ、定説といえるものはない。

熊野大社

熊野大社から意宇川を約四〇〇メートルほどさかのぼると、「上の宮《かみ》」の跡とされるところがある。「上の宮」がまだあったころ、すでに現在の熊野大社の場所にも社殿があり、こちらは「下の宮」とよばれていた。つまり、熊野大社は、上・下宮体制であったわけである。

近世の地誌である『雲陽誌《うんようし》』をみると、上の宮には、ハヤタマ命・コトサカノオ命、イザナミ命が祀られ、下の宮には、アマテラス大神・スサノオ命と他八神が祀られていて、上の宮は熊野三社とよばれ、下の宮は伊勢宮と称されていた。

ここから、近世にはすでに、紀伊国の熊野三山信仰がとり入れられていたことがわかる。こうした熊野三山信仰がいつごろから出雲国に導入されたかについては不明な点が多いが、中世の初めごろからとり入れられ、上・下宮体制ができていたと思われる。そして、こうした熊野大社の二社体制は明治時代になるまで存続された。

▼鑽火殿の存在

熊野大社は、古代においては出雲大社と並ぶ大社であり、経済的にも両社は他者と異なる扱いを受けていた。

『出雲国風土記』をみると、意宇郡の出雲神戸の条に、「伊弉奈枳《いざなき》の麻奈古《まなこ》に坐す熊野加武呂《かむろ》命と五百《いお》つ鉏の鉏猶取り取らして天の下造らしし大穴持命と二所の大神等に依《よ》さし奉る」と記され、さらに「他の郡どもの神戸《かんべ》も是の如し」とわざわざつけ加えられている。

ここにみられる他の郡とは、秋鹿《あいか》・楯縫《たてぬい》・出雲・神門《かんど》の各郡に設けられた神戸のことをいっている。
また、『新抄格勅符抄《しんしょうきゃくちょくふしょう》』に引かれた大同元年（八〇六）の牒《ちょう》には、「熊野大神二十五戸　出雲国十戸を加ふ」とあり、神戸の数が記されている。神階も高く、貞観九年（八五九）には正二位になっている。

社殿には、本殿・拝殿・舞殿などがあるが、特に鑽火殿《さんかでん》の存在はみのがせない。鑽火殿は、出雲国造である千家《せんげ》家の代替わりの際の火継ぎ式や毎年の鑽火祭などに関係する重要な施設である。特殊神事も数多く、鑽火祭の時におこなわれるユーモラスな亀太夫神事などは有名である。

揖夜神社

この世と死者の国の「境界」近くに鎮座する理由

▼出雲の視点、ヤマトの視点

揖屋《いや》神社とも書き、出雲東部の揖屋にある。JR山陰本線の揖屋駅から歩いて一〇分ほどのところにあり、イザナミ神を祭神とし、他にオオナムチ神、スクナヒコナ神、コトシロヌシ神を配祀神とする。

『古事記』によると、この世と死者の国との境である黄泉比良坂《よもつひらさか》は出雲国の伊賦夜《いふや》坂であるとされ、この伊賦夜坂は揖夜神社の周辺のこととされている。

すなわち、妻のイザナミ神を追って死者の世界である黄泉国《よみのくに》へ行ったイザナキ神が、そこで死者となったみにくい妻の姿をみてしまい、ほうほうのていで逃げ帰り、黄泉比良坂を大きな石でふさいだのがここであるというのである。

イザナキ神の黄泉国訪問

イザナキ神とイザナミ神は、国生み、神生みをおこなうが、神生みの最後に火の神ヒノカグツチ神を生んだため、イザナミ神は火傷して、死んでしまう。

↓

イザナキ神は、ヒノカグツチ神を斬り殺し、イザナミ神のいる黄泉国に向かう。

↓

死者となり、醜い姿になった妻に驚いたイザナキ神は逃げようとするが、イザナミ神は引き止めようと追いかける。

↓

黄泉比良坂にたどりついたイザナキ神は坂道を塞いでしまう。ここでイザナミ神がイザナキ神の国の民を一日千人殺すというと、イザナキ神はそれに答えてそれなら一日千五百人産ませようと答えた。

黄泉比良坂は生の世界と死の世界をつないでいる

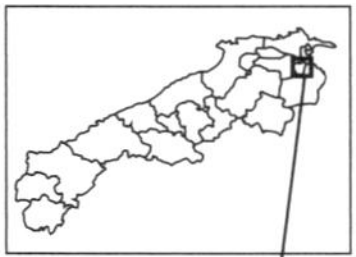

黄泉比良坂の伝承地

揖屋神社

揖屋神社

したがって、『古事記』では、黄泉国への入り口を出雲の東部としているわけであるが、『出雲国風土記』では、また違った伝承がみられる。それは、出雲の西北部にあたる出雲郡の条に、宇賀《うが》郷の北の海辺に脳磯《なづきのいそ》とよばれているところがあり、その磯の西方に窟《いわや》があると記されている。この窟の穴は人が入ることができず、そのため深さがどれくらいかわからないという。そして窟のあたりに行った夢をみるとその人は必ず死ぬというのである。そこで昔から人びとは、この窟を黄泉坂とか黄泉穴とかとよんでいると伝えている。

つまり、『出雲国風土記』では黄泉国への入り口を出雲の西北部としているわけである。いずれにしても、出雲が死者の国への連絡口となっている。この点については、古代人は西北の方角に死者の国があると考えており、大和からみて西北の出雲がそれにあてはまると考えられていたのではといわれている。

それでは、同じ出雲でも、なぜ東部と西部とに死者の国への入り口があるのかということに関しては、定説といえるまでの考えはまだでていない。しかし、『古事記』からの視点、つまり大和からみると出雲が死者の国ということになるのであるから出雲のはいりぐち、つまり東部に死者の国の入り口があるのは当然であろう。それに対して、出雲で作られた『出雲国風土記』の立場、つまり地元の人からみると死者の国は出雲の西北部ということになるのであろう。

▼不思議な大社造

いずれにしても、揖夜神社は『古事記』によって伊賦夜坂とイメージが重なるのであるが、それと関連するかのように、『日本書紀』の斉明天皇五年（六五九）条には、言屋《いうや》社としてみえている。その他、『出雲国風土記』には伊布夜社、『延喜式』に揖夜神社と記されている。

さらに、『日本三代実録』によると、貞観九年（八六七）に従五位上となり、四年後の貞観一三年には正五位下になっている。

本殿は大社造であるが、神座の位置は左から右へ向く形となっている。これは、出雲大社とは逆になっており、同じ大社造でも興味深い違いをみせている。

須我神社

スサノオ神が建てた宮殿「須賀宮」に由来する社

▼「八雲立つ　出雲八重垣…」

八雲山の南西麓にあり、松江から大東行きのバスに乗って約四〇分ほどいった須賀に鎮座している。須賀神社とも表記し、『出雲国風土記』の須我社にあたるとされている。

祭神はスサノオ神・イナダヒメ神（クシナダヒメ）他であり、『古事記』の神話にみえる須賀宮であると伝承されている。すなわち、ヤマタノオロチを退治したスサノオ神は、宮殿を造る場所をさがし求めて須賀の地へやってきて、「吾此地《こ》に来て、我が御心すがすがし」といって、宮殿すなわち、須賀宮を建てたといわれている。

そして、スサノオ神が宮殿を造ったところ、この地から雲が立ちのぼったので、「八

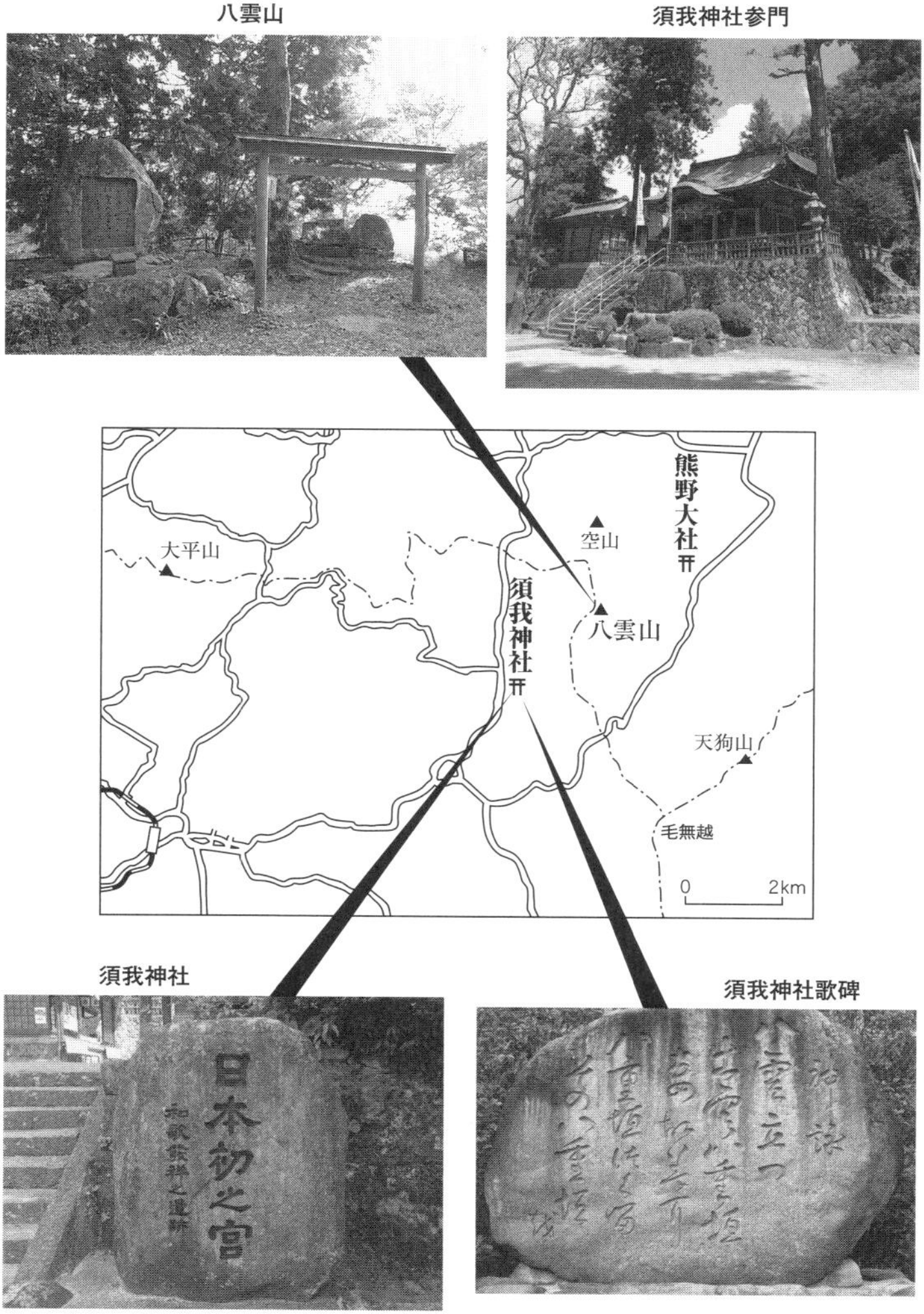
八雲山
須我神社参門
熊野大社
空山
大平山
須我神社
八雲山
天狗山
毛無越
0
2km
須我神社
日本初之宮
須我神社歌碑

雲立つ　出雲八重垣　妻籠みに　八重垣作る　その八重垣を」という有名な歌を作ったとされる。さらに、イナダヒメ神の父であるアシナヅチ神に命じて、須賀宮の長官に任命し、ここでイナダヒメ神と結婚して子をつくったことになっている。

こうしたことから、地元ではこの地を和歌発祥の地と称している。八雲山の山中にはスサノオ神とイナダヒメ神の遺霊石として巨大な夫婦岩があり、信仰の対象となっていて、山頂までの道には、現在、歌を刻んだ石碑がたくさん置かれている。

▼特殊神事の数々

秋の例祭には、県の無形民俗文化財となっている海潮《うしお》神代神楽が奉納される。また、須我神社には、独特の神事も多くみられる。たとえば、古くから正月の神事とされ、現在は三月二六日におこなわれている百年の的神事があげられる。これは、山櫨の木で造った弓で、百手の的に向かって三度、矢を放ち豊作を祈願する神事である。

鹿食《かじき》の神事も興味深い。この神事は、信濃国の諏訪社と当社のみに伝えられている神事といわれ、タケミナカタ神を相殿神《あいどのしん》として信濃から勧請《かんじょう》したのが由来とされている。古くは、鹿を獲って神前にそなえ、豊作を祈願したとされる。一般的には、鹿の捕獲は禁じられていたが、このときには特別に許可され、これを鹿食免《かじきめん》と称した。

それがいつのころからか神事が変容し、今日では、茄子五つを各々四つ割にして、それぞれを膳に並べ、それを鹿の頭になぞらえて一膳を神に供え、他の四膳を神職の膳として祝盃をあげて豊作を祈るもので、例祭の前夜祭として真夜中におこなわれる。

莫蓙《ござ》替《かえ》祭もユニークな神事である。莫蓙、すなわち神座を新しくするこの神事は、佐太神社が有名であるが、須我神社でもおこなわれている。かつては、大原郡などで生産される莫蓙のしんとなる荒麻や佐太神社のある秋鹿《あいか》郡などで作られる新莫蓙などを中心としてさまざまな物資を交換するための市が立ち、夜通しにぎわいをみせたといわれるが、現在では、そういうことはなく、新莫蓙が神社に奉納され神事がとりおこなわれている。

他に六月三十日には茅の輪神事もおこなわれており、鳥居に設けられた茅の輪をくぐり、災厄消除が祈願される。

日御碕神社

『出雲国風土記』に姿をみせない古社の全容

▼神の宮と日沈宮

島根半島の西端に位置し、絶景のロケーションにある。海辺の美しい朱塗りの楼門をくぐると、右手の小高いところに神《かみ》の宮があり、正面に日沈宮《ひしずみ》がある。

神の宮の祭神はスサノオであり、他に配祀神としてタゴリヒメ、タギツヒメ、イチキシマヒメの宗像《むなかた》三女神を祀っている。一方、日沈宮の祭神はアマテラス大神であり、配祀神として、アメノホヒをはじめとする四神を祀っている。

日御碕神社は、古代からすでにあったと思われるが、不思議なことに八世紀はじめにできた『出雲国風土記』に記載がみられず、十世紀はじめに完成した『延喜式』にも記されていない。しかし、社伝によると、かつて神の宮は、現在の社地の後方

■日御碕神社

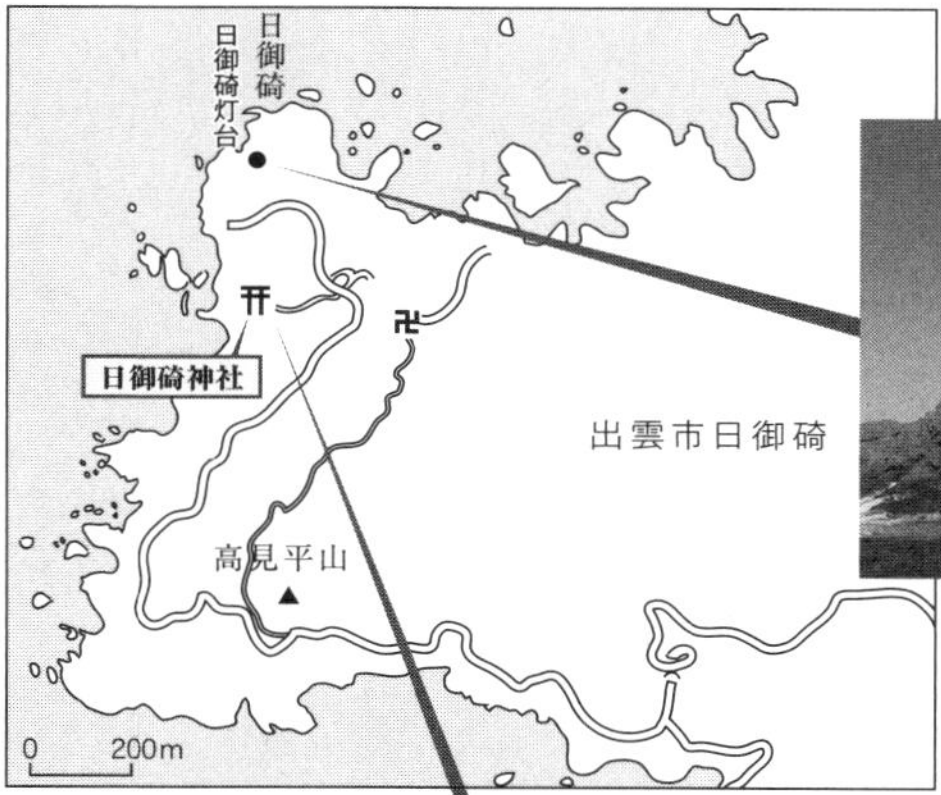

日御碕灯台

灯台の高さは43.65mあり、日本で最も高い灯台である。しばしば東洋一ともいわれ、見学可能な数少ない灯台のひとつとしても知られる。

日御碕神社

日御碕神社は朱塗りの美しい社殿である。神社の対岸およそ100mのところにあるのが経島であり、ウミネコの繁殖地として有名である。この海岸からも灯台へ行くことができる。

にあたる隠ケ丘にあり、日沉宮は北西にあたる経島（文島）にあったとされる。

このことをふまえると、神の宮は、『出雲国風土記』の出雲郡の条にみえる美佐《みさ》伎《き》社で『延喜式』の御碕神社に相当するのではないかといわれている。

一方、日沉宮は『出雲国風土記』の出雲郡の条にでている百枝槐《ももえのえにす》社にあたるとされる。

いずれにしても、古代から信仰されていたことは確かで、平安時代末期、後白河法皇によってまとめられた『梁塵秘抄《りょうじんひしょう》』にも、

聖《ひじり》の住所は何処《どこ》何処ぞ、箕面よ勝尾よ播磨なる書写の山、出雲の鰐淵や日の御碕

と歌われている。これは、修業の場として隆盛している各地の道場の中で、出雲では鰐淵寺《がくえんじ》と日御碕神社とが有名であるといっているのである。

▼「和布刈神事」の起源

由緒の古い神社だけに、特殊神事の数も多いが、中でも旧暦の五月五日に行われる和布刈《めかり》神事は有名で、テレビなどでよく紹介されたりしている。

社伝によると、和布刈神事の起源は、成務天皇六年正月五日のこととされている。

朝早く一羽のカモメがまだ潮の滴る新鮮なワカメを口にくわえて飛び来たって、神

社の欄干にかけたという。

しかも、このことが三度にわたってくり返されたので怪しいと思った社人が浄水であらったワカメを神前に奉ったのがこの神事のはじまりで、日御碕の名産となっているワカメの発見の由来でもあるとされている。

現在、和布刈神事は、旧暦の正月五日の午後に、日御碕神社にほど近い宇竜港の権現島に鎮座している熊野神社を舞台としておこなわれている。

この神事ののち、ワカメの刈り採りが解禁されることになっていて、それ以前にはいくらワカメが繁茂しても採らないという。

社宝も数多くあるが、中でも特筆されるもののひとつに日御碕神社本といわれる『出雲国風土記』の写本がある。これは、尾張藩主であった徳川義直が寄進したもので、大判で装丁も豪華であり、史料的価値も高い。

阿太加夜神社

「伽耶」との関係をどう読むか

▼渡来系の神社

阿太加夜神社は出雲東部の東出雲町にあり、「ホーランエンヤ」などでも知られる神社で、『出雲国風土記』の意宇郡の条にすでに阿太加夜社として姿をみせている。この神社は、韓竈神社と共に古代から由緒が知られ、しかも渡米系の神社とされる点が注目される。すなわち、社名に含まれる「加夜」は「伽耶」に通じ、朝鮮半島にあった古代地名からきていると推測されるからである。主祭神は、アダカヤヌシタキキヒメ神とされているが、この神について『出雲国風土記』は、西部の神門郡の多伎《たき》郷の地主神としており、オオクニヌシ神の御子神となっている。神門郡には、加夜社という社名の神社もあり、ここの祭神もアダカヤヌシタキキヒメ神とされて

阿太加夜神社

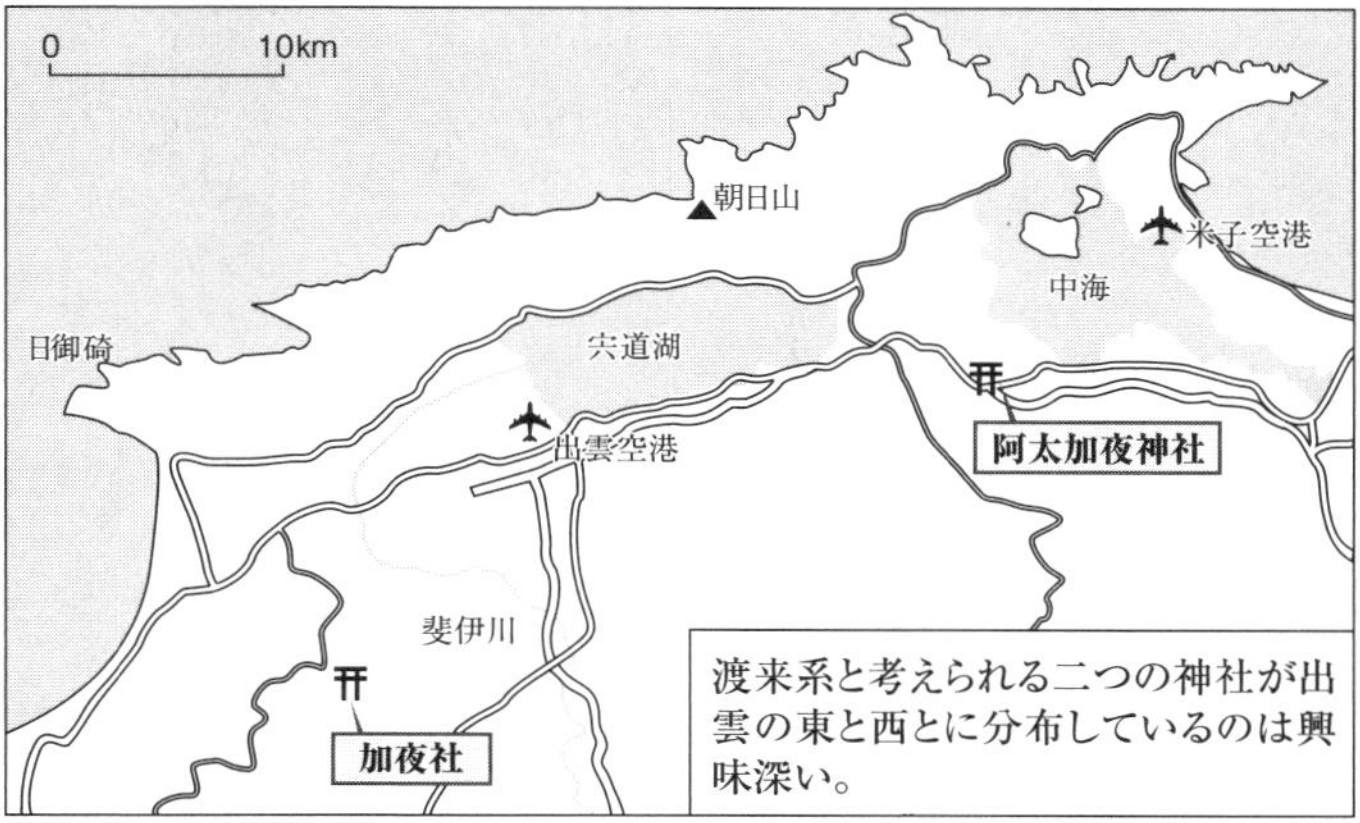

ホーランエンヤ

いる。ちなみに、神門郡の加夜社は、現在、多伎町の加夜堂がその後身とされているが、一方では出雲市の市森神社に合祀されているともいわれている。出雲の地誌である『雲陽誌《うんようし》』には、「今の加夜堂は阿太加夜努吉多伎吉比売命《あだかやぬしたききひめ》の鎮座なり」と記されている。

しかし、このようにとらえると、位置的に興味深い問題が生じてくる。というのは、阿太加夜社が鎮座している意宇郡は出雲の東部であるのに対して、加夜社のある神門郡は西部となって、所在地がまったく正反対ということになる。この点については、たとえば、朝鮮半島の伽耶からやってきた渡来人が出雲の東部にも西部にも住みついて、それぞれ阿太加夜社・加夜社をつくったということも可能である。しかし、それにしても謎の残る問題といえよう。

3章

もう一つの「青銅器文化」を歩く

青銅器文化圏の虚実

■剣と矛と鐸

弥生時代の特徴は、本格的な稲作と金属器の使用である。この二大特徴のひとつである金属器の使用という点に注目するならば、日本列島には、鉄器と青銅器とが大陸からほぼ同時期に伝わったとされている。

このうち、銅と錫の合金である青銅からは、さまざまな利器や祭器がつくられたと思われるが、高等学校の日本史の教科書などにしばしばみられるものに青銅器の分布図がある。この分布図は、武器形祭器の分布を表わしたもので、銅鐸は近畿地方を中心に分布し、平形銅剣は瀬戸内海中部、銅矛・銅戈は九州北部を中心に分布するとい

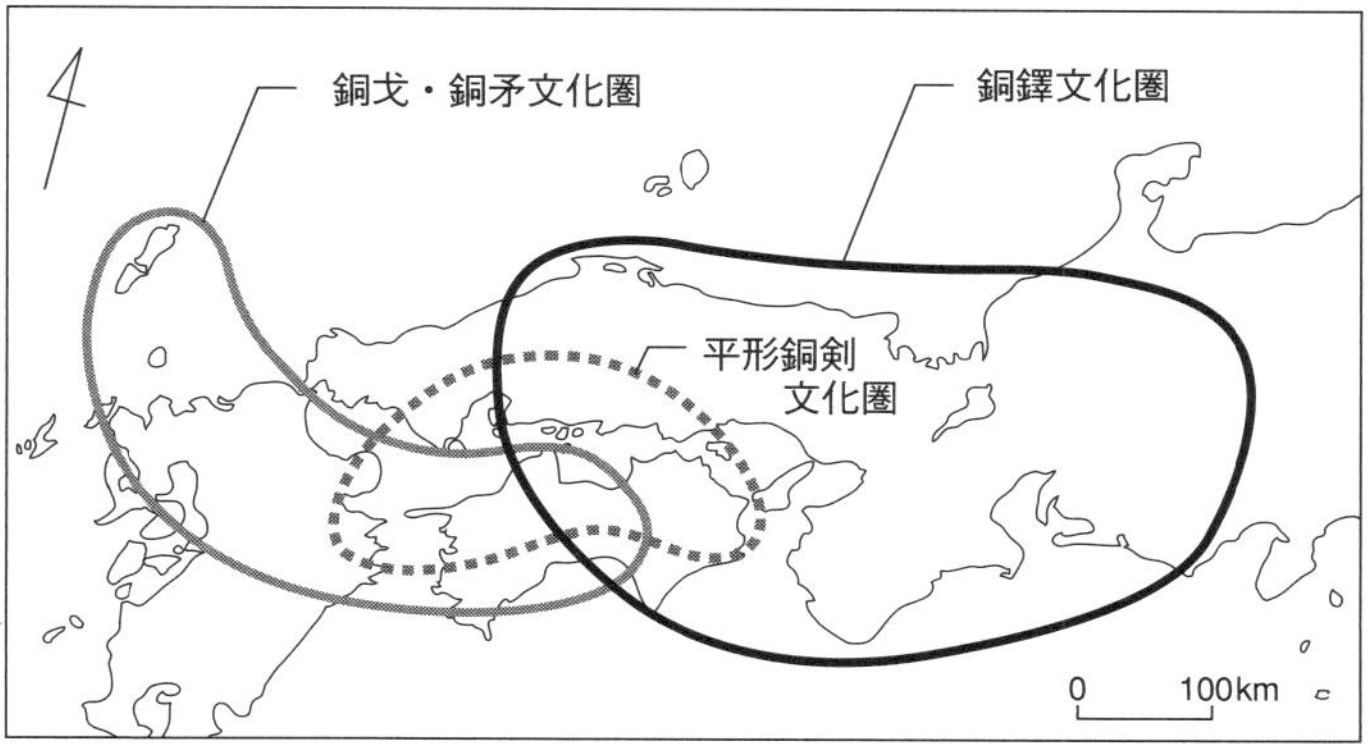

青銅器文化圏（従来の区分）

うことを示している。

こうした分布論のルーツとしては、つとに和辻哲郎博士の『日本古代文化』（一九三九年版）があげられる。この和辻博士の分布論が基本的には、現在も受け入れられているのである。

しかし、近年の考古学の発掘成果には目をみはるものがあり、こうした分布論についても矛盾をあらわにするようなものも出てきはじめている。もちろん、分布図もこうした発掘成果を吸収して、その姿を変化させているが、年と共により複雑化してきているように思われる。さらに、最近は、弥生時代全般を対象とするのではなく、弥生時代の新しい時代の状況として分布図を提示するようになってきている。つまり、中細形銅剣などが使用された古い時代は対象外ということになる。

こうした配慮は、いうまでもなく、出雲の神庭荒《かんばこう》神谷《じんだに》遺跡や加茂岩倉《かもいわくら》遺跡を意識したものといえよう。逆にいえば、これらの遺跡が与えたインパクトがそれだけ大きかったということである。

西川津遺跡出土の銅鐸片
（写真：島根県教育庁埋蔵文化財調査センター）

■出雲と青銅器文化圏

現在、高等学校の日本史の教科書などでとりあげられている弥生時代の青銅器の分布論をみると、極端に複雑化しているように思われる。言葉を変えると、それだけ無理が入っているのではなかろうか。何やら次から次へと出てくる矛盾を何とかつくろっているようにみえるといってはいいすぎになるであろうか。あらためて、神庭荒神谷遺跡や加茂岩倉遺跡の重要性を認識するとともに、これらの遺跡が何を提示しているのかと目をこらさなければならないであろう。

近年、松江市の西川津遺跡から銅鐸の一部が出て話題になっている。加茂岩倉遺跡などと異なって集落からみつかったという点が重要である。さらに、青木遺跡からも弥生時代の新しい段階に属する銅鐸がでて、人々を驚かせた。いままで、出雲から出土した銅鐸は、いわゆる「聞く銅鐸」であり、それよりも新しい時代の「見る銅鐸」は出ていなかった。しかし、青木遺跡からみつかった銅鐸片は、この「見る銅鐸」の時代のもので、出雲で初めての発見となった。

青木遺跡から出土した銅鐸片は、一部分だったこともあり、その部分のみがアクセサリーとして使用されたという見方もあり、ただちに「見る銅鐸」の存在を裏づけるまでにはいたっていない。しかし、決して見すごしにはできない重要な発見といえよう。

神庭荒神谷遺跡と加茂岩倉遺跡の発見によって、旧国別のエリアでは出雲は最大の青銅器保有地域になった。弥生時代や青銅器に関する諸問題を語るとき、出雲をぬきにしては語れなくなったといってよいであろう。

神庭荒神谷遺跡からのメッセージ

■遺跡の発見

神話の国といわれるだけで、実体は何もないといわれていた出雲の評価を一変させたのが、神庭荒神谷遺跡の発見である。

それは、昭和五九年（一九八四）の夏のことであり、広域農道予定地内の試掘調査をしていたところ、簸川《ひかわ》郡斐川《ひかわ》町神庭《かんば》西谷《さいだに》の荒神谷から三五八本にものぼる大量の銅剣が出土した。なにしろ、それまでの日本全国から出土した銅剣の総数が三〇〇本あまりであったから、この遺跡の発見は大きな驚きをもたらした。そして、その驚きは翌年、さらに増大した。

それは、銅剣を出土したすぐわきで、今度は六個の銅鐸《どうたく》と一六本の銅矛《どうほこ》が発見されたからである。

まず、三五八本の銅剣がどのようなものであったかというと、形態的には中細形銅剣C類の単一形式であった。この中細形銅剣C類は、出雲を中心として山陰地域に多く分布がみられることから出雲型銅剣ともよばれている。

神庭荒神谷遺跡

具体的に銅剣の出土状況をみてみよう。標高二八メートルほどの小丘陵の南斜面の中腹から出土しており、この斜面に二段の加工段をつくって、その下段のほうに三五八本の銅剣を埋納している。銅剣を埋納した穴の底面は、淡褐色の粘土をしいて平坦になるように整地されていた。

銅剣は、刃を起こして接する状態にして、三五八本を四列に並べて配置してあり、西側からA列・B列・C列・D列とよばれている。A列は、三四本の銅剣が鋒の方向を一本ずつ互い違いに置かれていた。B列は、一一一本の銅剣が置かれており、南端の四本が鋒を西に向けていた他は、A列と同じように交互に置かれていた。C列は、一二〇本の銅剣からなり、すべて鋒を東に向けた状態で置かれていた。D列は、九三本の銅剣が、C列と同様にすべて鋒を東に向けて置かれていた。

これらの四列の銅剣の上には、特別にあつらえられた粒子の細かい粘土がのせられ、その上に土盛りをしている。このことから、銅剣を埋納するにあたって、十分な注意が払われていたと思われる。

また、これらの銅剣の埋納坑《まいのうこう》の周辺で四つの柱穴がみつかっている。したがって、ここに屋根をもった簡易な施設があったとみられる。

■銅鐸と銅矛

銅剣が出たわきの埋納坑で、銅鐸と銅矛がセットでみつかったわけであるが、こうした銅鐸と銅矛がいっしょにみつかったのは実は初めてのことであった。

かつて、昭和四八年（一九七三）に島根半島のほぼ中央に位置する鹿島町の志谷奥《しだにおく》遺跡から銅鐸と銅剣が共にみつかったことがある。出土した銅鐸は二個で、復原高が三二・二センチメートルでⅡ（外縁付鈕《がいえんつきちゅう》）式に属するものと、復原高二二・二センチメートルでⅢ（偏平鈕《へんぺいちゅう》）式のものであった。また、みつかった六本の銅剣は、いずれも神庭荒神谷遺跡から出たものと同じ中細形銅剣C類であった。このように、志谷奥遺跡の場合には、鐸と剣という組み合わせであったが、鐸・剣・矛がセットで出土する予兆は、神庭荒神谷遺跡の発見より十年以上も前にあったわけである。

神庭荒神谷遺跡から出た銅鐸と銅矛に目をもどすと、六個の銅鐸は、高さが二一・七センチメートルから二三・八センチメートルである。形式は、五号鐸がⅠ（菱環《りょうかん》鈕《ちゅう》）式で、その他の二・三・六号鐸はⅡ（外縁付鈕）式、一・四号鐸は不明瞭とされている。これらのうち、最も古い五号鐸は、弥生時代の前期末から中期前半ころに製作されたもので、内面にある突帯がすりへっていることから長期間にわたってカネとして使われたことがわかる。

また、銅矛のほうは、最短のものが六九・四センチメートル、最長のものは八四・一センチメートルである。重さは、一番軽いものが九八〇グラム、重いものが二一六〇グラムである。型式的には、一号矛と二号矛が中細形銅矛a類に属し、その他の一四本は、中広形（三・一四号矛が中広形銅矛a類、四～一三号矛および一五・一六号矛が中広形銅矛b類）のものである。

銅鐸・銅矛の埋納坑は、斜面をカットして谷側に粘土をはって平坦な面をつくり出している。さらに、周辺には柱穴が五個みつかっていることから、こちらの埋納坑にも、銅剣のほうと同じように覆屋などの施設があったと推測されている。

埋納状況をみると、銅鐸が穴の中央に対して鈕を向かい合わせるかたちで山側に三個、谷側に三個というように二列に配置してあり、鰭《ひれ》は六個とも底面に対して垂直に立てた状態になっていた。さらに、銅鐸の一部の真上には、黒っぽい土がのせられており、ほかの部分は粘土によっておおわれていた。

また、銅矛は、穴の東側に刃を起こした状態で埋められていたと思われ、一六本とも奥壁と平行に配置されており、鋒の方向は、一本ずつ差し違えるように置かれていた。

このように、銅剣と銅鐸・銅矛の埋納状態には類似点が多くみられる。しかし一方では、相違点もみられる。もっとも大きな違いは、銅剣はすべて同一型式であるのに対して、銅鐸・銅矛は共に複数の型式がみられるという点である。こうした類似点と相違点をどのようにとらえたらよいかについては、いまだに謎としてのこされている。

■製作地はいったいどこか

こうした大量の青銅器は、一体、どこでつくられたのであろうか。この最も大きな関心事についても、実は謎がのこされているのである。

まず、銅剣についてみると、現在までのところ、中細形銅剣C類の鋳型《いがた》はどこからも発見されていない。したがって、製作地を特定することは困難といってよい。中細型銅剣C類の先行型式とされる中細形銅剣a類については、佐賀県（姉遺跡）や兵庫県（田能遺跡）で鋳型がみつかっている。やはり、先行型式とみられる中細形銅剣に関しては、鋳型は出ていないものの、出土数から近畿・北部九州説が有力である。

これらのことを考え合わせて、中細形銅剣C類の製作地を推定すると、①出雲、②北部九州ないしは近畿、③瀬戸内海沿岸地域などが推定される。さらに、中細形銅剣C類が出雲型銅剣とよばれるように、出雲に多く出土することや鉛同位体比の分布などからすれば、神庭荒神谷遺跡の銅剣は、出雲でつくられたとするのが最も妥当であろう。

たしかに、出雲にも中細形銅剣C類の鋳型は出ていない。しかし、鋳型は本来、使用できる限り使用して、あとは廃棄されるものである。そうした性格を考えると、もともとのこりにくいものといえる。

また、出雲には、現在、宍道湖南岸から採取される来待石《きまちいし》が特産として知られ、石燈籠など多様な石製品がつくられている。近年、この来待石が鋳型に適しているということもいわれはじめている。こうしたことから、近い将来、出雲から鋳型が出現する可能性は決して否定できないのではなかろうか。

また、神庭荒神谷遺跡から出土した銅剣で興味深いことは、「×」印の刻印である。銅剣を鋳造したあとに、タガネのような工具で茎の部分に刻印してあり、三五八本の銅剣のうち、三四四本にみられた。のこりの銅剣の中でも一一本は、「×」印の有無が不明瞭とされている。つまり、明らかに「×」印がないものは、三本のみということになる。両面ともに「×」印があるものも二本ある。こうしたことから判断すると、神庭荒神谷遺跡の銅剣は、片面の茎の部分に「×」印をつけるのが一般的であったと考えられる。

では、なぜこうした「×」印をつけたのであろうかという疑問がわいてくる。この点についての詳細は謎であるが、銅剣をつくった工房のマークかともいわれている。

加茂岩倉遺跡から出土した銅鐸にもこの「×」印がみられ、いっそう謎を興味深いものとしている。

銅鐸の生産地については、二・三・四・五・六号鐸は近畿、もしくは、その周辺で製作されて出雲にもちこまれたと推定されている。それに対して、のこりの一号鐸は、全体の形状や文様の構成などに独自色がみられることから、近畿でつくられたものとは認められない点が多い。したがって、①出雲およびその周辺、②北部九州、③朝鮮半島などが製作地として推定されており、中でも①の地元製作説が有力とされている。

銅矛に関しては、一六本とも北部九州でつくられ、それが出雲にもたらされたとみられている。つまり、製作地についていうと、銅矛以外は、いまだにさまざまな謎がのこされているのである。

さらに、これらの銅剣・銅鐸・銅矛は、製作地の他にも多くの謎をもたらした。埋納時期もそのひとつである。全体的には、弥生時代の中期末もしくは後期初めと考えられるが、銅剣は中期後葉から後期の製造、銅鐸のうち菱環鈕式は前期末から中期初め、外縁付鈕式は中期前葉、そして銅矛は中期後葉以降の製造と考えられている。また、これらは、つくられてすぐに埋められたわけではないので、その時間的なギャップも考慮しなければならないであろう。

さらに、これらの青銅器の使用目的にも謎がある。一般的には、祭祀に用いられたと考えられているが、それが具体的にどのような祭祀であったかというと、いまひとつ明らかではないのである。それに加えて、埋納者や埋納した理由についても、まだまだ今後の課題としてのこされているのである。

神庭荒神谷遺跡が、わたしたちに与えたインパクトは非常に大きい。しかし、その大きさゆえに、時を経た現在にいたっても、のこされている謎もまた、多いといわざるをえない。

加茂岩倉遺跡の謎

■銅鐸発見の意味

神庭荒神谷遺跡が発見されて一〇年あまりたった平成八年（一九九六）の一〇月、大原郡加茂《かも》町大字岩倉字南《みなみ》ヶ《が》廻《さこ》から、三九個という大量の銅鐸がみつかった。くしくも発見の契機も神庭荒神谷遺跡と同様で、農道の整備の工事中に偶然みつけられたのである。

遺跡は、加茂町の北西部、岩倉川を約一・七キロメートルさかのぼった狭長な谷の一番奥に位置している。南に張り出した丘陵の南東斜面に遺跡はあるが、立地的にはみはらしはきかないようになっている。こうした立地も神庭荒神谷遺跡と似かよっている。

さらに、この加茂岩倉遺跡は、神庭荒神谷遺跡から南東約三・四キロメートルばかりのところにあり、付近には卑弥呼が魏からもらった鏡かともいわれる景初《けいしょ》三年（二三九）銘銅鏡を出土した神原《かんばら》神社古墳もある。

また、古代のこのあたりは、大原郡の神原郷とよばれる地域に属すると考えられるが、『出雲国風土記』の神原郷の条には、

古老の伝へていへらく。天の下造らしし大神の御財《みたから》を積み置き給ひし処なり。則ち、神財《かむたから》郷と謂ふべきを、今の人、猶誤りて神原郷といへるのみ。

という、とても興味をひかれる伝承がのこされている。古老の伝えていることによると、天の下造らしし大神、すなわちオオクニヌシの宝物をここに積んだというのである。もちろん、これは伝承であり、歴史的事実とすぐに結びつけて考えることはできない。しかし、加茂岩倉遺跡から実際に、三九個という一か所からの発見としては最大数の銅鐸が出土してみると、両者の関係は、大変、気になるものといえよう。現実に、両者を結びつけて考えようとする見解もみられる。けれども、こうしたことには慎重さが必要である。たとえば、『出雲国風土記』には、宝を積んだと記されている

加茂岩倉遺跡（写真：島根県教育庁埋蔵文化財調査センター）

神原神社古墳（移築復元）

のに対して、加茂岩倉遺跡の銅鐸は埋められていたわけであり、こうしたデリケートな相違にも十分、配慮が必要といえるであろう。

■出土状況からわかること

工事中の発見のため、銅鐸も埋納坑も損傷をうけていたが、埋納坑の残存部の底面は、北辺が約一・八メートル、西辺が約〇・八メートル、深さが約〇・四メートルであった。丘陵の斜面を地山の花崗岩風化土まで削って平坦な面をつくり、そこからさらに掘り下げられており、底面はあまりていねいな仕上げではなく凹凸がかなりみられる。

銅鐸も大方は埋納坑からえぐり出されていたが、それでも大きな銅鐸に小さな銅鐸が組みこまれた入れ子の状態で二九（三〇）号鐸、三一（三九）号鐸の四個が埋納坑にのこされていた。これまでにも、銅鐸が入れ子状態で埋められていたであろうと推測されるものはあったが、確実に入れ子の状態でみつかったのは初めてのことであった。

加茂岩倉遺跡の場合、二（三）号鐸、五（六）号鐸、八（九）号鐸、一一（一二）

入れ子状態の銅鐸

号鐸、一三（一四）号鐸、一五（一六）号鐸、一八（一九）号鐸、二六（二七）号鐸、二九（三〇）号鐸、三一（三九）号鐸、三二（三三）号鐸、三五（三六）号鐸、三七（三八）号鐸の一三組二六個が確実に入れ子であった。さらに、これらの他に、土の付着具合から一（四）号鐸、二八（七）号鐸も入れ子であったとされている。また、具体的な組み合わせはみつけられないながらも、やはり土の付着状況から一〇号鐸、二〇号鐸、二一号鐸、二三号鐸、二五号鐸も入れ子であったと推定されている。

　これらのことから判断すると、加茂岩倉遺跡の銅鐸は、本来、すべてが大・小二個がペアになった入れ子の状態で埋納されていたと思われる。とするならば、全体の出土数が三九個であり、矛盾が生じるが、一個は工事中に破壊されてしまったのかもしれない。

　これらの銅鐸を埋納したあと、穴は暗褐色粘質土と黄褐色砂質土の二種類の埋土によって埋められており、その後、掘り返したあとはみられない。このことは、銅鐸を埋納するにあたって決して無造作に埋めたのではないことをものがたっていよう。

■銅鐸はいつつくられ埋められたか

銅鐸は大・小二個が入れ子であったと思われるとのべたが、大きいほう二〇個は高さが約四四センチメートルから四八センチメートルであり、いままでに各地から発見された銅鐸と比較すると中型といってよいであろう。これに対して、小さいほう一九個は約三〇センチメートルから三三センチメートルの高さであった。

これら三九個の銅鐸の型式はというと、最も古いⅠ（菱環鈕）式はみられず、Ⅱ—1・2（外縁付鈕）式、Ⅲ—2（偏平鈕）式および、Ⅳ—1（突線鈕）式であった。その製作年代は、Ⅱ式が弥生時代の中期初頭であり、Ⅲ—2式からⅣ—1式は弥生時代の中期末にあたる。

加茂岩倉遺跡から出た銅鐸の型式がⅣ—1式までで、弥生時代後期につくられたⅣ—2式以降のものが含まれていないということは、とても興味深い。というのは、これらの銅鐸が埋められた時期をおおよそながら限定できるからである。つまり、三九個の銅鐸は弥生時代の中期末までにつくられたものであり、しかも後期につくられたものを含んでいないということは、埋納されたのもこの時期、すなわち中期末から後期初頭のころと考えてよいであろう。

■ユニークな線画

三九個の銅鐸の身の主文様は、流水文《りゅうすいもん》もしくは袈裟《けさ》襷文《だすきもん》である。しかし、それらと共に多様な線画がみられる。たとえば、一八号鐸や三五号鐸にはトンボの絵がみられる。そもそも銅鐸が何のためにどのように使用されたのかという点については問題があるのであるが、農耕祭祀の場で楽器として用いられたともいわれている。トンボは水辺の昆虫ということで、水が必要な農耕と関連があるともいわれている。また、三七号鐸・二一号鐸・二三号鐸・三五号鐸にはシカの絵がある。シカは、おそらく当時、イノシシなどと共に最もポピュラーな動物であり、銅鐸の絵の素材にもなりやすかったと思われる。

加茂岩倉遺跡の銅鐸には、これらの銅鐸絵画として一般的なものの他に、従来のも

10号鐸のカメの絵

29号鐸の顔の絵

のとは趣の異なる絵もみられる。たとえば、一〇号鐸の鈕《ちゅう》の内縁にカメの線画がある。この種の絵は、これまでスッポンが多かったが、加茂岩倉遺跡のものは、スッポンとは描き方がちがっていて、海ガメと判定された。内陸部の加茂岩倉遺跡から出た銅鐸に海ガメの絵がみつかったという点は興味深い。

二九号鐸の鈕の外縁に描かれた顔も、鈕の部分としては初例であると共に、頬の部分に入れ墨のような弧線があるハート形の顔自体が弥生時代のものとしては特異といえる。また、二三号鐸と三五号鐸にみられる奇妙な動物も気になる。イヌとかイノシシとかともいわれているが決め手に欠け、現在のところ四足獣というのにとどまっているこの絵も興味深い。

さらに、絵ではないが、神庭荒神谷遺跡のほとんどの銅剣にみられた「×」印が加茂岩倉遺跡の銅鐸にも刻まれている。具体的には、一四個の銅鐸の鈕の菱環部に鋳造後、タガネ状の工具で打ちこまれていた。この「×」印がもつ意味については不明であるが、加茂岩倉遺跡の銅鐸だけから考えるのではなく、神庭荒神谷遺跡から出た銅剣と共にとらえなくてはならないであろう。

■製作地はどこか

最後に、これらの三九個の銅鐸がどこでつくられたか考えてみたい。まず、これらの銅鐸のうち、一五組二六個に同范《どうはん》関係が確認されたことに注目したい。同范とは、同じ鋳型《いがた》からつくられたものであり、具体的にいうと、一号鐸と二六号鐸がそうである。この二つの場合、鋳型は土製と考えられているが、これ以外は石製鋳型による同范である。たとえば、四号鐸・七号鐸・一九号鐸・二三号鐸と和歌山県の大田黒田鐸の五個の同范が確認されている。このように他の県から出土した銅鐸との同范も多く、現在のところ一四個がみつかっている。その範囲も、鳥取県・岡山県・兵庫県の近県はもとより、大阪府・徳島県・奈良県・和歌山県・岐阜県・福井県の広範囲におよんでいる。

しかし、加茂岩倉遺跡の銅鐸の鋳型はまだみつかっていないので、具体的に製作地を確定することは現在のところ困難である。そこで、文様の特徴などから推定してみると、一二号鐸の袈裟襷文が大阪府東大阪市の鬼虎川《きとらがわ》遺跡から出ている鋳型との共通点がいわれている。こうしたことから、一二号鐸は河内での製作の可能性が高い。

また、九個出ている流水文銅鐸については、すべて横型流水文であり、畿内南部の土器の流水文と特徴が似ている。したがって、これら九個は畿内でつくられたといわれている。それに対して、八号鐸・一〇号鐸・二〇号鐸・二九号鐸の四個は、Ⅲ—2式六区袈裟襷文であるが、従来のものとは異なった特徴をもっている。したがって、畿内とは違った場所でつくられたのではないかといわれている。

さらに注目したいのは、一八号鐸・二三号鐸・三五号鐸の三個である。これらは、袈裟襷文の線の太さなどの点で畿内の銅鐸とはちがった特徴がみられる。そして、何よりも袈裟襷文の縦帯《じゅうたい》の界線と横帯《おうたい》の界線が切り合っていて、横帯優先になっていない点は、畿内の銅鐸とはまったく異なっている。こうした点から、三個の銅鐸の製作地は出雲もしくはその周辺ではないかといわれている。

四隅突出型墓の謎

■古墳時代とは何か

四隅突出型墓《よすみとっしゅつがたぼ》は、その名まえ自体が不思議な墓である。簡単にいうと、方形墓の四つのコーナーが丸くせり出した形状をもち、弥生時代に見られる墓ということになろうか。

名称についても、四隅突出型墳丘墓と呼ばれる場合もある。この種の墓は、大きな墳丘をもつことが多く、その点からいうと、こちらの名まえのほうが性格をよくいい表わしているといえる。しかし、その一方、一辺が一メートルほどの小型のものもあるため、四隅突出型墓といったほうが穏当という意見もあり、ここではこの見解に従うことにする。

そもそも古墳とは何か、ということに対する答えは諸説あるかと思われるが、ひとくちにいうと、埋葬主体をもち、さらに盛土がなされた墓である、と定義してよいであろう。そして、その出現は従来、三世紀の末ごろとされ、それ以後が古墳時代ということになる。

四隅突出型墓についてみると、もちろん埋葬主体は存在している。盛土という点についてもなされている。ただし、成立した時代が従来の区分でいう弥生時代であり、したがって古墳という名称はふさわしくないとされるのである。

何やらはっきりしない説明であるが、実際に考古学者の中でも、四隅突出型墓と古墳とを同質にみる考えと明確にわけてみる考えの二つが対立している。さらに、最近では、古墳の発生を三世紀の中ごろとする見解もだされており、弥生時代と古墳時代とについては、その概念の再検討が必要になってきている。

■四隅突出型墓の起源と分布の謎

起源や分布の面でも四隅突出型墓はいろいろな問題をのこしている。二〇〇三年三月に発行された『宮山古墳群の研究』（島根県古代文化センター・島根県埋蔵文化財調査センター）によると、四隅突出型墓の数は、想定されているものまで含めて全国で九一例である。

発生の起源としては、方形周溝墓が考えられている。方形周溝墓とは、弥生時代後期を代表する墓制であり、その分布は畿内をはじめとして全国におよんでいる。形はというと、文字通り方形の墳丘の周囲に溝をめぐらしたもので、たしかにこの方形周溝墓の四つのコーナーをそれぞれふくらませると四隅突出型墓になる。

出雲においてこの四隅突出型墓の例として早いものは、松江市にある友田一号墓であり、時期的には弥生時代後期の前半とされている。しかし、注目すべき四隅突出型墓が出現するのは、後の後半になってからである。

四隅突出型墓の分布

所在地（県）	数
広　島	16
島　根	28
鳥　取	28
岡　山	1
兵　庫	2
福　井	7
石　川	1
富　山	7
福　島	1
合　計	91

この時期のものとしては、一辺の長さが五〇メートルを超える出雲市の西谷三号墓が代表的である

が、これ以外にも西谷四号墓や松江市の的場墳丘墓、安来市の仲仙寺墳墓群などの例をあげることができる。こうしたことから、地域的にも拡大していることがうかがわれる。そして、これ以後、出雲以外のさまざまな地域にも、四隅突出型墓がみられるようになる。たとえば、鳥取市の西桂見墳丘墓や福井県清水町の小羽山三〇号墓などは、そうしたものの代表例である。

弥生時代の後期の後半以降も四隅突出型墓の築造を確認することができるが、規模的にはあまり大きなものはみられなくなる。さらに、分布の面でも興味深い現象がみられる。というのは、石川県松任市の一塚二一号墓を除くと、分布はすべて出雲に限られてしまうのである。

しかし、弥生時代の終末期になると、分布はまた広がりをみせるようになる。富山市の杉谷四号墓や広島県三次市の矢谷墳丘墓などがその例である。こうした分布の広がりについても、いまだ謎の部分が多い。

■突出部のもつ意味

方形の四隅が突出している、という特異な形体をもつ四隅突出型墓であるが、この突出部は一体、何のためのものであるかということも、まだ厳密には解明されていない。

たとえば、悪霊に対応する場ではなかったかともいわれている。つまり、埋葬された遺体を悪霊から守るためにつくられたのがこの突出部であるという。具体的には、悪霊をさえぎるために、この突出部に楯を立てたり、また番人を配置したりしたのではなかろうかといわれている。

また、祭場としての聖性を明らかにするための場ではなかったかともいわれている。この説は、四隅の突出部に蓋《きぬがさ》などを立て、祭場としての聖性を表示したというのである。埋葬の際、墳丘部で儀式などがおこなわれたであろうが、そうした場の聖性を示すために突出部が使われたということになる。

さらに、墳丘部と外部とを結ぶ通路であるともいわれている。死者の世界と生者の世界とをつなぐ場が突出部の意味というわけである。しかし、これらのいずれの説にしても、いまだに決定的なものとはいいがたく、今後の検討材料としてのこされている。

■西谷三号墓をめぐって

出雲市にある西谷三号墓は、昭和五八年（一九八三）から十年におよぶ発掘調査によって、その全体像が明らかになった全国でも最大級の四隅突出型墓である。一辺の長さが五〇メートルというその規模もさることながら、その他にもさまざまな問題点を提供した。

まず、おびただしい数の土器片が出土したことが注目される。それらの土器の中には、地元である出雲のものはもちろんであるが、それ以外の地域からのものも含まれている。

たとえば、吉備にみられる土器や北陸・丹後に特徴的な土器も出土している。これらのことは一体、何を意味しているのであろうか。

現在、考えられているのは、この西谷三号墓の被葬者の葬儀にさいして、吉備や北陸からそれぞれの土器をもって参列者がやってきたのではないか、という説である。こうしたことが事実ならば、出雲西部の支配者であったであろう西谷三号墓のこの被葬者は、生前に吉備や北陸などの支配者たちと何らかの交渉をおこなっていたということになる。

こうした交流の密接さについては、吉備や北陸の墳墓からもうかがうことができる。たとえば、吉備をみてみると、出雲で西谷三号墓が造られた時期とほぼ同じころ、やはり大型の墳丘墓があいついで造られている。具体的にいうと、楯築《たてつき》墳丘墓・雲山鳥《くもやまとり》打《うち》墳丘墓・黒宮大塚墳丘墓などがその例としてあげられる。

西谷三号墓での埋葬儀礼（復元模型）

これらの墳丘墓をみると、いずれも大量の土器が使われているし、また、主体部が木槨《もっかく》木棺の二重構造をもっている点や朱を大量に用いている点など、西谷三号墓と共通する点が多くみられるといわれている。

また、北陸に目をやると、福井県の小羽山三〇号墓は、棺の上に朱をすったと考えられる石杵を置いてあり、この点は西谷三号墓も同様である。さらに、両墓とも墓上で土器を使った祭祀をおこなったと考えられており、共通点が指摘されている。

こうした出雲・吉備・北陸といった三地域間に密接な交流がみられるのはどういう理由からなのかということも、興味深い問題といえよう。

この点について、いままでにいわれていることは、倭国大乱との関係である。西谷三号墓をはじめとする巨大な墳墓が造られたのは、ちょうど『魏志《ぎし》』倭人伝にいう倭国大乱の時期にあたっている。こうした二世紀後半という時期に四隅突出型という特異な形をした墳墓が出雲を中心にして主に日本海沿岸の地域にみられるのは、四隅突出型墓を共通のシンボルとする政治的同盟があったのではなかろうかといわれている。

さらに、こうした同盟を結んだ集団は、同盟の強化をはかるために、中国山地を越えた吉備の支配者たちとも関係をもち、自分たちの立場の維持につとめていたのではなかろうかとも指摘されている。

西谷三号墓は、このように出雲と他地域との間の交流をうかがわせるという点で大きな歴史的な意味をもつが、墓上祭祀の解明という点でも大きな収穫をもたらした。それは、墓上に四つの柱穴が発見されたことである。

おそらくは、墓壙を埋めたのちに四本の柱を立てて、そこに施設をつくったと考えられる。柱穴は一メートル以上の直径をもち、深さも一メートル近いことから判断して、そこにつくられた施設もまた、かなりの規模であったと想定される。また、その施設の中央に朱のついた丸い石が置かれていたこともわかった。この丸い石は当然のことながら、呪術的な意味をもつものと考えられよう。

これらの発見は、墳丘墓や古墳でおこなわれていたであろう墓上祭祀がどのようなものであったかについて考える手がかりを与えるものであり、この点からも西谷三号墓がもつ意味は重要である。しかし、これらについても具体的にはどのようなものであったかというと、いまだに謎の部分が多いことも事実である。

特集3

神庭荒神谷遺跡と加茂岩倉遺跡の世界

志谷奥遺跡

銅剣と銅鐸の出土がもたらした大きな「波紋」

▼隣接しているカンナビ山

神庭荒神谷遺跡が発見される十一年前の昭和四八年（一九七三）、島根半島のほぼ中央に位置する鹿島町の志谷奥遺跡から銅剣と銅鐸とが一緒にみつかった。当時は、銅剣・銅鐸・銅矛といった青銅器の分布論がまだ有効性をもっていて、高等学校の日本史の教科書には必ずといってよいほど弥生時代の青銅器文化圏として図がのっていた。

そのような中で、銅矛は出土しなかったものの、銅剣と銅鐸がセットでみつかったということは、神庭荒神谷遺跡の大発見の前ぶれといってもよい大きな発見であった。

志谷奥遺跡は、朝日山と神目山との間の谷を少し入ったところにあり、神庭荒神谷遺跡のロケーションと似たところがある。もっとも、規模的にはだいぶん小さくなる。しかし、神庭荒神谷遺跡に近接する仏経山が出雲のカンナビ山とされているのと同様に、志谷奥遺跡の場合の朝日山もカンナビ山である。出雲で四つしかないカンナビ山であるのにもかかわらず、両遺跡がそれぞれカンナビ山に近接していることも興味深い。

出土した六本の銅剣と二個の銅鐸は、直径四〇センチ、深さ二〇センチから三〇センチの不整形な埋納坑に納められていた。

銅剣はいずれも神庭荒神谷遺跡からでたものと同じ形式の中細形C類であった。造りや大きさもほぼ同じで、長いもので全長五四センチ、短いもので四九センチほどであった。年代的には、弥生時代の中末期ごろでおおよそ二世紀前後と推定されている。

一方、銅鐸は、大きい方が復元高三二センチで外縁付鈕式（Ⅱ式）に属し、小さい方は復元高二二センチで扁平鈕式《へんぺいちゅうしき》（Ⅲ式）のものであった。

▼狭田国《さだのくに》との関係

これらの銅剣・銅矛が何のためにここに埋められたのかは、神庭荒神谷遺跡の場合と同様に謎であるが、『出雲国風土記』に興味深い伝承がみられる。

『出雲国風土記』の意宇郡の郡名由来である国引き神話は、四か所の地域から土地を引いてきて島根半島を形成するという壮大なものであり、その二回目の国引きによってできたのが、「多久《たく》の折絶より狭田国《さだ》」であるという。

この狭田国とは、とりもなおさず佐太神社を中心とする一帯と考えられ、志谷奥遺跡も含まれると考えられる。

また、志谷奥遺跡の北方には恵曇港があり、その砂浜には古浦砂丘遺跡が広がり、付近には二〇〇〇点にもおよぶ大量の木製品を出土した稗田遺跡もある。稗田遺跡のあたりはかつては、ラグーン（潟湖）になっていたともいわれている。

これらはみな弥生時代の遺物を含んでいて、志谷奥遺跡と時代的に重なるということができる。

志谷奥遺跡をはじめとするこれらの遺跡と『出雲国風土記』にみられる狭田国とを結びつけて考えることもできるかもしれない。

■出雲の古代遺跡

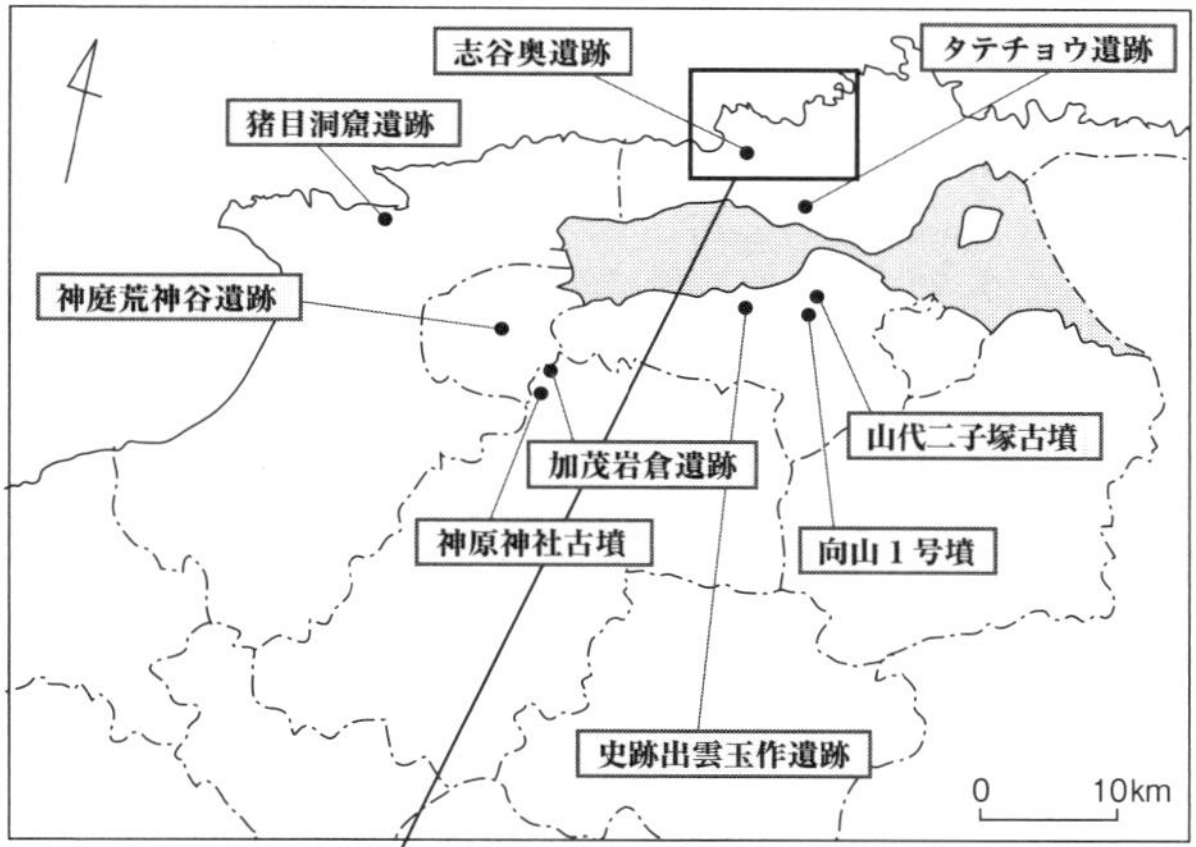

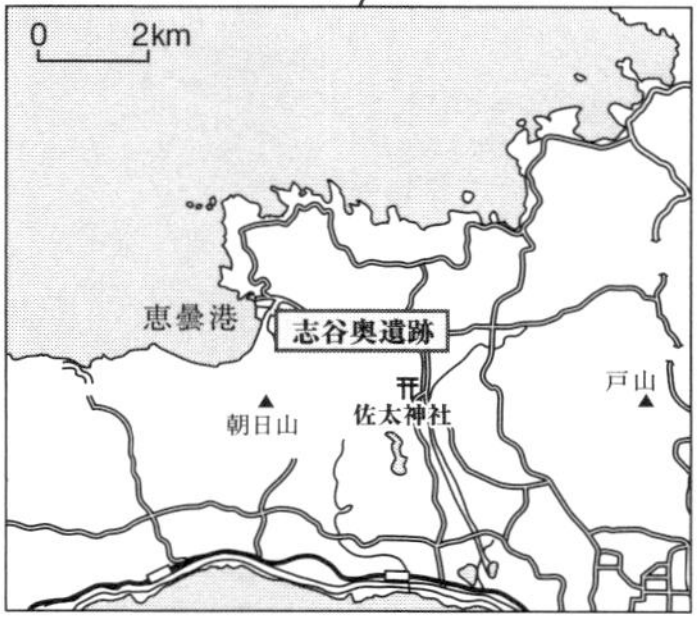

志谷奥遺跡の出土状況

三五八本の銅剣

出雲の「政治勢力」を証明した世紀の大発見

▼驚異的な数の銅剣

簸川《ひかわ》郡斐川《ひかわ》町神庭《かんば》西谷《さいだに》（現出雲市斐川町）、国道九号線と五四号線の分岐点から西へ約五キロほど入った小さな谷間が神庭荒神谷遺跡の場所である。仏経山の東麓に位置し、南東へ四キロほど行くと加茂岩倉遺跡がある。

三五八本もの銅剣を出し、世紀の大発見といわれたこの遺跡は、現在、その周辺も含めて荒神谷史跡公園として整備され、出土した銅剣はあとからでた銅鐸・銅矛と共に一括して国宝に指定されている。

史跡公園の入口には荒神谷博物館が造られ、出土資料の展示がおこなわれ、遺跡発見当時の様子を記録したビデオ映像もみることができる。

昭和五九（一九八四）年、標高二八メートルの小丘陵の南斜面から三五八本の銅剣がみつかり、さらに、その翌年に銅鐸・銅矛が発見された。

それまで、日本各地からみつかった銅剣の総数は三〇〇本余りであったから、三五八本もの銅剣の出土は驚異的であった。また、これまで銅剣・銅鐸・銅矛が一か所からセットで出土したことはなかった。

この発見がなされる以前の出雲は、実体のともなわない「神話の国」というイメージが強かった。確かに、記・紀神話の中で出雲に関する神話の占める割合は大きく、特に『古事記』の神話に関しては全体の三分の一以上といわれる。内容的にみても、スサノオのヤマタノオロチ退治神話やオオクニヌシの国譲り神話をはじめ有名なものが多い。

これらのことから、出雲にはかつてヤマトに匹敵する政治勢力があったということがいわれ続けていたのだが、考古学的にみると説得力に乏しいとも指摘されていた。たとえば、古墳の規模をみてもヤマトはもちろんのこと、近隣の吉備と比べても見劣りがして、出雲の勢力の実在を裏付ける物質的な資料は少なかった。ところが、神庭荒神谷遺跡の発見によって、弥生時代における出雲の勢力の大きさが証明されたのである。

▼銅剣の不思議な特徴

銅剣は、丘陵の斜面に作られた上下二段の加工段のうち、下段から出土した。剣の鋒《きっさき》と茎《なかご》とをほぼ水平にし、刃を起こした状態で四列に並べられて埋葬されていた。

三五八本の銅剣はすべて中細形C類とよばれる形式で、長さは五〇センチ前後、重さは五〇〇グラム余りという具合に、大きさも重量もほぼ同じである。そのうち三四四本の銅剣の茎には「×」印がきざまれている。これは、鋳造後にタガネ状の工具できざんだもので、加茂岩倉遺跡の銅鐸にも同じ「×」印がみられる。

銅剣の上には、薄い黒褐色の土がのせられていて、さらにその上は粘土でおおわれていた。また、上段の加工段からは柱穴が四つみつかっており、屋根のついた施設があったとされている。これらの状況をみると、銅剣の埋納にあたっては十分な注意が払われていたと思われる。

銅剣の出土状況

刃を起こし、接する状態で358本を4列に並べて配列。西側からA、B、C、D列とよばれている。

A列……34本の銅剣を鋒の方向が一本づつ互い違いになるように置かれていた。

B列……111本の銅剣が置かれていた。南側の4本は鋒を西に向けて置かれていたが、残りはA列同様、交互の配列であった。

C列……120本の銅剣を鋒の方角がすべて東になるように置かれていた。

D列……93本の銅剣が置かれていた。C列同様、鋒の方角がすべて東になるように置かれていた。

4列の銅剣の上には、粘土がのせられ、その上に土盛りをしてあった。また、この周辺に四つの柱穴が見つかっていることから、屋根をもった簡易施設があったと思われる。

「×」印が意味するもの

358本の銅剣のうち、344本に「×」印の刻印が見られる。残りのうち11本はこの刻印があるかどうかが不明瞭とされているので、「×」がないことがはっきりしている銅剣は3本ということになる。また、両面に「×」印のある銅剣が3本ある。これらのことから、神庭荒神谷遺跡の銅剣は、片側に「×」印を入れるのが一般的であったと思われる。
では、なぜこの印をつける必要があったのか。銅剣をつくった工房のマークともいわれているが、加茂岩倉遺跡でも「×」が刻まれた銅鐸が発見されており、現在のところ詳細は謎のままである。

茎に刻まれた×印

六個の銅鐸

銅剣の発見に次ぐ二度目の「衝撃」

▼単一ではなかった形式

三五八本の銅剣のショックがまださめやらぬ昭和六〇年（一九八五）、銅剣が出土したすぐわきで、今度は六個の銅鐸と十六本の銅矛が発見された。これで神庭荒神谷遺跡からは、銅剣・銅鐸・銅矛の三点セットが出土したことになり、マスコミの話題を再びさらうことになった。

銅鐸と銅矛とは、丘陵の斜面を削り取り、谷側に粘土をはって平坦な面を造り出した埋納坑《まいのうこう》に一緒に納められている。

六個の銅鐸は、埋納坑の中央に対して鈕《ちゅう》を向かい合わせる形で山側に三個、谷側に三個の二列に置かれ、鰭《ひれ》は六個とも底面に対して垂直に立てた状態で埋納されている。銅鐸の一部には黒っぽい土がのせられていて、他の部分は粘土でおおわれていた。

各々の銅鐸の形状は、高さが二一～二四センチ、重さが六〇五～一一一六グラムであり、銅剣と異なって形式は単一ではない。六個の銅鐸のうち、五号鐸は菱環《りょうかん》鈕《ちゅう》式（Ⅰ式）で、その他の二号鐸・三号鐸・六号鐸は外縁付鈕《がいえんつきちゅう》式（Ⅱ式）であり、一号鐸と四号鐸は不明瞭とされている。

▼制作地をめぐる三つの説

神庭荒神谷遺跡でみつかった銅剣・銅鐸・銅矛に共通していえる謎に、どこで造られたのかという生産地の問題といつ埋められたのかという埋納時期の問題がある。

まず生産地の問題であるが、銅鐸に関しては統一的な見解はいまだみられない。六個すべてが畿内で造られたとする説もみられるが、一号鐸については、全体の形や文様に強い独自性がみられることから、畿内での製造を否定する意見が有力である。とするならば、一号鐸はどこで造られたのかということが問題になるが、これについても、

①出雲およびその周辺
②北部九州
③朝鮮半島

などが製作地としてあげられていて決定をみない状態であるが、いまのところ①の地元製造説が有力といえよう。

他の二号鐸・三号鐸・四号鐸・五号鐸・六号鐸に関しては、畿内もしくはその周辺で製造され、出雲にもちこまれたと考えられている。

加茂岩倉遺跡からみつかった銅鐸の中にも出雲独特のタイプのものがでており、出雲で造られたのではといわれており、神庭荒神谷遺跡の銅鐸についても地元製作説は大変、魅力的な考えであるが鋳型がでていないという点は最大の弱点といえる。

銅鐸の製造時期と埋納時期とについては、最も古い五号鐸は弥生時代の前期末から中期前半ころの製作で、内面にある突帯がすりへっていることから長期間にわたってカネとして使われていたと推測できる。また、全体的には、菱環鈕式は弥生時代の前期末から中期初め、外縁鈕式は中期前葉の製造といわれており、総合すると弥生時代中期末もしくは後期初めのころの埋納と考えられる。

銅鐸・銅矛の出土状況

6個の銅鐸は、高さ21.7センチから23.8センチメートルである。最も古い銅鐸は弥生時代前期末から中期前半ごろ製作されたもので、内面の突帯がすり減っていたため、長い間、カネとして使用されていたことがわかる。埋納坑は山の斜面をカットしてつくられた平坦な場所にあり、銅矛とともに置かれていた。埋納状況は、穴の中央に対して鈕を向かい合わせるように山側に3個、谷側に3個の2列に配置し、銅鐸の一部の真上には黒っぽい土、ほかは粘土で覆われていた。銅矛はすべて奥壁と並行に配置され、鋒は一本ずつ差し違えるように置かれていた。銅剣の形式がすべて同じであるのに対して、銅鐸・銅矛に複数の形式が見られるのはなぜか、など謎はつきない。

神庭荒神谷遺跡の位置

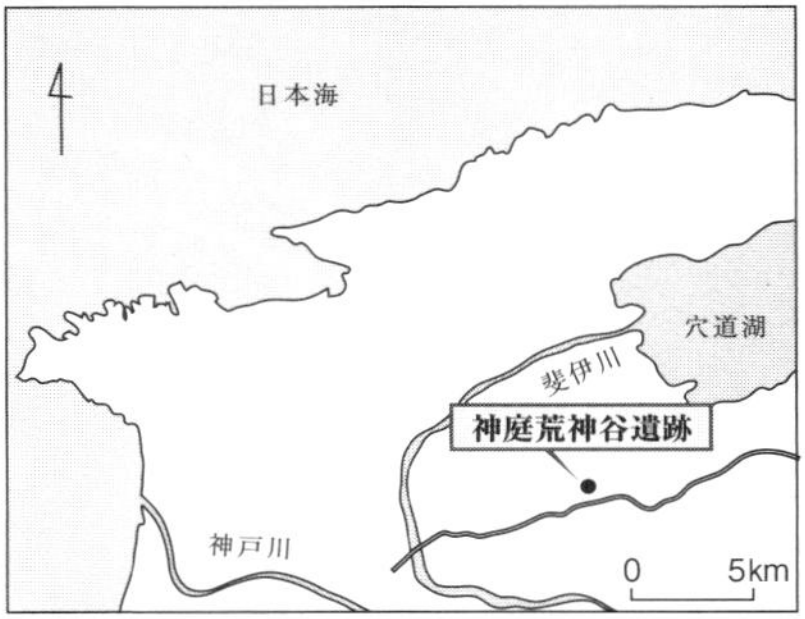

「古代出雲文化展」図録をもとに作成

銅矛・銅鐸出土状況

十六本の銅矛

九州北部系の銅矛が荒神谷で発見された意味

▼銅鐸と同じ埋納坑での発見

銅鐸と同じ埋納坑からは、十六本の銅矛も出土した。銅矛は十六本とも刃を起した状態で奥壁と平行に置かれており、鋒の方向は一本ずつ差し違えた状態で埋納されていた。

銅矛・銅鐸がみつかった埋納坑の周辺からは柱の穴が五つ確認されている。このことから、銅剣が埋められていたほうと同じように屋根のついた建物があったと推測されている。

十六本の銅矛のうち、最短のものが約六九センチ、最長のものは約八四センチである。重さは、一番軽いものが九八〇グラム、最も重いものが二一六〇グラムである。形式的には、銅鐸と同様に複数の形式がみられる。

製作地については、銅剣・銅鐸の場合、複数の場所が推定されていたが、銅矛についてては、その形態や綾杉《あやすぎ》状の研《と》ぎ分けの技術などから判断して、十六本とも北部九州で造られたとみられている。

銅矛の製作地が北部九州という点を重視すると、神庭荒神谷遺跡の青銅器を保有していた勢力は、とりもなおさず北部九州と交流をもっていたと考えることができる。

▼崇神紀六〇年条との関係

神庭荒神谷遺跡、およびその周辺を拠点とした勢力が北部九州と関係があると仮定すると、『日本書紀』の崇神天皇六〇年七月十四日条にみえる伝承はとても興味深い。

どんな伝承かというと、崇神《すじん》天皇が出雲大神の神宝をみたいといい出したことから始まる。ヤマト側から神宝の献上の使者が派遣されたとき、出雲側の支配者であった出雲振根《ふるね》はどうしたことか、この大変なときに筑紫へいっていて留守であった。そこで弟の飯入根《いいいりね》が神宝を大和へ献上してしまう。しばらくして筑紫からもどった振根は、神宝を献上してしまったことをきかされ、どうしてしばらく待つことができなかったのかと飯入根を責めたてた。振根の怒りは数年たってもおさまらず、ついに飯入根を謀殺してしまう。これをきいたヤマト側は追討軍を派遣して振根を誅殺したというのである。

以上が崇神紀六〇年条のあらましである。この伝承は、いままでにもヤマト政権への出雲の服属を示す史料として、しばしばとりあげられてきたものであるが、いまだに多くの問題点が残されている。

たとえば、大和から神宝献上の使者がやってきたとき出雲のトップである振根が留守であったことである。大和からの圧力が強まる中で振根が九州へ出むいているというのはいかにも不自然のような気がする。そこには何か重要な意味が隠されているように思われる。そして、それはヤマト政権からの圧力への対策と考えるのが最も妥当ではなかろうか。つまり、出雲と筑紫との間に政治同盟があり、振根はそれを頼って筑紫へ行っていたと考えられる。このようにとらえると、神庭荒神谷遺跡の銅矛と文献とがつながってくるようにも思われる。

■銅鐸・銅剣・銅矛それぞれの名称

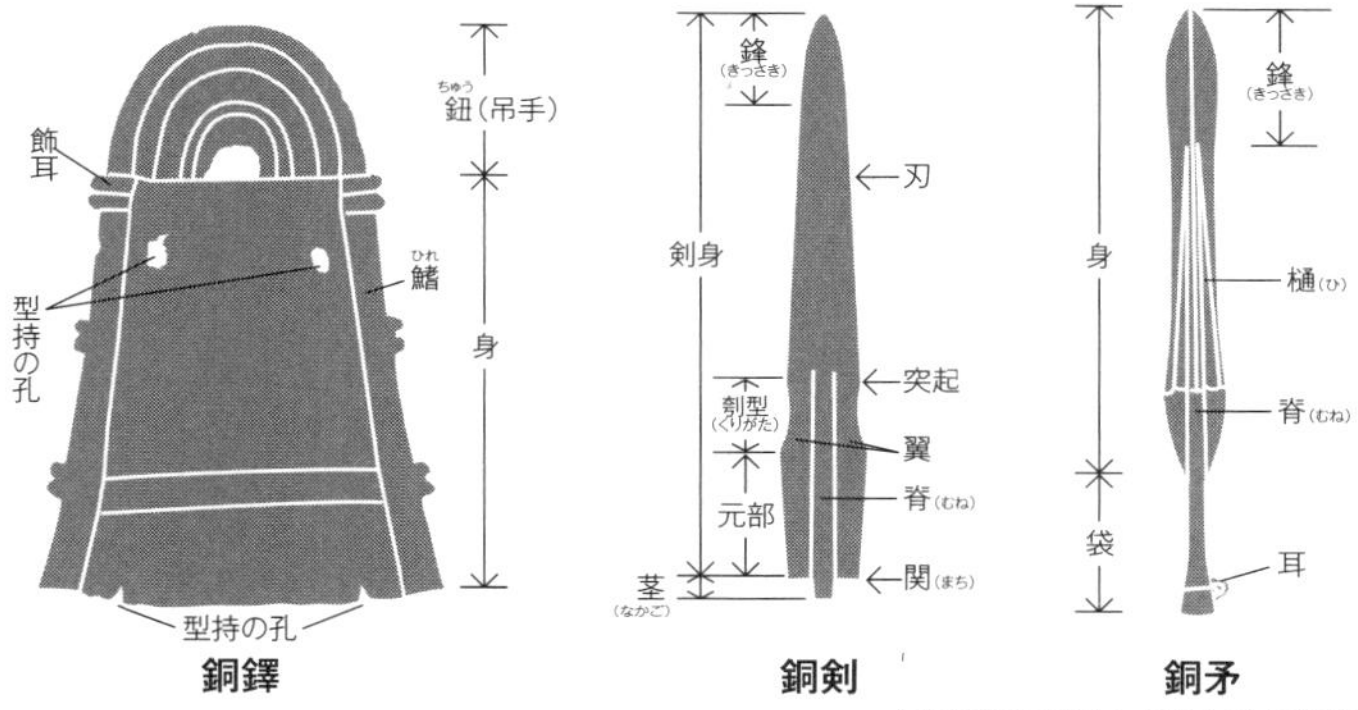

「古代出雲文化展」図録をもとに作成

■『日本書紀』崇神天皇六〇年七月十四日条の概要

祭祀権を奪い
出雲支配を意図

崇神天皇が、武日照命によって天からもたらされた出雲大神の神宝をみたいと言った。

↓

武諸隅を出雲へ派遣するが、その時、出雲の支配者出雲振根は筑紫に行っていて不在であった。そのため出雲振根の弟の飯入根が、同じく弟の甘美韓日狭と子の鸕濡渟に命じ、神宝をヤマトへ献上してしまう。

↓

筑紫から戻った出雲振根は、神宝を差しだしてしまったことを叱責する。怒りのおさまらない振根は、飯入根を誘い出し、殺害してしまう。

↓

甘美韓日狭と鸕濡渟がヤマトへ向かい、ことの次第を奏上する。

↓

吉備津彦らが出雲へ派遣され、出雲振根を誅殺する。これに恐れおののいた出雲臣らは出雲大神を祀ることをやめてしまった。

ヤマトの意を受けた
吉備と出雲の抗争?

↓

しばらく経った後、丹波国の氷香戸辺という人物が皇太子に、自分の子供がしゃべったという不思議な言葉を伝える。これを皇太子が天皇に奏上したところ、出雲大神の祭祀を行うように命じた。

神庭荒神谷遺跡と古代史

塗り替えられた弥生時代の青銅器分布図

神庭荒神谷遺跡が古代史にあたえた影響を考えていくと、大きくいって二つあると思う。

ひとつめは、それまで出雲は「神話の国」といわれ、大和に匹敵する勢力があったとされるが、何ら実体はないという批判に対して、少なくとも弥生時代の出雲にはかなりの勢力があったことが証明されたという点である。

▼多くの謎を含みつつも……

大量の青銅器の出現は、多くの謎を含みつつも、具体的な「モノ」がでてきたということは否定のできない事実であり、その背景に何らかの政治勢力を想定することが可能になった。

銅剣（神庭荒神谷遺跡）

ふたつめは、それまでいわれ続けていた弥生時代の青銅器の分布図に決定的な打撃を与えたことであろう。

すなわち、銅鐸は畿内、平形銅剣は瀬戸内海中部、銅矛・銅戈は九州北部といった分布図が成立しがたくなったといえよう。

▼青銅器文化圏の見直し

そもそも、こうした分布論は、昭和時代初期に和辻哲郎によっていわれ始めたものであり、近年の発掘成果とてらし合わせると矛盾も大きくなってきていた。

しかし、この分布図は、年と共に複雑化しつつも基本的には青銅器の文化圏の存在を主張し続けていたように思われるが、神庭荒神谷遺跡の出現で根本的な見直しが必要になったといえるであろう。

このように、神庭荒神谷遺跡が日本の古代史に及ぼしてきた影響は非常に大きく、日本列島の弥生時代に対する私たちの理解を一変させたといってもよいのである。

加茂岩倉遺跡の三九個の銅鐸

青銅器のクニ・出雲を決定づけた銅鐸の発見

▼全国で最多の銅鐸

神庭荒神谷遺跡の驚きから十年あまりたった平成八年（一九九六）の十月、神庭荒神谷遺跡から南東へ三、四キロメートルばかり行ったところから加茂岩倉遺跡がみつかった。

遺跡の場所は、宍道湖の南西、国道五四号線から西へ約二キロメートルほど入った細長い谷の奥にあり、近くには金鶏伝説をもつ大岩がある。

農道工事のさい偶然に銅鐸がみつかり、その後の発掘調査によって合わせて三九個の銅鐸が出土した。ひとつの遺跡からみつかった銅鐸の数としてはこれまでの最多である。これらの銅鐸は一括して国の重要文化財に指定され、遺跡も周辺の山や谷を含めておよそ一万九〇〇〇平方メートルの範囲が国の史跡として指定された。

南へ約一・六キロメートルのところには、景初三年（二三九）銘の銅鏡を出土したことで知られる神社古墳もあり、加茂岩倉遺跡を含めて、このあたり一帯は青銅器が多出する地域として注目される。

▼天の下造らしし大神の御

古代には、このあたりは、大原郡神原郷とよばれていた。八世紀のはじめに成立した『出雲国風土記』を開くと、神原郷のことを、

古老の伝へていへらく。天の下造らしし大神のを積み置き結ひしなり。則ち、郷と謂ぶべきを、今の人、猶、誤りて神原郷といへるのみ。

と記している。「天の下造らしし大神」、すなわちオオクニヌシが神宝をこの場所に積んだという伝承は、とても興味深い。

もちろんこれは伝承であり、歴史的に事実であるとかないとかということはできない。かつて、この「神宝」を景初三年銘銅鏡と考え、このオオクニヌシの神宝であるという意見があった。そして、今度は加茂岩倉遺跡から出土した三九個の銅鐸を神宝にあてようとする見解もでた。たしかに一か所からの発見としては最多の銅

加茂岩倉遺跡

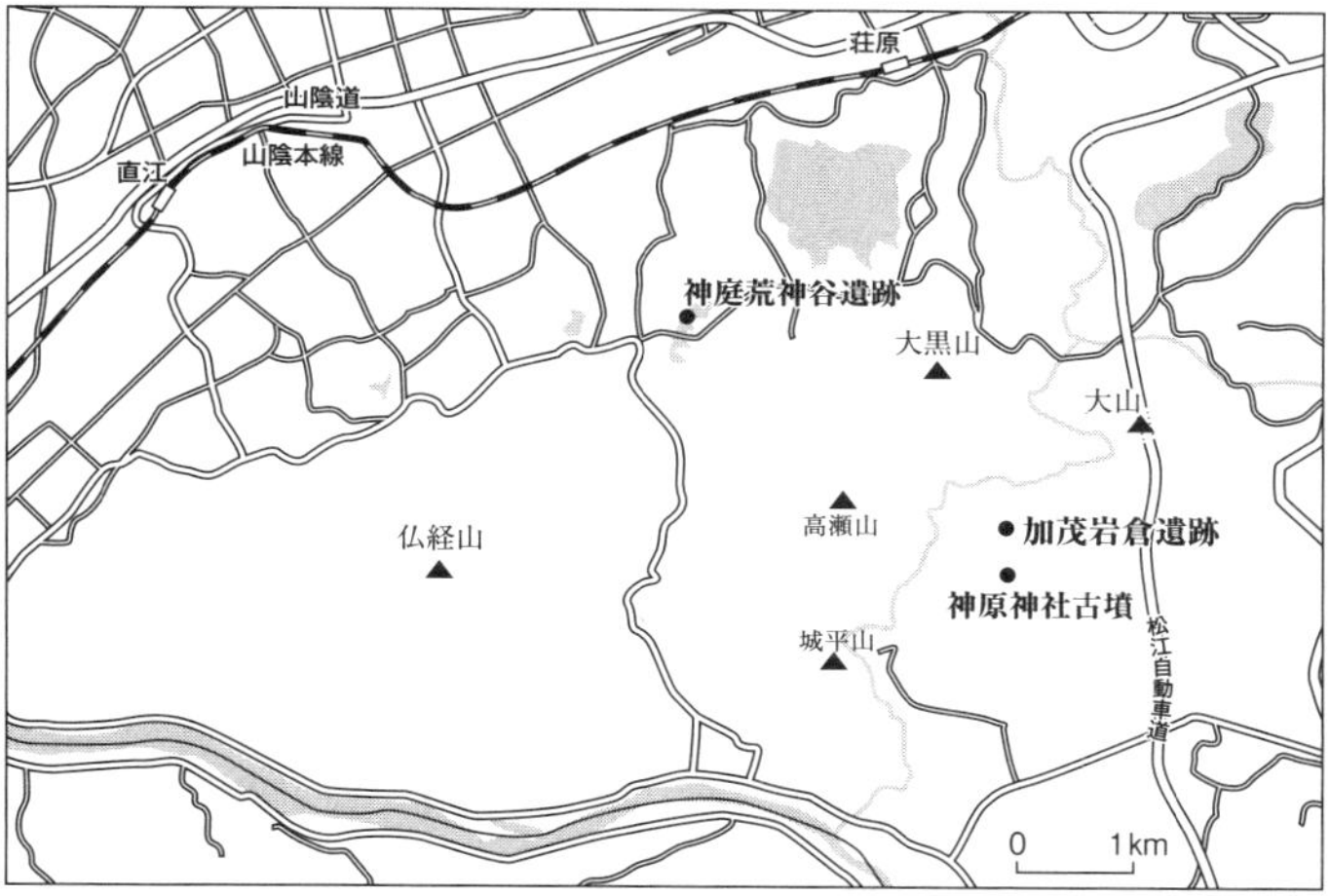

発見時の出土地

銅鐸群

鐸が実際に出現したのである。

また、『出雲国風土記』の神原郷の伝承も何か意味ありげの内容のようにも思える。したがって、両者の関係は気になるところであるし、両者を結びつけて考えようとする説もわからないではない。

しかし、こうした伝承と出現した考古遺物とを結びつけてとらえることにはあくまでも慎重さが必要であろう。

前述のとおり、『出雲国風土記』には、神宝を積んだと記されている。それに対して、景初三年銘銅鏡は、神原神社古墳からとしてみつかったものであるし、加茂岩倉遺跡の銅鐸は埋められていたものである。いずれも積まれていたものではないことに注意しなければならない。こうしたデリケートな相違にも十分な配慮が必要といえるであろう。

さらにいうならば、こうした伝承との関係もさることながら、加茂岩倉遺跡、神原神社古墳、神庭荒神谷遺跡という三者の関係を考える方が、より興味深いのではなかろうか。

入れ子・同笵品

さらに深まる加茂岩倉遺跡の謎

▼なぜ埋められたのか

銅鐸は不思議な青銅器であり、謎が多い。一般には、農耕の祭祀などに使用された祭器と考えられているが、それでは具体的にいかなる祭祀にどのように用いられたのかというと、わからないことが多い。

まず第一に、加茂岩倉遺跡のように、三九個もの多数の銅鐸がどうして埋められたのかという点についても結論はでていないのである。埋納の理由がよくわからないという点では、神庭荒神谷遺跡から出土した銅剣や銅鐸、銅矛についても同じことがいえる。

加茂岩倉遺跡の銅鐸は、標高約一三八メートルの丘陵斜面の中腹に埋められた状態でみつかった。農道を通す作業中のことであり、当初、土砂を切りくずしていた作業員は、緑色のバケツがでてきたと思ったというエピソードがある。

銅鐸を埋めた穴は、およそ二メートルと一メートルの長方形をしており、深さは約〇・四メートルほどであった。そして、丘陵斜面をカットして造り出した平坦面に掘り込まれていた。

出土した銅鐸は、高さ約四五センチの大型銅鐸が二〇個、それより一回り小さい高さ約三〇センチの小型のものが一九個の合わせて三九個であった。銅鐸の身には、僧侶の袈のようなもしくは流水の文様がほどこされていた。

これらの銅鐸のうち、一四組二八個の銅鐸は、大きな銅鐸の中に小さなものを収めた「入れ子」とよばれる状態でみつかった。それも、ただ大きいものに小さな銅鐸を無造作につっこんだというのではなく、あらかじめ大きな銅鐸に小型銅鐸をセットして、その周囲にていねいに土を入れて固定するといった手のこんだやりかたがなされていた。

どうしてこのようなことをしたのかも不明であるし、そもそもどうして入れ子の状態で埋められたのかも謎である。

銅鐸の置かれ方は、他の地域からの発見例と同様にの部分を地面につき立てるよ

■銅鐸の出土状況

加茂岩倉遺跡からは、39個の銅鐸が出土している。これは、ひとつの遺跡から見つかった銅鐸の数としては過去、最多である。丘陵の斜面を削り平坦な面をつくった上で、さらに掘り下げられていた。39個のうち14組28個が入れ子の状態で見つかり、土の付着状態から、もともと入れ子だったと推定される銅鐸も多いことから、加茂岩倉遺跡の銅鐸は、本来すべてが大小二個のペアになった入れ子の状態で埋められていたと推定される。なぜ、入れ子の状態で置かれていたのかは興味深い謎である。

■主な同笵品

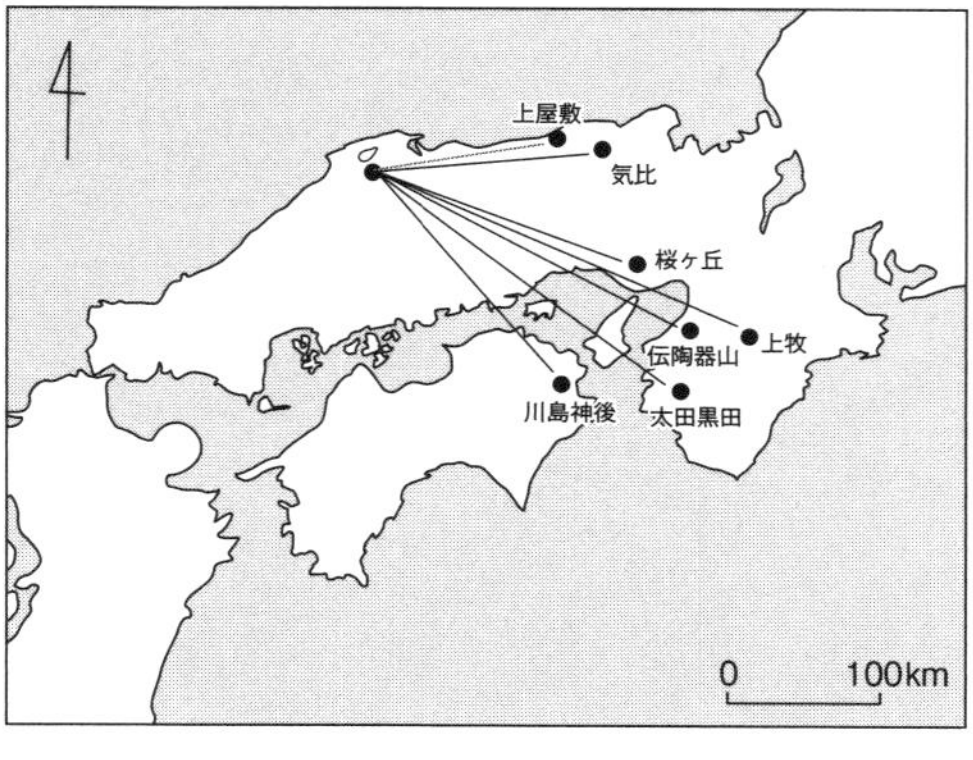

39個の銅鐸のうち8組15個に同笵関係が確認されている。同笵とは同じ鋳型からつくられたもののことで、鳥取・兵庫・和歌山・大阪・奈良・徳島県など広範囲で確認されている。しかし、鋳型が見つかっていないため具体的な製作地の特定は困難である。

うにしてあった。

銅鐸は弥生時代の中期末までにつくられたもので、後期にされたものを含んでいない。したがって、埋納された時期も弥生時代の中期末から後期初頭のころと考えられている。

これらの銅鐸の生産地については、発見当初は、畿内とする説が強かったが、次第に地元の出雲で造られたものも含まれているといわれるようになってきている。特に袈裟襷文のうち、縦帯と横帯とがクロスしている文様は他の地域では類例がなく、これらは出雲で造られたのではといわれている。

▼各地で見つかる「同笵品」

生産地を考える上で、同じから造られたの存在もみのがせない。三九個のうち八組十五個が同笵とされ、加茂岩倉遺跡内のもの以外に、鳥取県・大阪府・兵庫県・和歌山県・奈良県・徳島県から出土したものと同笵関係にあるものもある。これらの関係をどのように理解したらよいのかという点も大きな謎である。

銅鐸の文様

銅鐸に記された謎の「文様」と不可思議な「×」印

▼線画の中の生き物たち

みつかった三九個の銅鐸の身には、流水文や袈裟襷文が描かれていた。それらと共に、さまざまな生物たちの線画もみることができる。たとえば、一八号鐸や三五号鐸にはトンボの絵がみられる。トンボは水辺の昆虫である。そこから水が不可欠の農耕が連想され、銅鐸は農耕祭祀の場で楽器として使われていたのでは、ともいわれている。

トンボから銅鐸を農耕祭祀と結びつけてとらえることが正しいかどうかは別として、当時は今よりもずっと多くのトンボをみることができたであろうし、その点ではトンボは弥生時代の人びとにとって現代人よりはるかに身近な空飛ぶ生き物であったと思われる。

また、二三号鐸・三五号鐸などにはシカの絵がみられる。シカがこうした絵の素材になっているのは、おそらく当時において見慣れた動物であり、人びとになじみがあったからであろう。

これらの銅鐸線画として一般的なものの他に、少しばかり感じの異なる絵もみられる。たとえば、一〇号鐸のひもを通す部分であるの内縁にはカメの線画がみられる。この種のものは、これまでスッポンが多かったが、加茂岩倉遺跡のものはスッポンとは描き方がちがっていて、手の形などからウミガメであるといわれている。内陸部に位置する加茂岩倉遺跡からどうしてウミガメの絵をもつ銅鐸が出土したのかという点も興味深い謎である。

二三号鐸や三五号鐸にみられる奇妙な四つ足の動物も気にかかる。イヌとかイノシシとかともいわれているが、いずれも決め手にかけ断定することが難しい。ひとまず「四足獣」というのが穏当なところであるが、一体、何であるのかという点も興味深い。

二九号鐸の鈕の外縁に描かれたハート形の人物の顔も面白い。鈕の部分としては初めての例であるし、また、頬の部分には入れ墨のような弧線がみられるのも特異である。

23号鐸A面シカと四足獣

35号鐸A面シカと四足獣

18号鐸A面トンボ

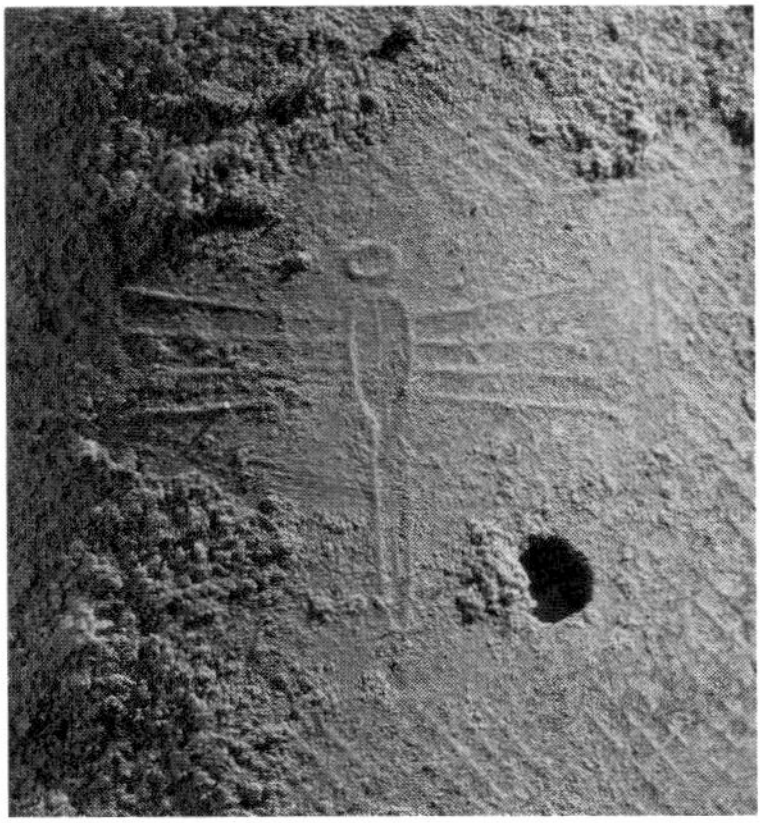

加茂岩倉遺跡からは全部で7個の絵画銅鐸がみつかっており、この他にも鈕にカメの絵（10号鐸）やハート形人面の絵（29号鐸）をもつものもでている。
描かれている絵は全体的にとても写実的といわれている。たとえば18号鐸のトンボなどは、頭部、胸部といった部分がきちんと区別されて描かれており、“見る銅鐸”であることを十分に意識したものとなっている。

▼「×」印がもつ意味

さらに、絵とはいえないかもしれないが、神庭荒神谷遺跡からでた銅剣のほとんどにみられた「×」印が加茂岩倉遺跡の銅鐸にも刻まれている。具体的にいうと、一四個の銅鐸の鈕の部に鋳造後、タガネ状の工具で打ちこまれている。この記号のような「×」印がもつ意味についても不明であるが、単に加茂岩倉遺跡の銅鐸からだけ考えるのではなくて、神庭荒神谷遺跡からでた銅剣と共にとらえる必要があろう。たとえば、「×」印を工房のマークとしてとらえ、神庭荒神谷遺跡とか加茂岩倉遺跡の青銅器を同じ工房で鋳造されたとする推測も可能かもしれない。また、「×」印が同じ集団によって、同じ時期に刻まれたとすると、両遺跡の青銅器が埋納されるまでのある時期いっしょに保有・保管されていたのではないか、という指摘もだされている。

加茂岩倉遺跡と古代史

「出雲型銅鐸」の発見は何を明らかにしたか

▼生産地の解明に届くのはいつか

神庭荒神谷遺跡からでた大量の青銅器によって、弥生時代にみられるとされた青銅器文化圏は崩壊したといってよいが、加茂岩倉遺跡からみつかった三九個の銅鐸は、それにダメ押しをした形となった。

これまで、銅鐸というと、すぐ畿内というイメージが強かった。しかし、加茂岩倉遺跡からでた三九個という銅鐸の数は、一か所からみつかった数としては最多のものである。このことからすぐに、銅鐸といえば出雲というわけにはいかないであろうが、それでもこの三九という数を無視することはできないであろう。いままで日本列島の各地で銅鐸がみつかっているが、その生産地はというと畿内にもとめら

■島根県の青銅器

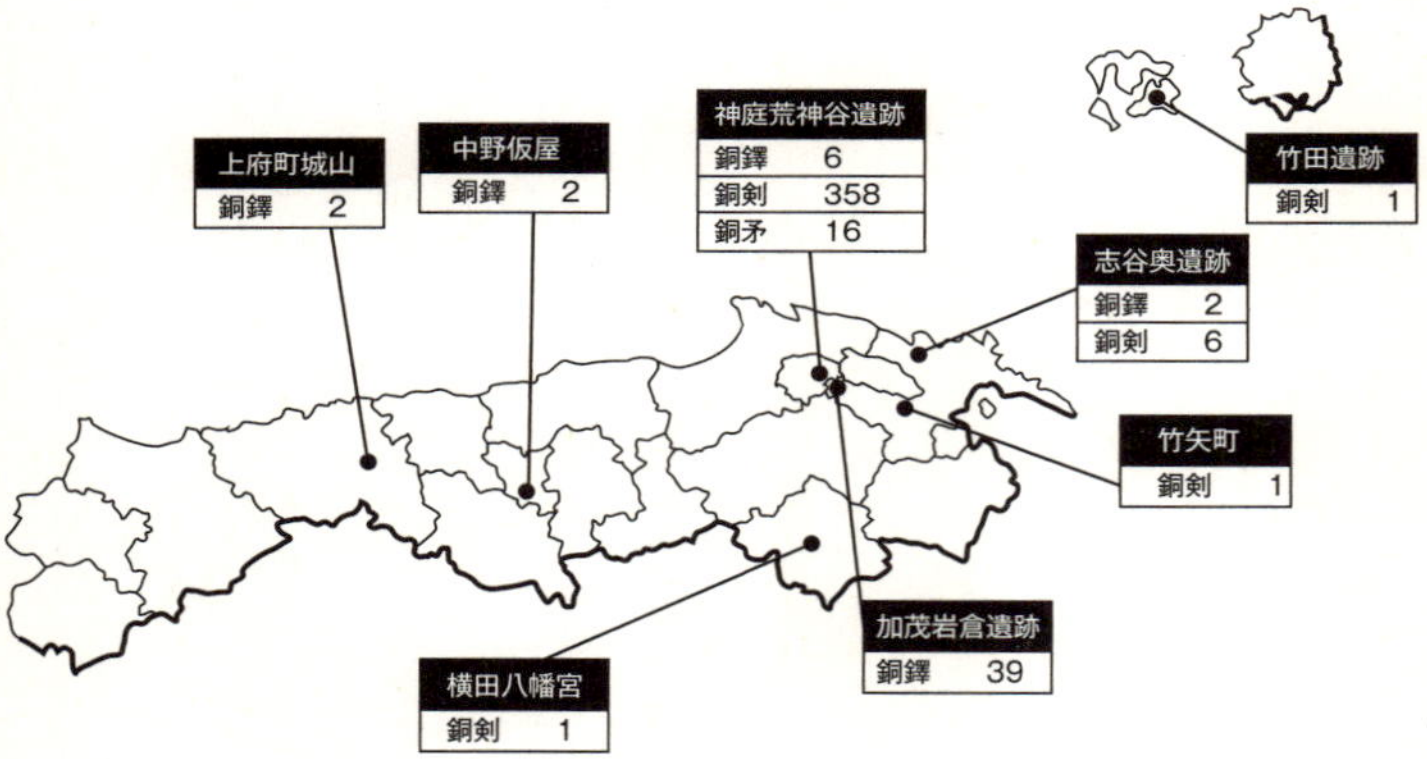

■袈の縦帯と横帯はクロスしていた

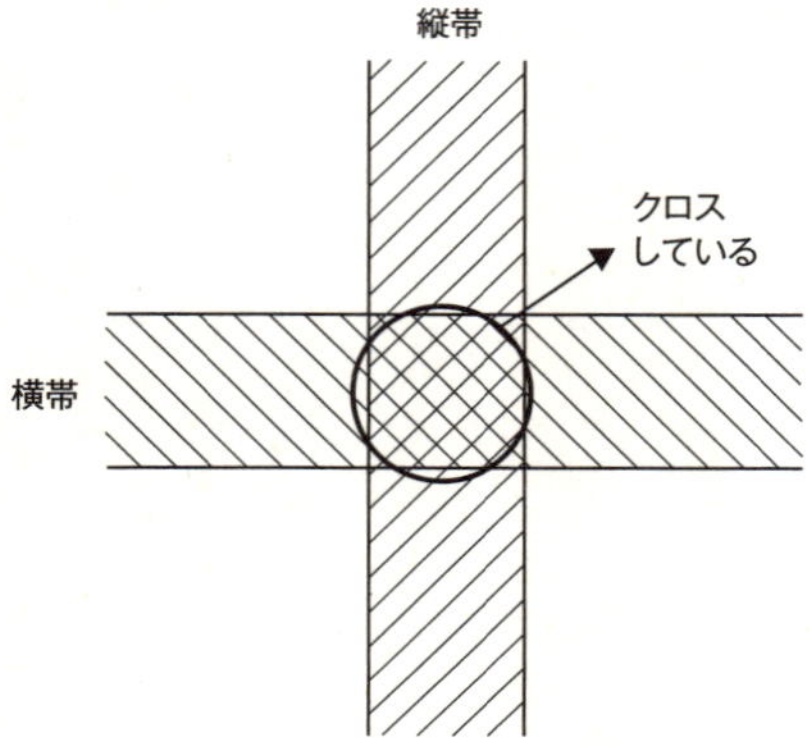

れることが多かった。加茂岩倉遺跡の銅鐸についても同様であった。しかし、銅鐸を検討していくうちに、袈の縦帯と横帯とがクロスしているものなど他に類例のみないものなどがあることがわかった。こうしたいわば出雲型ともいうべき銅鐸は、出雲で造られたのではないかという意見が強くなっている。ただ、今のところ鋳型が出雲にはでておらず、出雲産説の弱点となっている。

たしかに鋳型の問題は重要であるが、本来、鋳型というものは使用に耐えうる限界まで使われるものであるので、なかなか遺物としては残りにくいという面がある。しかし、昨今の発掘技術の進歩などからこうした弱点が克服される可能性は十分にあり、銅鐸の生産地の解明についても期待がもたれる。

4章

出雲と他の地域の関係をひもとく

大和・吉備との政治抗争

■出雲の服属時期

出雲と大和との関係で最も関心をもたれているのは、やはり、出雲の服属時期についてであろう。この問題は、出雲のみならず、山陰地域全体の服属時期にも影響を及ぼしてくる問題であり、いまだに結論が出ていない。

また、服属の過程も重要である。大和の勢力がどのように出雲へ迫り、出雲の首《しゅ》長《ちょう》たちにどのような圧力をかけたのかも興味深い問題である。というのは、従来から出雲の東部と西部は、最も重要な地域として意識されており、これらの両地域と大和とがどのような関係をもったのかということは、出雲の古代史を考える上で大きな意味をもっているからである。

これらの問題は、どれをとっても大きな問題であり、簡単に答えをみつけることはできない。しかし、『日本書紀』の崇神《すじん》天皇六十年七月十四日の条は、これらの謎の解明の糸口になる伝承である。もっとも、伝承という性格上、内容をすぐに歴史的事実とすることはできない。けれども、とり扱い方に気をつければ、そこには、実に興味あふれる世界がみえてくるように思われる。

■崇神紀六十年の内容

まず、伝承の内容を順にみていくことにしよう。そもそもは、崇神天皇が、武日照《たけひなてる》命によって天よりもたらされた出雲大神の神宝をみたいといい出したことに端を発している。さっそく、武諸隅《たけもろすみ》が出雲へ遣わされるが、このとき、出雲の支配者であった出雲振根《いずものふるね》は筑紫へ行っていて留守であった。そこで、振根の弟である飯入根《いいいりね》が、やはり弟の甘美韓日狭《うましからひさ》と子供の鸕濡渟《うかづくぬ》に命じて神宝を大和へ貢上してしまう。しばらくして筑紫よりもどった振根は、神宝を献上してしまったことを知り、どうして数日まつことができなかったのかと飯入根を叱責する。

数年たっても、振根の憤怒の心はおさまらず、ついに飯入根を殺害しようと決心する。そこで、一計をたくらむことになる。まず、あらかじめ真刀に似た木刀を作り、それを身につけ、そして、弟の飯入根を萋《も》を見にいこうといって誘い出して止屋《やむや》の淵《ふち》へとつれていく。

止屋の淵へくると、兄の振根は、水がとてもきれいだから水浴をしようと弟を誘う。兄弟は共に身につけていた刀を淵の辺において水浴を楽しむことにする。ところが、兄はさっと水からあがり、弟の刀（真刀）をとって身につけてしまう。驚いた弟も水からあがり、兄の刀（木刀）を手に取る。そのあと兄弟は、共に戦うのであるが、あざむかれて木刀を握らされた弟の飯入根はついに撃ち殺されてしまう。

この事件のあと、甘美韓日狭と鸕濡渟は、朝廷に参上して、ことの次第を詳細に奏上することになる。その結果、吉備津彦《きびつひこ》と武渟河別《たけぬなかはわけ》が出雲へ派遣され、出雲振根は誅殺されてしまう。これに恐れをなした出雲臣らは出雲大神を祀ることをやめてしまう。

しばらく時を経たのち、丹波国氷上《ひかみ》郡の人で氷香戸辺《ひかとべ》という人が、皇太子に、自分の子がしゃべった不思議な言葉を伝える。このことを皇太子が天皇に奏上したところ、天皇は出雲大神の祭祀をおこなうように命じたという。

以上が崇神紀六十年条にみられる伝承の概要である。この伝承は、いままでにも大和政権への出雲の服属を示す史料として、しばしばとりあげられてきたものである。しかし、いまだに多くの問題点がのこされていることも事実である。

■伝承を読み解く

伝承は、天皇（大王）である崇神が、出雲大神の神宝を「見《み》欲《ほま》し」というところから始まっている。これは、ただみたいというのではなく、神宝の献上を命じたわけであり、とりもなおさず祭祀権を奪うことによって、出雲を支配しようということに他ならない。

ここにみられる神宝が具体的に何をさすかについては不明であるが、伝承には武日照命が天よりもってきたと記されている。武日照命は、天穂日命の子で『古事記』には出雲国造の祖とされている。

この神宝献上を命じられたとき出雲側の支配者は、「出雲臣の遠祖出雲振根」であった。この人物は、『出雲国風土記』の出雲郡健部《たけるべ》郷の条に登場する神門臣古祢《かんどのおみふるね》と同一人物かともいわれている。健部郷の条は、景行天皇が健部を設定して、神門臣古祢を健部にしたという内容をもっている。『出雲国風土記』の健部郷の記載をふまえるとすると、振根（古祢）は、出雲の西部に位置する出雲郡のあたりを拠点として勢力をはっていたと思われる。とするならば、崇神紀六十年条は、直接的には大和と出雲西部との抗争と読みとることもできよう。

また、振根が神宝を献上した弟の飯入根を怨んで謀殺する方法は、『古事記』の景行天皇の段にみえるヤマトタケルがイズモタケルを殺害する方法と同様である。この点も興味深い類似といえよう。

飯入根を謀殺した振根も結局、大和からの命を受けた吉備津彦《きびつひこ》と武渟河別《たけぬなかわけ》とによって誅殺されてしまうのであるが、ここに登場する二人の将軍は、記・紀にみられる四《し》道《どう》将軍としても知られる人物である。

四道将軍とは、崇神天皇によって国土平定のために四方へ派遣された伝説の将軍たちのことである。具体的には、『日本書紀』では、大彦命を北陸へ、武渟河別を東海へ、吉備津彦を西海へ、丹波道主命を丹波へとそれぞれ派遣したことになっている。一方、『古事記』をみると、大毘古命を高志道に遣わし、その子の津沼河別命《たけぬなかはわけのみこと》を東のほうの十二道に派遣してまつろわぬ人々を征服し、日子坐王《ひこいますのみこ》を旦波国《たにはのくに》に遣わしたと記されている。『古事記』には四道将軍としての吉備津彦の姿がみえないのが特徴である。

しかし、『古事記』には、吉備津彦のことがみられないのかというとそうではない。崇神天皇の三代前の孝霊天皇の段に、大吉備津日子命《おおきびつひこのみこと》と若建吉備津日子命《わかたけきびつひこのみこと》による吉備平定伝承がみられる。この二人のうち、大吉備津日子命が、とりもなおさず吉備津彦にあたるのである。そして、吉備の平定を終えた大吉備津日子命（吉備津彦）は吉備上道臣《かみつみちのおみ》の祖となり、若建吉備津日子命は吉備下道臣《しもつみちのおみ》と笠臣の祖となったとされている。

こうした四道将軍の伝承をふまえて、崇神紀六十年条にふたたび目をもどすと、とりわけ、吉備津彦の存在が興味深い。なぜなら、吉備津彦を吉備の象徴として考えるならば、崇神紀六十年条は、大和、そして大和の命を受けた吉備と振根が支配している出雲西部との抗争の反映とみることも可能であるからである。もちろん、崇神紀六十年条は、伝承であり、どこまで歴史的事実、もしくはその反映とみてよいかについては慎重にならなければならないが、さらに新たな世界を予感させる伝承でもあるように思われる。

宗像との連合関係をめぐって

■出雲と宗像の類似性

出雲と九州北部の宗像《むなかた》とについては、古代、それも大化前代から関連があったとされている。その根拠としては、記・紀神話にみられる両地域の親密性があげられている。また、日本海を九州から北陸へ向かって流れている対馬海流を媒介とした海人たちの活動もよくいわれるところである。

これらは、出雲と宗像との交流を直接的に示すものではないが、両地域間に何かしらの交流があったであろうことは十分に予測させられる。しかし、具体的な交流状況はというと、なかなか明確にすることは難しい。

史料的に出雲と宗像との関係の深さを示すものとしては、やはり、記・紀神話が重要であるが、その他のものとして、律令制下において出されているいくつかの太政官符もみのがせない。このことはとりもなおさず、律令時代においても出雲と宗像との間には、何らかの関連性があったことをものがたっている。こうした記・紀神話にみられる関係性と太政官符などにみられる関連性の背景には何があるのであろうか。

■律令制下の出雲と宗像

まず、律令制下において、国家から出雲と宗像がどのように扱われていたかというと、いくつかの共通点をみつけることができる。言葉を変えると、律令国家によって出雲と宗像とは同レベルでの扱いを受けている場面がいくつかみられる。たとえば、『続日本紀』の文武天皇二年（六九八）三月九日条には、出雲氏と宗像氏とに限っては、評造（のちの郡司）に三等親以上の親族の連任が認められている。

一般的には、同じ郡の郡司の四等官《しとうかん》に三等親以上の親族が複数つくことは禁じられており、これは律令国家の基本方針であった。それにもかかわらず、出雲と宗像とについて、特例が認められた理由のひとつとしては、出雲氏の拠点である意宇郡には熊野大社、宗像氏の拠点の宗像郡には宗像大社がそれぞれ鎮座していて、神郡であることがあげられる。こうした神郡は、他に伊勢・安房・常陸・下総・紀伊などの諸国にもあり、『続日本紀』の養老七年（七二三）十一月十六日条には、これらの国々の神郡での三等親以上の連任が許可されている。

こうしたことから、出雲氏と宗像氏とに特権が与えられた理由として、それぞれの本拠地が神郡であったということができるが、それのみでは説明しきれない面もある。なぜなら、神郡のなかでも、出雲氏と宗像氏とは、他の地域に先がけて共に特例を認められているからである。

さらに、共通点をさがしてみよう。出雲氏と宗像氏とは、意宇《おう》・宗像両地域の評造、のちには郡司として代々、勢力を保持してきた一族であるが、『類聚三代格《るいじゅうさんだいきゃく》』に所載されている。延暦《えんりゃく》十七年（七五九）三月二十九日付の太政官符をみると、出雲氏が国造と意宇郡の大領（郡司の長官）を兼ねることを禁止している。また、それとともにこの太政官符には、出雲氏が慶雲三年（七〇六）から国造と意宇郡の大領を兼任してきたとも記されている。

この延暦十七年の太政官符は、出雲国造が意宇郡から出雲郡へと拠点を移動した契機になった事件としてとりあげられることがしばしばある。意宇郡を本拠としていた出雲国造が、いつ現在の出雲大社のある出雲郡へ移ったのかという問題は、出雲古代史のなかでも重要な問題であるが、その時期を特定することはなかなか難しい。一般的には、延暦十七年のこの太政官符で意宇郡の大領を解任された出雲国造は、これを契機に出雲大社の神事に専念するために意宇郡から出雲郡へと、その居所を変えたのであろうといわれている。

出雲国造の移動時期についてはさておいて、延暦十七年の太政官符にもどるならば、この段階で、出雲国造は意宇郡の大領を解任されている。そして、この二年後、宗像氏も宗像郡の大領を同様に解かれているのである。『類聚三代格』の延暦十九年（八〇〇）十二月四日付の太政官符には、宗像大社の神主と宗像郡の大領とを兼任することを禁止するということが詳しく述べられている。この太政官符によると、宗像郡の大領には、宗像大社の神主が任命されるのが通例であり、同時に五位を授けられていた。

こうした通例が禁止されたのは、当時おこなわれていた郡司の任用規定の変更によるところが大きい。それまで郡司は、譜第《ふだい》、すなわち大化前代《たいかぜんだい》において国造であった名族から優先的に採用されていたのであるが、その政策が改められたのである。こうした政策の転換は、出雲氏や宗像氏などの譜第の名族にとっては大きな打撃である。それに加えて、宗像氏の場合には、神主と宗像郡大領を兼任していた宗像朝臣池作が延暦十七年二月二十四日に死去しており、このこともダメージになったであろう。

さらに、延暦十七年には、もうひとつ十月十一日に興味深い太政官符が出されている。その内容はというと、出雲国造が「神宮の采女《うねめ》」ということにかこつけて、多数の女子をめとることを禁止したものである。そして、太政官符の最後は、「筑前国の宗像神主、此れに准《なら》へよ」でしめくくられている。ここでも、出雲国造と宗像神主は同じレベルで扱われているのである。

いくつかの例をあげて、律令制下における出雲と宗像との共通性についてみてみた。これらのことから、国家は出雲と宗像とを同じように扱っていることがうかがわれたと思う。次に、視点を変えて、記・紀神話の面からみた出雲と宗像との関係性についてみることにしたい。

■神話に残る出雲と宗像の「接点」

神話の面からみた出雲と宗像の関連性については、これまでもさまざまな角度からとりあげられてきた。一例をあげると、神話にみられる出雲と宗像の関連性の基盤として環日本海を共通の基盤とする漁撈文化を想定する見解がある。ここでは、こうした成果に導かれながら、出雲と宗像の関係を記・紀神話からみることにしたい。

まず、最初にアマテラス大神とスサノオ神とによるウケイの場面をみてみよう。『古事記』によると、アマテラス大神がスサノオ神の剣をとり、そこから多紀理毗売命《たきりびめ》・市寸島比売命《いちきしまひめ》・田寸津比売命《たきつひめ》の宗像三女神を産み出す。それに対して、スサノオ神は、アマテラス大神の玉をとり天之忍穂耳命《あめのおしほみみ》をはじめとする五柱の男神を産むことになる。このさい、宗像三女神はスサノオ神の剣から誕生したので、スサノオ神の子神ということになる。そして、『古事記』には、

多紀理毗売命は、胸形《むなかた》の奥津宮《おきつみや》に坐す。次に、市寸島比売命は、胸形の中津宮に坐す。次に、田寸津比売命は、胸形の辺津宮に坐す。此の三柱の神は、胸形君等のもちいつく三前の大神なり。

と記されており、ここから宗像三女神は、宗像氏が祭祀する神であることが知られるのである。

また、多紀理毗売命については、『古事記』にみられるオオクニヌシ神の神統譜の

中にも姿をみせており、

> 故、此の大国主神、胷形の奥津宮に坐す神、多紀理毗売命を娶《めと》りて生みし子、阿《あ》遅鉏高日子根《ぢすきたかひこね》神、次に妹高比売《いろもたかひめ》命、亦の名は下光比売《したてるひめ》命。此の阿遅鉏高日子根神は、今、迦毛大神と謂ふなり。

とあることから、オオクニヌシ神と婚姻を結んでいることが知れる。

スサノオ神とオオクニヌシ神は、いうまでもなく典型的な出雲系の神であり、記・紀神話では、スサノオ神の神裔がオオクニヌシ神となっている。しかし、厳密には、『古事記』と『日本書紀』とでは微妙な差異がみられる。

たとえば、『古事記』では、スサノオ神の神統譜は、スサノオ神→八島士奴美《やしまじぬみ》神→布波能母遅久奴須奴《ふはのもじくぬすぬ》神→深淵之水夜礼花《ふかふちのみずやれはな》神→淤美豆奴《おみづぬ》神→天之冬衣《あめのふゆきぬ》神→オオクニヌシ神となっている。これに対して、『日本書紀』をみると、本文では、スサノオ神と奇稲田姫との間の子神が大己貴神、すなわちオオクニヌシ神としている。また、第二の一書では、スサノオ神の六世の孫がオオクニヌシ神となっている。

このように、『古事記』と『日本書紀』とでは、スサノオ神とオオクニヌシ神との関係に微妙な違いはみられるものの、スサノオ神の神裔がオオクニヌシ神であるという点では一致している。また、『古事記』から確認できるように、宗像三女神のなかの一神である多紀理毗売命は、スサノオ神の子神であると同時に、スサノオ神の神裔のオオクニヌシ神の后神であるという複雑な関係性をみせている。いわば、多紀理毗売命は、二重に出雲系の神と結びついているといえる。

このように、出雲と宗像とは、神話的にみても、密接なつながりをもっている。それでは、こうした関係性は一体、何によるのであろうか、という点がますます興味深くなってくる。

■共通性の背景

ここであらためて律令制下において、出雲と宗像とが国家によって、同じレベルの扱いを受けているということの理由を考えてみると、ひとつの推測が生まれてくる。それは何かというと、まだ出雲と宗像とが大和の支配圏に組みこまれる以前において、両者の間に政治的な連合関係があったのではなかろうかという推定である。ヤマト政権の国土統一の過程において、こうした制圧の対象とされた地域が相互に連合したり同盟したりしたであろうということは想像に難くない。

たとえば、いままでにも越を中心に「ケタ政治圏」という構想が展開されている。これは、ケタという地名や神社名をひとつの拠り所として、北陸を中心に西は出雲のあたりにまで及ぶ政治圏を想定したものである。また、出雲を中心とした「山陰地方連合体」という考えも出されている。これは、四隅突出型墓という墓制や神庭荒神谷遺跡・加茂岩倉遺跡から大量出土した青銅器を根拠にして、弥生時代後期に山陰地方一帯に出雲西部を中心とする連合国家が存在していたとするものである。これらの構想については、今後さらにさまざまな角度からの検討が必要であろうが、発想自体は非常に魅力的といえよう。

出雲と宗像との間に、ヤマト政権の統一過程の段階で、政治的な連合があったと仮定していままでみてきた神話に目をやると、オオクニヌシ神と多紀理毗売命との間の婚姻関係を出雲と宗像との間の政治的連合の反映とみることもできよう。さらに、スサノオ神の子神が多紀理毗売命であることは、出雲が主で、宗像が従の連合関係と憶測することも可能であるかもしれない。もちろん、神話はあくまでも神話であり、やたらに歴史的事実に結びつけることはつつしまなければならない。しかし、一方で、記・紀神話の性格が多分に政治的であるという点に着目するならば、こうした想定も評されるのではなかろうか。

さらに、出雲と宗像との連合を示唆するものとして、『日本書紀』の崇神天皇六十年七月十四日の条がある。この伝承は、崇神天皇が出雲大神の神宝をみたいといった内容で、ヤマト政権への出雲の服属を示す史料として重要なものである。しかし、ここで注目したいのは、大和から神宝を貢上するように使者が出雲へやってきたさいに、出雲側の最高責任者である出雲振根が筑紫へ行っていて留守であったことである。

大和からの外圧が強まるなかで、出雲の支配者であった振根が九州へ出むいていて留守であるというのは、一見すると不自然で理解しがたい気がする。しかし、それにもかかわらず、こうしたことが記されているということは、そこに何か重要な意味が隠されているとも考えられる。

というのは、こうした大和からの圧力が現実に迫ってきている時期に、振根が出雲を留守にしてわざわざ筑紫へおもむいているのは、大和からの圧力への対策のためと解釈することが最も穏当ではなかろうかと考えるからである。そして、このことは、とりもなおさず、出雲と筑紫（宗像）との間に政治的な連合関係があったことをうかがわせるものではなかろうか。

越との交流

■美保をめぐる二つの神話

古代の日本海沿岸地域の中でも、出雲と越とは重要な位置を占める地域であり、いままでも多彩な研究成果がみられる。『出雲国風土記』を使ったものもあげられるが、その内容をみると出雲と越との間に交流があったであろうことを示唆する事例として用いられるのが一般的のようにみうけられる。

たしかに、『出雲国風土記』にみられる越関係の伝承は、分量的にもさほど豊富とはいえず、したがって、そこから得られる情報についても必ずしも多いとはいえない。しかし、『出雲国風土記』を注視すると、合わせて六か所、越との関係を示す神話・

伝承を確認することができる。
まず、最初に目をひくのが国引き神話である。国引き神話は、『出雲国風土記』にのみ記載がみられる神話であり、全部で四回の国引きを八束水臣津野命がおこなって、島根半島を形成するという内容をもっている。この四回の国引きのうち、最後の国引きに目をやると、

亦、「高志の都都の三埼を、国の余りありやと見れば、国の余りあり」と詔りたまひて、童女の胸鉏取らして、大魚のきだ衝き別けて、はたすすき穂振り別けて、三身の綱うち挂《か》けて、霜黒葛《しもつづら》くるやくるやに、河船のもそろもそろに、国来々々と引き来縫へる国は、三穂埼なり。持ち引ける綱は、夜見島なり。堅め立てし加志は、伯耆国なる火神岳、是なり。

と記されている。ここに登場する「高志の都都の三埼」が現在のどこにあたるかについては、いまだに諸説がある。高志に関しては、北陸地方に相当するということで問題はないが、都都の三埼をめぐっては、いろいろな説があって結論が出ていない。しかし、能登半島と考えるのが一般的であろう。そこにある珠洲の古称《こしょう》が「都都」ではないかといわれている。

しかし、この通説とは異なる有力な見解も出されている。それは、現在の新潟県上越市の直江津付近の岬とする説である。その根拠としては、『出雲国風土記』の島根郡の美保郷の条に、高志（越）の女神のヌナガワヒメ命がみられることと、平安時代の百科辞書である『倭名類抄聚《わみょうるいじゅうしょう》』の中に越後国頸城《くびき》郡の地名として「沼川（奴乃加波）」、「都有（豆宇）」などがあげられていることを関連づけてとらえ、この頸城郡にあたる直江津を都都の三埼としている。

都都の三埼を考える際には、このあとふれるように『出雲国風土記』の島根郡の美保郷の条にみえる奴奈宜波比売命が越のどこを拠点とする女神なのかということがキー・ポイントになると思われる。その点からいうと、現在の直江津付近を想定することには問題があるように思われる。なぜならば、考古学の立場から奴奈宜波比売命を翡翠《ひすい》を象徴した女神として、現在の新潟県糸魚川市とその周辺に女神の拠点を考える見解もみられるからである。さらに、奴奈宜波比売命の拠点を特定の場所に限定して考える必要はないとする説もあり、奴奈宜波比売命という神名やその神格をも含めた全体的な検討が必要なように思われる。したがって、都都の三埼については、いまのところ北陸地方というのに留めておくのが穏当であろう。

また、三穂、すなわち美保《みほ》は、島根半島の東端に位置していて、東・北・南の三方を日本海に囲まれている。現在の美保関町にあたり、陸上交通の面から考えると隔絶されているようにみうけられるが、海上交通の面からいうと、良い港に恵まれ、古くから要地とされていた。日本海に突き出した東端部分は地蔵崎といわれていて、その名の由来は、地蔵があったことによるといわれており、隠岐から出雲へいたるさいの目印の役割を果たしていたとされる。地蔵崎は、『出雲国風土記』にも美保埼という地名で記載されており、「周りの壁《きし》は峙《そばだ》ちて𡾛《さか》しき定岳《やま》なり」とのべられていることからもわかるように、古代から目印としての機能を果たしていたと思われる。また、美保は、内海と外海のちょうど中間点にあたるため、内外の海上交通の拠点として各地の船が出入りし、そのために遅くとも一三世紀の半ばには海関が設けられていたという指摘もある。

こうしたことから考えて、美保は古代から海上交通のひとつの拠点であり、他の地域との交通もさかんであったと考えられる。たとえば、『出雲国風土記』の島根郡の美保郷の条をみると、

天の下造らしし大神命、高志国に坐す神、意支都久辰為命《おきつくしい》の子、俾都久辰為命《へつくしい》の

子、奴奈宜波比売命《ぬながはひめ》に娶《あ》ひまして、産みまし神、御穂須須美命《みほすすみ》、是の神坐す。故、美保といふ。

と記されている。天の下造らしし大神、すなわちオオクニヌシ神が越のヌナガワヒメ命のもとに通い、その結果、生まれたミホススミ命が鎮座しているので、この地を美保と称するというのである。この神話は、『古事記』にみられるヤチホコ神（オオクニヌシ）とヌナガワヒメの神婚伝承と類似しているが、『古事記』には、ミホススミ命はまったく登場してこない。

このミホススミ命の鎮座という点については、『出雲国風土記』の島根郡の神社記に神祇官社として「美保社」がみえ、さらに、美保浜の条に、

西に神社有り。北に百姓の家有り。志毗魚を捕る。

と記されていて、位置的には浜の西部に美保社があったことがわかる。すなわち、美保郷の地主神《じぬしがみ》としてのミホススミ命は、美保社に祀られていて、その社の位置は美保浜であるということになる。この美保社の場所が美保郷の中でも海浜部にあるということは興味深い。というのは、美保社は、その鎮座地から海と深い関係をもっていることが明らかであり、このことはとりもなおさず、美保郷が海を媒介として越と強い

関わりをもっていることをうかがわせるからである。

国引き神話が、美保と越との間を土地という目にみえるものを通した関係性で示しているのに対して、ミホススミ命の伝承は、神という目にみえない精神的なものを通して美保と越との関係性をのべているといってよいであろう。この点で、越の都都の三埼とヌナガワヒメ命の子であるミホススミ命とは、可視的なものと不可視的なものという差こそあるものの、本質的には同じ次元と認識することができるように思われる。したがって、都都の三埼がどこかという問題にしても、越におけるヌナガワヒメ命の信仰圏の解明が大きなポイントになると考えられる。

■八口平定神話と越

次に、越の八口平定にかかわる二つの神話をとりあげることにする。まず、ひとつめは、意宇《おう》郡の拝志《はやし》郷にみられるもので、その内容は、

天の下造らしし大神命、越の八口を平《ことむ》けむとして幸しし時、此処の樹林茂り盛りき。その時、詔《の》りたまひしく、「吾が御心の波夜志《はやし》」と詔りたまひき。故、林といふ。神亀三年、字を拝志と改む。即ち正倉あり。

というものである。天の下造らしし大神命であるオオクニヌシ神が、拝志郷から越の八口を平定しに出かけようとした際、木々が盛んに繁って林となっていたのを目の当たりにして、自分の心も高ぶったというのである。ここにみられる八口については、地名であろうと思われるが、くわしいことは不明である。記・紀神話と関連づけてとらえようとする立場からは、八岐大蛇退治神話との共通性もいわれているが、一方では、八岐大蛇退治の主人公がスサノオ神であるのに対して、八口平定の場合にはオオクニヌシ神であり、同様に扱うことはできないともいわれている。こうした指摘は重要であり、何よりも八岐大蛇と八口とを同質のものとしてとらえることができるかどうか慎重に検討しなくてはならないであろう。

したがって、越の八口という点からは、越すなわち北陸地域というところまでで留めておくのが妥当であろう。

次に、拝志郷の方に目をやるならば、宍道湖の南岸にあたり、現在、玉造温泉で知られる玉湯《たまゆ》町の林、大谷地区と宍道《しんじ》町の来待地区とを含む一帯にあたる。宍道湖に面していることからも明らかなように、海上交通の至便の地ということができ、八口平定に出発する地という舞台としてもうなずける。もちろん、神話はあくまでも神話であり、ここからすぐに出雲による越遠征の実体の有無をいうことはできない。けれども、地理的な環境を考えにいれるならば、拝志郷を舞台に出雲と越との間に交流があったとしても不思議はないであろう。

それに対して、八口平定に関するもうひとつの神話の舞台である意宇郡の母理《もり》郷には、地理的環境について検討しなければならない点が残されている。まず、神話の内容をみると、

天の下造らしし大神、大穴持命、越の八口を平け《ことむ》賜ひて、還りましし時、長江山に来まして詔りたまひしく、「我が造りまして、命らす国は、皇御孫《すめみま》命、平らけく世知らせと依さしまつらむ。但、八雲立つ出雲国は、我が静まります国と、青垣山廻らし賜ひて、玉珍《たま》置き賜ひて守らむ」と詔りたまひき。政、文理《もり》といふ。神亀三年、字を母理と改む。

となっている。ここには、一種の国譲り神話の要素も含まれている。すなわち、天の下造らしし大神であるオオクニヌシ神が越の八口を平定してもどってきた際、長江山において国譲りを宣言するわけであるが、このとき出雲だけは譲らず、青垣山をめぐらせて、「玉珍《たま》」を置いて守ると主張している。

ここにみえる長江山は、『出雲国風土記』によると、水晶を産出したことが記されている。オオクニヌシ神が長江山で、出雲は玉を置いて守る、といったとするこの神話の背景には、ここが水晶の産地であるということがあるのかもしれない。長江山は、現在の伯太町の永江山とも青垣山ともいわれているが、いずれにしても内陸部にあり、出雲と伯耆両国の境界付近である。

また、母理郷は、現在の伯太町の母理・東母理・西母理に相当するとされている。したがって、完全に内陸部ということになる。こうした内陸に越の八口平定に関する神話があるということは興味深い。というのは、この神話の背景に、出雲と越との間の交流を想定するとするならば、当然のことながらそのルートが問題になってこよう。神話をみるかぎり、長江山が地名としてあげられているので、内陸部の山越えのルートが考えられる。こうした陸路の存在も否定することはできないが、越との交流という点では、やはり海上交通を思い描くのが一般的であろう。その点で内陸の母理郷は、一見して八口平定にかかわる神話の舞台としてふさわしくないように思える。

こうした違和感を解消するものとして、河川交通に目をむけてみたい。『出雲国風土記』の意宇郡の河川の列記の条をみると、一番はじめに伯太川がみられ、

源は仁多と意宇と二つの郡の堺なる葛野山より出で、北に流れて母理・楯縫・安
来の三つの郷を経て、入海に入る。年魚・伊久比あり。

と記されている。つまり、伯太川の水源は、意宇郡と仁多郡との堺にある葛野山であり、そこから北流して母理郷・楯縫郷、そして安来郷の三つの郷を流れて現在の中海である入海へと注ぎこんでいる。

伯太川は、現在も一級河川として存在しており、島根県東部の代表的な河川である。そして、上流をたどるならば、『出雲国風土記』にみられる葛野山に源を発し、安来市を北に流れて中海に注いでいる。流路の総延長は約二五キロメートルであり、最大川幅は一六〇メートル、最高水位は二・五五メートルである。伯太町の母理から下流では、ほぼ一直線の流路になっている。

こうした伯太川の流れは、いうまでもなく現在のものであり、古代における流路とはかぎらない。たとえば、『島根県の地名』（平凡社）をみると、母理から下流の直線的な流路について、

安来市の九重《くのう》町と月坂《つきざか》町山辺《やまべ》間の流路は近世に人工的に山地を切開いたものであり、それ以前は現在の九重町と宇賀荘《うがしょう》町間から早田《そうだ》町、佐久保《さくぼ》町の迂回曲路を

流下していた。

と記し、それに続けて、

さらに古くは現安来市大塚町才ヶ崎《さいがさき》付近で左折し、現在の吉田《よしだ》川とほぼ同じ流路で西流し、現能義《のぎ》町辺りで飯梨川と合流していたようだ。

としており、これらのことからも理解できるように、古代の伯太川の流路を明らかにすることは難しい。けれども、母理郷を経由して入海へ達していることは確認することが可能である。また、水源から河口までの距離などから考えて、古代においても伯太川はすでに大河川であったことがうかがわれる。したがって、伯太川を利用した船による交通は、十分に想定することができよう。

さらに、伯太川が注いでいる入海、すなわち中海に目をやると、現在、境港市を先端とし、米子市をつけ根とする弓ヶ浜が自然の堤防の役割を果たしていて、中海全体がまるでひとつの大きな潟湖のような様相をみせている。それでは、こうした状況は古代にはどうであったかというと、『出雲国風土記』には弓ヶ浜は夜見島と記されている。つまり、弓ヶ浜は、現在のような陸繋島《りくけいとう》ではなく、島であったのである。一体、どれくらいの規模の島であったかについては不明であるが、弓ヶ浜のつけ根にほど近いところにあり、現在も米子市彦名の一部になっている粟島《あわしま》が、『出雲国風土記』では、島として記されている。このことから、弓ケ浜のつけ根は陸化していないことは確かで、おそらく船による通航が可能であったと思われる。まさに夜見島は、海上に横たわる巨大な自然堤防といった感があったであろう。

このことは、とりもなおさず現在よりも『出雲国風土記』が成立した天平五年（七三三）、つまり八世紀初めの段階のほうが、より船舶の通航という点では便利であったであろうことをものがたっていよう。そして、当然のことながら、船舶の出入りは頻繁であったことと思われる。

こうしたことを考え合わせると、越との交流のルートとして、海上から入海（中海）へ入り、さらに、そこから伯太川を利用して上流へと向かうというコースも想定されてよいであろう。つまり、内陸に位置する母理郷にも越と交流するチャンスは十分にありうるということになるのである。

■神門郡と越

出雲の西部に位置する神門郡にも越に関わるものが二つみられる。そのひとつは、古志郷の条である。

即ち郡家に属《つ》けり。伊弉奈弥《いざなみ》命の時、日淵川を以ちて池を築造《つく》りき。その時、古志国の人等、到来《き》たりて堤を為《つく》りき。即ち、宿り居し所なり。故、古志といふ。

これがその内容であり、伊弉奈弥命の時代に日淵川という川の水を引いてきて池をつくったというのである。そして、そのとき工事にたずさわり堤を築いたのが古志、すなわち越からやってきた人たちであり、彼らが住みついたことから古志という地名がついたと記されている。さらに、この伝承に関連したものとして狭結駅《さゆうのうまや》の条があげられる。それは、

郡家と同じき処なり。古志国の佐代布《さよふ》といふ人、来居みき。故、最邑といふ。神亀三年、字を狭結と改む。其の来居みし所以は、説くこと、即ち、古志郷の如し。

というものである。つまり、狭結駅の地名由来は、越からきた佐代布という人物が住みついたことによるものであり、彼が住みついたのは、古志郷の条にみられるように池をつくるためであった。

これらの伝承は、越からの土木工事の技術者の到来をものがたっているわけであるが、その実体を追い求めることはほとんどできない。伊弉奈弥命の時代という年代限

定は信じるにたりないが、佐代布という越からやってきたとされる人物の名前までが記されていることを考えると、過去に越との技術交流があったことの反映ではなかろうかとも思われるが、なにぶんにも推測の域を出ないというのが実情である。

そこで、古志郷と狭結駅の歴史的環境と地理的環境とをみてみることにしたい。古志郷は、『出雲国風土記』に、「即ち郡家に属けり」と記されているように、神門郡《かんどぐん》衙《が》、すなわち郡役所が置かれていた郷であり、狭結駅は、「郡家と同じき処なり」とあることから、郡衙と同じ場所にあった。

さらに、神門郡の河川についてみると、『出雲国風土記』には、代表的なものとして神門川の記述がみられる。

源は飯石郡の琴引山より出て、北に流れ、即ち来島・波多・須佐の三つの郷を経て、神門郡の余戸里の門立村に出て、即ち神戸・朝山・古志等の郷を経て、西に流れて水海に入る。即ち、年魚・鮭・麻須・伊具比あり。

これがその内容であり、飯石郡の琴引山から出て、北へ流れて来島・波多・須佐の三つの郷を経由して神門郡の余戸里の門立村に出て、神戸・朝山・古志などの郷を経て西へ流れて神門水海に注いでいる、というのである。つまり、古志《こし》郷は、神門川の下流域にあたっているわけであり、このことはいいかえると神門川が神門水海に出る直前の地域ということになる。

神門川は、現在の神戸川のことであり、出雲西部の代表的河川である。神戸川は、日本海へ注いでいるが、このような川筋になるのは近世に入ってからのことである。具体的にいうと、慶長期にほぼ現在のような流れとなり、元禄期に下流の改修がおこなわれている。

また、神門川が流れこんでいた神門水海について、『出雲国風土記』は、

郡家の正西四里五十歩なり。裏には則ち、鯔魚《なよし》・鎮仁《ちに》・須受枳《すずき》・鮒《ふな》・玄蠣《かき》あり。

と記している。神門郡衙の西方約二・二キロメートルばかりのところにあり、水海の周囲は、およそ一八・八キロメートルで、鯔魚・黒鯛・鱸・鮒・牡蠣などの水産物が生息しているというのである。

この神門水海は、現在の神西湖にあたる。しかし、神西湖は周囲が約五キロメートル、面積が約一・三五キロメートルばかりで、神門水海と比べると規模がかなり小さくなってしまっている。こうした縮少化の主な原因としては、神門川と斐伊川とによる沖積作用があげられる。

『出雲国風土記』が成立した八世紀のはじめには、神門川も斐伊川も共に神門水海に流れこんでいた。当時の神門水海は、北西の隅から日本海へ注いでいたが、神門川・斐伊川から流れこむ水量は莫大であったと思われる。そして、これらの両川が上流から運びこむ土砂も膨大であり、その結果、神門水海はしだいに埋め立てられていくことになる。こののち、神門川も斐伊川も、近世の初頭に流れを変え、神門川は日本海へ、また、斐伊川は宍道湖へと注ぐようになり、しだいに現在の神西湖の形ができあがっていくことになるのである。

こうした歴史的および地理的な立地状況をふまえるならば、少なくとも『出雲国風土記』がつくられた八世紀はじめには、古志郷は神門郡の郡衙が置かれていることからも理解できるように、郡の政治の中枢であったといってよいであろう。そして、狭結駅があることからも、交通の要地でもあった。そのことは、『出雲国風土記』の神門郡の条の最後にみられる通道の記載をみると、

出雲郡の堺なる出雲大川の辺に通るは、七里卅五歩なり。
飯石郡の堺なる堀坂山に通るは、一十九里なり。
同じき郡の堺なる与曽紀村に通るは、廿五里一百七十四歩なり。

石見国安濃郡の堺なる多伎伎山に通るは、卅三里なり。路、常に剗あり。同じき安濃郡の川相郷に通るは、卅六里なり。径、常には剗あらず。但、政ある時に当りて権《かり》に置くのみ。

とあることからもうかがわれる。これらの記載は、神門郡衙からの公道について記したものであり、これらのうち出雲郡との境である出雲大川までの道と石見国安濃郡との境である多伎伎山までの道は、ひと続きの道であり、山陰道のことである。この山陰道の他に、奥出雲へぬける道が二つ記されている。この二つの道は、神門郡衙と飯石郡衙とを結ぶ伝路《でんろ》であるが、ひとつではなくわざわざ二道が設定されている点は特異である。さらに、石見国へのルートにしても、山陰道の他に、安濃郡の川相郷へ通じる道もみられる。古志郷は、このように神門郡の陸上交通のかなめであった。

また、古志郷は水上交通の要地でもあった。それは、古志郷の西方に広がる神門水海と、その神門水海と古志郷とを結びつける神門川があることによる。神門水海は巨大な湖であると共に、『出雲国風土記』の出雲郡の薗《その》の条に、

長さ三里一百歩、広さ一里二百歩なり。松繁りて多し。即ち、神門水海より大海に通る潮は、長さ三里、広さ一百廿歩なり。此は則ち出雲と神門と二つの郡の堺

なり。

と記されているように、大海、すなわち日本海へ通じてもいた。薗の条によると、神門水海から日本海へと通じる水路の長さは約一・六キロメートルで、その幅は約二一四メートルということになる。神門水海の産物には、淡水魚の鮒と共に、鯔魚・鎮仁（黒鯛）・須受枳（鱸）・玄蠣（牡蠣）といった海産物がみられるが、これらは、まさに神門水海が汽水湖であることをものがたっている。

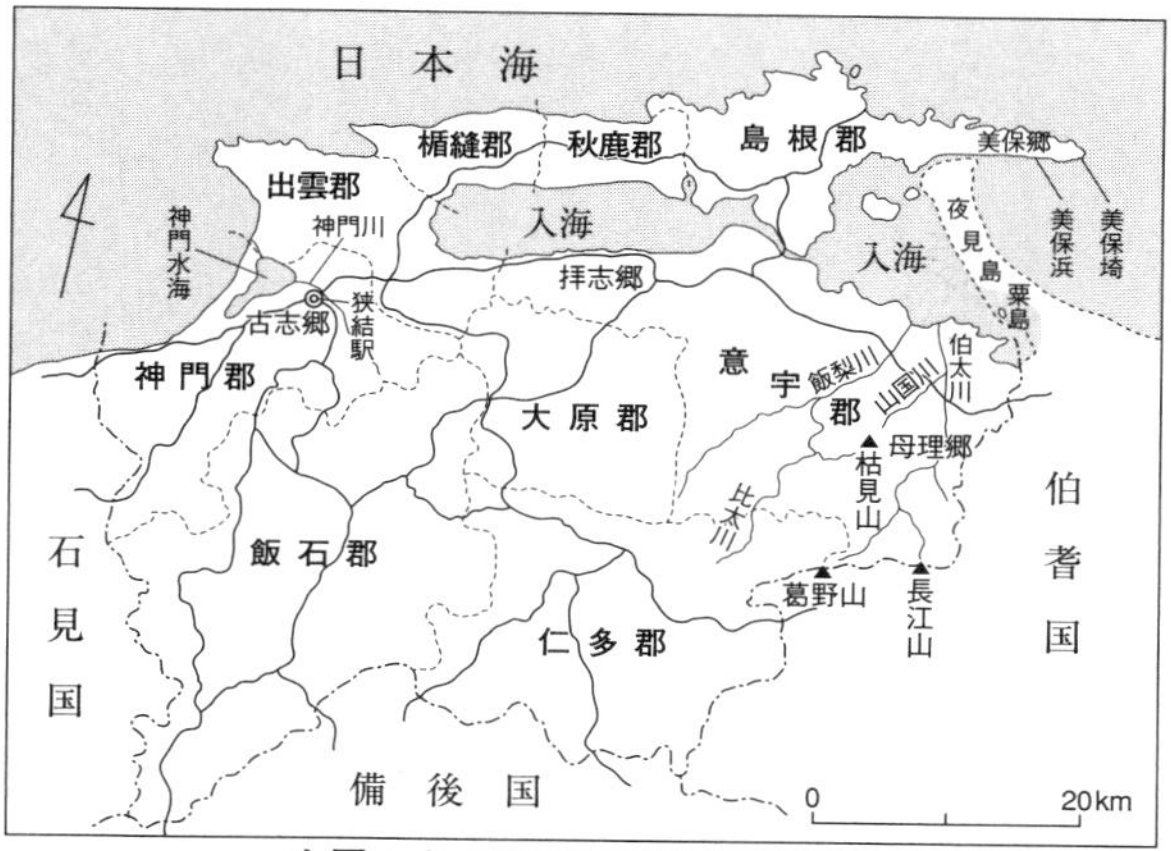

出雲のなかの越関係伝承の分布

また、神門水海は、神門川（神戸川）と出雲大川（斐伊川）とが河口へ押し出す土砂の沖積作用によってしだいに縮少化していくわけであるが、このことは逆に、『出雲国風土記』ができる八世紀初め以前は、周囲が一八・八キロメートルよりもさらに大きかったことを推測させる。つまり、神門水海は、八世紀およびそれ以前においては巨大な潟湖であり、日本海からの船舶の出入りも自由であったと考えられる。そして、神門水海に入った船舶は、神門川をさかのぼって、古志郷のあたりまでくることも可能であったであろう。また、古志郷と神門水海との距離が二・二キロメートルほどであることを考えるならば、こうした舟運だけでなく、神門水海にたどりついた一行が陸路で古志郷までくることも考えられる。

これらのことから、古志郷は八世紀以前において、日本海・神門水海・神門川を使って他地域との交流が容易におこなわれたと思われる。こうした地域に、越との交流を示唆する伝承がみられることは、大変、興味深いといえよう。たしかに、いままでのべてきたことは、古志郷と越との間に交流があったことを直接的に示すものではない。けれども、古志郷や神門水海の周辺の地理的環境から判断すると、日本海を通じて、他の地域と交流をもつのに適した条件を備えているといえる。そして、ここにいう他の地域のなかには、当然のことながら越も含まれている。したがって、八世紀以前の段階において、古志郷と越との間に交流があったとしても少しも不思議ではない。

朝鮮半島との関わり

■近くて遠い関係

日本海に面する島根県の東部を占める出雲は、その地理的な立地条件から朝鮮半島との交流が早くからあったといわれている。

いまも島根半島の日本海側を歩いていると、ハングル文字のあるプラスチック容器やあきかんなどが海岸に打ち上げられている。これらは、海流に乗って、朝鮮半島から流れついたものに相違ない。また、こうした漁村を回っていると、密航者に注意という掲示板を目にしたりする。これらのことからは、海を媒介として、朝鮮半島と出雲とが深くつながりをもっていることを明快にものがたっていよう。

朝鮮半島との交流が早くからみられるという具体的な例としては、多数の考古遺物があげられる。たとえば、韓式土器である。これは、松江市のタテチョウ遺跡などから出ている土器であり、把手がついていて鍋の役割をしたと考えられている。そして、そのルーツは新羅や伽耶であり、そこからもたらされたといわれている。このように、考古学の面からは、出雲と朝鮮半島との交流をいうことは、割と容易であり、両者の交流の濃密さをうかがうことが可能である。それでは、こうした交流を文献からみるとどうであろうか。

■文献に残る朝鮮半島との交流

文献史料からみた出雲と朝鮮半島の交渉というと、まず思いおこされるのは、やはり神話の世界ということになろう。たとえば、スサノオ神の八岐大蛇退治神話があげられる。この神話は、『古事記』や『日本書紀』にみられるものであり、主人公のスサノオ神は、荒ぶる神の典型である。スサノオ神は、高天原での乱暴のつぐないとして出雲へ追放になるのであるが、『日本書紀』をみると、はじめ新羅に降り、そこからさらに出雲へいたったことが記されている。また、八岐大蛇を斬った剣を「韓鋤の剣」とも記している。

記・紀神話の他にも、出雲と朝鮮半島との関係を述べたものが『出雲国風土記』にみられる。『出雲国風土記』は、天平五年（七三三）の成立であり、「記・紀」の成立とほぼ同時期の八世紀の初めということになる。このように、成立時期に関しては、『出雲国風土記』は「記・紀」と同様に考えられるが、内容的には記・紀神話とはまたひと味ちがった神話をみることができる。その典型ともいうべきものが国引き神話である。この神話は巨人神である八束水臣津野命が四か所から土地を引いてきて、現在の島根半島を形成するという壮大な神話である。また、単にスケールが大きいというだけではなく、出雲の国土創成神話という重要な性格をもっている。そして、この神話の中で、土地を引いてくる四か所のうちのひとつが新羅なのである。新羅の「三埼」から「国の余りありやと見れば、国の余りあり」ということで国引きをしてきてつくったのが島根半島の西部にあたる杵築のあたりとされている。

このように、神話の面からは出雲と朝鮮半島との関係をみることは比較的容易といえる。しかし、神話という性格上、そこから歴史的事実としての交流を具体的にのべることは簡単ではない。そこで、次に『出雲国風土記』に登場する神社について注目し、出雲と朝鮮半島との交流の実態を探ることにしたい。

■二つの渡来系神社

『出雲国風土記』は古代の神社を考える上でも重要な役割をもっている。というのは、その冒頭部分に、「合わせて神社は三百九十九所なり」とあることから、『出雲国風土記』が成立した天平五年（七三三）当時における出雲国内の神社の総数を知ることができる。さらに、これらのうちの一八四社は「神祇官にあり」、二一五社は「神祇官に在らず」とも記されている。ここから、一八四社は神祇官によって官社として把握され、国家の保護を得ていたことも知られる。

一般に、神社が国家の保護を受けていたか否かをうかがえるのは、『延喜式』の神名帳においてである。ここには、国家が保護している全国の神社がひとまとめにされていて、これらの神社を式内社と呼んでいる。したがって、神社にとって式内社であるということは、由緒の古さを誇るステイタス・シンボルということになる。しかし、『延喜式』がつくられたのは、一〇世紀初めのことである。これに対して、『出雲国風土記』の成立は八世紀初めであるから、出雲の場合には『延喜式』の段階よりも約二世紀もさかのぼって国内の神社の実体をうかがうことができることになる。

これらのことをふまえて、『出雲国風土記』にみられる三九九社と朝鮮半島との関係を探っていくと、二つの興味深い神社があることに気づく。そのひとつは韓銍《からかま》社であり、他のひとつは加夜《かや》社である。

韓竈神社

これらの二社のうち、韓銍社は出雲郡の神社のひとつであり、神祇官に登録されている神社、すなわち神祇官社としての扱いをうけている。つまり、八世紀の初めにはすでに国家によって保護を受けていた神社ということになる。一〇世紀初めに編纂された『延喜式』にも記載されているが、ここでは表記が韓竈《からかま》神社となっており、いまもこの社名で出雲市に鎮座している。しかし、いうまでもなく社名の表記としては、『出雲国風土記』にみられる韓銍社のほうが古くて正しい。

韓銍社の「韓」は、韓国《からくに》、すなわち朝鮮半島のことと考えてよいであろう。また、「銍」は稲穂を刈る鎌のことであるから、鉄鎌などの類のことと推測することができる。鉄鎌をつくるために必要な製鉄技術が朝鮮半島からの渡来の技術であることを考えあわせると、「銍」からも朝鮮半島との関係をみい出すことができよう。現在、韓竈神社の祭神はスサノオ神とされている。この渡来系の製鉄神がもとからの祭神であったかどうかについては安易にいうことはできないが、朝鮮半島との関係がみられる神社の祭神としていかにもふさわしいように思われる。

一方、加夜社はというと、神門郡の中の神社のひとつとして姿をみせている。いうまでもなく、社名から朝鮮半島南部の伽耶との関係が思いおこされる。この神社は、現在、多伎町にある加夜堂がその後身とされているが、出雲市の市森神社に合祀されているともいわれている。享保期に成立した地誌である『雲陽誌』によると、

今の加夜堂は阿太加夜努志多伎吉比売《あだかやぬしたきひめ》命の鎮座なり。

と記されている。この阿太加夜努志多伎吉比売命については、『出雲国風土記』の神門郡の多伎郷の条にも、「阿陀加夜努志多伎吉比売命」として記載をみることができる。「太」と「陀」というように一文字の用字のちがいがみられるが同神とみてよいであ

ろう。

さらに、『出雲国風土記』をみると、オオクニヌシ神の御子神であり、この神が鎮座していることから多吉という地名がつき、これがのちに多伎という表記に変化した、とのべられている。これらから、阿陀加夜努志多伎吉比売命は、多伎郷の地主神と考えられる。この神に関しては、他書に記載がみられず、したがって、その性格についても明らかでない点が多いのであるが、同じ『出雲国風土記』の意宇郡の神社として、「阿太加夜社」という神社がみられる。この阿太加夜社の祭神もまた、阿太加夜努志多伎吉比売命と考えられる。

しかし、このようにとらえると、位置的にみて多少、問題が出てくる。というのは、加夜社がある神門郡が出雲国の西部であるのに対して、阿太加夜社がみられる意宇郡は出雲国の東部であり、位置的にまったく正反対なのである。この点については、たとえば伽耶からの渡来人が出雲の東部に住みついて祀ったのが阿太加夜社であり、西部にたどりついて建立したのが加夜社であるということもできるかもしれない。しかし、いずれにせよ謎があることは事実である。

神社という点に注目してみてみたが、韓銍社と加夜社とは共に朝鮮半島との関係が明白な神社であり、このことはとりもなおさず、『出雲国風土記』の中にも朝鮮半島との交流の実体がみられるということに他ならない。

■出雲と朝鮮半島

出雲の中にみられる朝鮮半島の影響の強さについては、従来からもしばしばいわれ続けられてきた。しかし、いままでいわれてきたものの中には、ともすれば単なる思いつきやごろ合わせ的な解釈に拠るものも少なくなかった。そうしたことから、ひいては出雲の中にみられる朝鮮半島の影響をすべて否定する見解も最近では出されたりしている。

出雲にみられることがらを安易に朝鮮半島と結びつけて、すぐに大陸の影響をいうことはもちろんさけなければならない。しかし、すべてを否定するのも正しいとはいえないであろう。

『出雲国風土記』は、八世紀初めにまとめられた地誌である。しかし、そこに記されている内容を注意してみていくと、興味深いさまざまなことに気がつく。ここでとりあげた朝鮮半島との関係もそのひとつである。『出雲国風土記』は、歴史学や文学などでさまざまな分野によって史料として用いられているが、関心がむけられている研究対象はほとんどが国内の問題である。しかし、『出雲国風土記』もそのとらえ方しだいによっては、十分に東アジア的な視野が開けてくるであろうし、また、そうした視点も必要なのではあるまいか。

特集4

出雲の神事図鑑

諸手船神事

勇壮な海水のかけ合いにこめられた意味

▼美保の冬の神事

青柴垣《あおふしがき》神事と並んで美保神社を代表する海の神事が諸手船神事である。氏子である漁民が中心となっておこなうという点も青柴垣神事と共通している。

また、二つの神事は、共に「記・紀」の国譲り神話に由来している。高天原からの使者であるタケミカヅチ神は出雲の稲佐浜に降りると、十握剣《とつかのつるぎ》をぬいてさかさまにつき立て、オオクニヌシ神に国譲りを迫る。

ところが、オオクニヌシ神は国譲りの決定を御子神のコトシロヌシ神にゆだねたため、コトシロヌシ神のいる美保へ急ぎの使者が遣わされる。

諸手船神事は、国譲りの諾否を問う使者を乗せて稲佐浜から美保へと急行した「熊野の諸手船」を再現したものである。神事に使われる二隻の諸手船は、長さ約六メートル、最大幅が約一・二メートルのくり船で、舵《かじ》はなく、大小九本の櫂でこぐ。四〇年ごとに造りかえられることになっているが、古代の船舶の形態をよく残しているとされ、国の重要有形民俗文化財に指定されている。

▼豪快な海水のかけ合い

十二月三日、二隻の諸手船のそれぞれに真剣持《まつかもち》として、氏子から選ばれた一の頭《とう》屋《や》と二の頭屋とが乗りこむ。

真剣とは、二股に分かれ、まん中に剣をあしらった呪具のことで、諸手船の舳先《へさき》に立てられる。

さらに、一隻につき艫取《ともとり》である大櫂一名、補佐役の大脇一名、櫂子六名が乗りこむ。

二隻の諸手船は、太鼓を合図にして、いっせいに美保関港内にこぎ出し、互いに競い合いながら、港内の東口の客人《まろうど》山の下に達する。

そこでしばらく停船したあと、大櫂が立ち上がって、オオクニヌシ神が祀られている山上の客人社を遥拝《ようはい》する。そして今度は、美保神社をめざしてこぎ出し、二隻は激しく競漕する。

美保神社の社頭の宮の灘に達すると諸手船同士で豪快に海水をかけ合う。これは一種の浄めとされているが、冬の寒空の下で思わず息をのむ光景である。

そのあと諸手船は再び沖へこぎ出し、港内をめぐるとまた、宮の灘をめざし、さらにもう一度、同じことをくり返す。

この競漕のあと、真剣持が真剣をとりはずし船を降りて美保神社に納める。真剣持がもどると船はまた港内を競漕し、もどると大櫂が宮の灘に作られた握舎《おくしゃ》の中の宮司と対面し、「タカァーサンドー（三度）」と唱え、櫂子たちが、「乗って参って候」と続ける。

これに対して宮司の返答があり、最後に「タカァーサンドー、めでとう候」と祝辞がのべられる。そして、一同でコトシロヌシがおこなったとされる天の逆手《さかて》の柏手《かしわで》を打つ。

ついで、諸手船をまた港内にこぎ出し、帰岸してはさらにこぎ出し、三度の競漕をくり返したのち、一同は上陸して宮司らと共に美保神社にもどる。

諸手船神事とは？

国譲りを求められたオオクニヌシが、コトシロヌシの意見を聞くように求めると、高天原の使者であるアメノトリフネは美保にいたコトシロヌシのところへ向かい、意見を問う。コトシロヌシは国譲りに応じると、海中に青柴垣をつくり、飛び込んでしまった。12月3日をメインに行われる美保神社の諸手船神事は、この国譲り神話をモチーフとしている。

11月27日	末社・地主社の宵祭
12月 1日	御注連縄懸式
12月 2日	宵祭
12月 3日	午前中に新嘗祭が行われる。午後、神職を先頭にして、客人社に参向。本殿にて氏子のなかから真剣持として一の頭屋と二の頭屋が選ばれる。また、一艘につき大櫂（舵取り）、大脇（補佐役）が一名、櫂子（漕ぎ手）が六名選ばれる。

↓

合図ののち、美保関港内に漕ぎ出した諸手船は互いに競い合いながら、港内東口の客人山の下に達する。しばらく停船した後、オオクニヌシが祀られている山上の客人社を遥拝。

↓

美保神社をめざしてこぎ出した二艘は激しく競漕する。神社社頭の宮の灘に達した二艘は激しく水をかけ合う。

↓

再び沖へこぎ出した二艘は宮の灘を目指しながら同じことを繰り返す。

↓

三度目の競漕の後、真剣持は真剣をはずし、船を降りて美保神社に納める。真剣持がもどると再び港内を競漕し、それを終えると握舎で宮司と対面。「応答祝言の儀」が行われる。

↓

諸手船を港内にこぎ出し、三度の競漕をくり返した後、美保神社に戻る。

諸手船一艘の人員？

真剣持	1名
大　櫂	1名
大　脇	1名
櫂　子	6名

青柴垣神事

「国譲り」をモチーフにコトシロヌシ神の死と再生を表現

▼美保の春の神事

諸手船神事と共に「記・紀」の国譲り神話をモチーフとして、美保神社の代表的神事である青柴垣《あおふしがき》神事は、四月七日にクライマックスをむかえる。美保神社の社頭の宮の灘に青柴垣で包まれた御船《みふね》（榊船《さかきぶね》）が二隻浮かべられ、一の当屋《とうや》と二の当屋がそれぞれの船にのりこみ、笛・太鼓を奏する神楽船を従えて、宮の灘から少し沖へ出て、また宮の灘へともどってくる。そのあと、当屋たちが美保神社へむかい、翌年の当屋を決定してひとまず祭りを終える。

青柴垣神事において中心的な役割を果たすのは、当屋と小忌人《おんど》である。当屋には一の当屋・二の当屋の二人がおり、氏子の中から選ばれる。当屋は一年を通じて精進潔斎をして神事にそなえなければならない。小忌人は当屋の妻がなるのが普通である。

当屋と小忌人はコトシロヌシ神が依りつく媒体であり、神事のときは神がかりの状態になる。したがって、氏子の誰もが当屋になれるわけでなく、「明神さんの子孫」といわれる草分けの頭筋十六流、もしくは十八流の家筋とその分家筋の十六歳以上の長男だけがなれるしきたりとなっている。

▼「国譲り」の場面を描き出す

四月六日には翌日の神事のために御船が用意される。御船の四隅には、黒木の柱が立てられ、その上部に榊の枝がとりつけられる。そのまわりは幕で囲まれ、注連《しめ》が張られる。これは、コトシロヌシ神が国譲りに同意して、周囲に青柴垣をめぐらして天の逆手《さかて》を打って水中にとびこんだ場面にみたてているといわれている。

二隻の御船は、楉絡《しもとがら》みで結びつけられており、一の御船に一の頭屋とその小忌人、二の御船に二の頭屋とその小忌人がそれぞれ分乗するのであるが、このとき当屋と小忌人は神がかりの状態であり、足取りもおぼつかないくらいになっている。そして、青柴垣にみたてられた船の中で、当屋と小忌人はコトシロヌシ神そのものになるのである。

船内で当屋と小忌人は、白粉で化粧をほどこされ、額と両頬に一つずつ紅を丸く塗られる。これは、コトシロヌシ神が青柴垣の中に隠れたこと、つまり死んだことを象徴している。

御船は、神楽船をひきつれて宮の灘を出発して、美保門港内をめぐったあと、宮の灘へもどってくる。そして、氏子が扮したサルタヒコとアメノウズメとに出迎えられ、当屋たち一向は美保神社へと向かうのであるが、このとき当屋も小忌人もまだ神がかりの状態にある。特に小忌人は一人で歩行できず、当為知《たつしや》とよばれるむかえの男性に背負われて神社へ向かう。当屋と小忌人の神がかりの状態は美保神社での奉幣を終えてからようやく解ける。これがコトシロヌシ神の再生を意味しているといわれる。

このように、青柴垣神事は、死んで水葬されたコトシロヌシ神が再びよみがえるという構造をもっており、また、氏子が中心になって神事をおこなうという点で神事本来の古い要素をもっているといえる。

■青柴垣神事とは？

特定の氏子のなかから一の当屋·二の当屋と小忌人（通常は当屋の妻）が選ばれる。選ばれた当屋は一年を通して、精進潔斎につとめる。

↓

4月　6日

青柴垣神事のための御船が用意される。御船の四隅には黒木の柱、その上部に榊の枝がとりつけられる。そのまわりを幕で囲み、注連が張られる。

↓

4月　7日

楮絡みで結びつけられた二隻の御船に当屋と小忌人が分乗する。この時、当屋と小忌人は神がかった状態のまま、船内で化粧をほどこされる。

↓

神楽船をひきつれて宮の灘を出発した御船は、港内を一周し、宮の灘へ戻る。

↓

氏子が扮するサルタヒコ神とアメノウズメ神に迎えられた当屋たちは、この時点でも神がかりの状態で、小忌人は背負われたまま美保神社に到着する。神社での奉幣を終え、ようやく神がかりの状態は解ける。

青柴垣神事

古伝新嘗祭

「出雲国造の新嘗祭」という性格を持つ重要な神事

▼新嘗祭とは何か

新嘗祭《しんじょうさい》というと宮中で天皇がおこなうものが有名である。その目的は、収穫を感謝し、その年の米などの新穀を神に捧げ、自らも神と共に食して霊のよみがえりをはかることにあるとされている。

古伝新嘗祭は、古くは陰暦の十一月の中《なか》の卯《う》の日におこなわれたもので本来、出雲国造にとっての新嘗祭という性格をもっている。

もともとは、新嘗祭といって、出雲国造が熊野大社に出むいておこなっていたが、十三世紀ごろから神魂《かもす》神社でおこなわれるようになり、「大庭《おおば》の神事」とも称した。それが明治四年（一八七一）に出雲大社でおこなわれるようになり、名称も古伝新嘗祭とよばれ、現在にいたっている。

熊野大社は、出雲国造家と深い関係をもつ古社で、その祭神は国造家の祖先が奉斎していたと考えられるクマノ大神であり、出雲国造の代替わりのさいの火継《ひつ》ぎの神事がおこなわれる。また、神魂神社も出雲国造家と密接なかかわりをもつとされ、鎮座地の大庭は、出雲国造の祖先神のアメノホヒが高天原から降臨した場所といわれている。

古伝新嘗祭は、出雲国造がとりおこなう数多くの神事のうちで最も重要なものの一つとされており、現在は出雲大社の拝殿で十一月二十三日におこなわれている。

▼「百番の舞」

十一月二十三日の午後、末社である釜社から釜をとり出して祭場に安置する。午後七時、出雲国造のいる斎館に向かって、「おじゃれもう」という言葉が三度ひびき渡る。おいでなさいませ、という意味だという。やがて、出雲国造を先頭に神職たちが一列になって登場し、祭場の所定の位置に出座する。

着座した出雲国造は、新しい玄米で炊いたご飯や新米で醸造した「醴酒《ひとよざけ》」といわれる酒を四方に捧げ、そのあと相嘗《あいなめ》をおこなう。二個の石を土器に盛り、これらを噛《か》む歯固《はがため》式をおこなって延命長寿を祈ったあと、出雲国造は百番の舞を納める。

この神事のクライマックスともいえる百番の舞は、舞をおこなう国造の前に設けられた祭壇の左側に榊の小枝に紙を巻いた手草《たぐさ》を置き、右側にはそれを受ける三方を置き、国造が手草を手にして百回の舞を奉納するのである。

初・中・終のそれぞれ三番を立って舞い、その他は座って舞う。このとき一回ごとに微音で古伝の唱語がとなえられる。舞の間は琴板《こといた》が打ち鳴らされ、神職たちによって神楽歌がうたわれる。

百番の舞のあと、御釜神事がおこなわれる。神魂神社でおこなわれていたときは、神魂神社と出雲国造の別館の二か所でなされていたが、現在は出雲大社のみでおこなわれている。所役《しょやく》が稲の束と瓶子《へいじ》を竹の棒に振り分けてかつぎ、「あらたぬし（一説ではああ楽しい）」と賀詞《よごと》をとなえながら釜の周囲を三度回る。

この神事のあと、国造をはじめ一同は祭場をあとに庁舎へ移り、饗宴がおこなわれる。

■古伝新嘗祭とは？

出雲国造がとりおこなう神事のなかで、とりわけ重要なもののひとつ。

11月23日夜

末社である釜社から釜を取り出し、祭場に安置する。

↓

出雲国造のいる斎館にむかい、「おじゃれもう（おいでなさいませ）」という言葉が三度ひびき渡る。

↓

出雲国造を先頭に神官たちが一列で登場、祭場の所定の位置に出座する。

↓

着座した出雲国造は、新しい玄米で炊いたご飯や新米で醸造した「醴酒」を四方に捧げ、「相嘗」を行う。

↓

熊野大社より拝戴した燧臼に国造が「新嘗祭御燧臼」と墨書。

↓

二個の石を土器に盛り、これを噛む歯固めの儀を行う。

↓

国造の前に設けられた祭壇の左側に手草を、右側にそれを受ける三方をそれぞれ置き、手草を手にした国造が百回の舞を奉納する（百番の舞）。

↓

所役が稲の束と瓶子を竹の棒に振り分けてかつぎ、「あらたぬし」と賀詞をとなえながら釜の周囲を三度まわる。

神在祭

全国から集う八百万の神々を迎える出雲の代表的神事

▼神無月と神在月

十月の別名は神無月とよばれる。それは、この月に全国から八百万《やおよろず》の神々が出雲に集まって、男女の縁結びなどについての相談をするため、各地には神々がいなくなってしまうからだといわれている。

一方、神々を迎える出雲では、逆に十月を神在月《かみありづき》とよびならわし、出雲大社や佐太神社などで神在祭がおこなわれる。この神事の期間中、土地の人びとは身をつつしみ、婚姻、建築などはもちろん理髪や爪切までもつつしむといわれている。こうした厳しい、物忌《ものいみ》がおこなわれるため、この神事は御忌《おいみ》祭りともよばれている。

▼出雲大社の神在祭

出雲大社では、旧暦に則って神在祭がとりおこなわれる。陰暦の十月十日の夜が神迎神事、翌十一日から十七日までが神在祭で、のべ七日間にわたっておこなわれる。

神迎神事は、稲佐浜にかがり火をたいて注連縄《しめなわ》を張りめぐらし、その中に神籬と神々の先導役を果たす竜蛇神とを配置して、海上からやってくる八百万の神々を迎える。そして、神々が依《よ》りついた神籬を出雲大社の境内にある末社の十九社に遷して安置する。十九社は、細長い社殿で、本殿の左右両側に二か所あって神々の宿泊所としての役割を果たしている。

十一日から本社や十九社および稲佐浜にある上宮《かみのみや》などで神在祭がおこなわれる。この期間、神々は縁結びなどさまざまな神議《かんはか》りをおこなうことになる。

神在祭の時期は、山陰地方ではちょうど季節風が吹き荒れ、海はしける日が多い。海が荒れた日には、稲佐浜やその周辺の海岸に「竜蛇」が打ち上げられることがある。

竜蛇とは、背中が黒く腹部は黄色の海蛇で、学名をセグロウミヘビという。この海蛇は、竜神の使者といわれ、八百万の神々の先導役を果たすことから「竜蛇さま」

とよばれて崇められる。

海岸に漂着した「竜蛇さま」は、曲げ物に盛って出雲大社に納めるのがしきたりとなっている。

最後の十七日には神送りの神事である神等去出《からさで》神事がおこなわれ、出雲大社での神在祭は終わりを告げる。

その後、神在祭の舞台は、佐太神社に移り、二〇日から二五日までおこなわれる。そこで出雲大社では十七日二六日の二回、神等去出神事をおこなう。十七日は、神々が出雲大社を去る日、二六日は出雲国を去る日というわけである。

▼佐太神社の神在祭

島根半島のほぼ中央に位置する佐太神社では年間七五回もの祭祀がおこなわれるという。それらの中には、御座替神事など佐太神社ならではのユニークな神事も多いのであるが、なかでもとりわけ重要とされるのが神在祭である。

佐太神社の神在祭は、「佐太の神集《かんつど》い」ともいわれ、この神事をおこなうところから、佐太神社は神在社とも称された。

佐太神社の神在祭は、春と秋の二度おこなわれる。秋は十一月二〇日から二五日

■出雲大社の神在祭の流れ（※旧暦）

▼神迎神事（10月10日）
稲佐浜にかがり火をたき、注連縄を張りめぐらし、その中に神籬と竜蛇神を配置、八百万の神々を迎える。神々が依りついた神籬を出雲大社境内にある十九社に遷して安置する。

⬇

▼神在祭（10月11日～17日）
本社、十九社、稲佐浜にある上宮などで神在祭が行われる。この期間、神々は様々な神議りを行うとされる。

⬇

▼神等去出神事（10月17日）
神送りの神事。この日に出雲大社から神々が去るとされている。

⬇

▼神等去出神事（10月26日）
神送りの神事。この日に出雲国から神々が去るとされている。

出雲大社神在祭（稲佐浜での神迎え）

出雲大社神在祭（十九社）

出雲大社の龍蛇

までの六日間おこなわれるが、かつては陰暦の十月十一日から二五日までの十五日間にわたってとりおこなわれた。

この期間、厳格な物忌みが続けられたため、長期間の物忌は困難ということで、やがて十一日から十六日までを上忌《かみのいみ》、二〇日から二五日までを下忌《しものいみ》と称して、中間の十七から十九日の三日間を中根休《なかねやすみ》といって物忌をとくようになった。

さらに、明治三〇年(一八九七)ころからは下忌だけがおこなわれるようになり、これが新暦へ移行して現在の期日になった。

この下忌を「佐太の御忌《おいみ》」といい、上忌は杵築《きづき》にある出雲大社での神在祭にあたるので「杵築の御忌」と称したりもする。

▼春に神在祭がある理由

佐太神社の春の神在祭は、五月二〇日から二五日までおこなわれ、神在裏月祭《うらづき》あるいは五月《さつき》神在祭とよばれる。

かつては、陰暦の四月におこなわれたので四月《うづき》神在祭ともよばれた。神在裏月祭は、陰暦の十月に神々が佐太神社に集まったさい、高良《こうら》大明神(住吉大神)だけが外敵に備えていて参集することができず、四月になって出雲へやって

■佐太神社の神在祭（※新暦）

▼春の神在祭（5月20日～25日）
陰暦十月に神々が佐太神社に集まった際、高良大明神（住吉大神）は外敵に備えるために出雲に来れず、旧暦4月にやってきたので、この神のためにはじめられた。内容は、秋の神在祭とほぼ同じである。

▼秋の神在祭（11月20日～25日）
社殿の周囲に注連縄を張りめぐらし、その中央に仮拝殿が設けられる。本殿の前で拝礼後、注連縄の外に出て、直会殿で神々を迎える秘儀が行われる。

↓

再び注連縄の中に入った宮司が、中殿の前に神籬を安置する。

↓

最終日には、社殿での拝礼に続き、直会殿で神送り神事がなされる。その後、社殿前で宮司が神送詞を奏上、社人が「お立ち、お立ち」と唱えながら梅の楉（むち）で地面をたたく。

↓

神職たちが行列をつくり、無言で神目山に向かう。山頂で神酒を供える。

↓

宮司が眼下の佐陀浦に向かい、「カコ」と三回唱える。一同で神酒を飲むと、後ろを振りかえらずに山をおりる。

■出雲に集まる神々

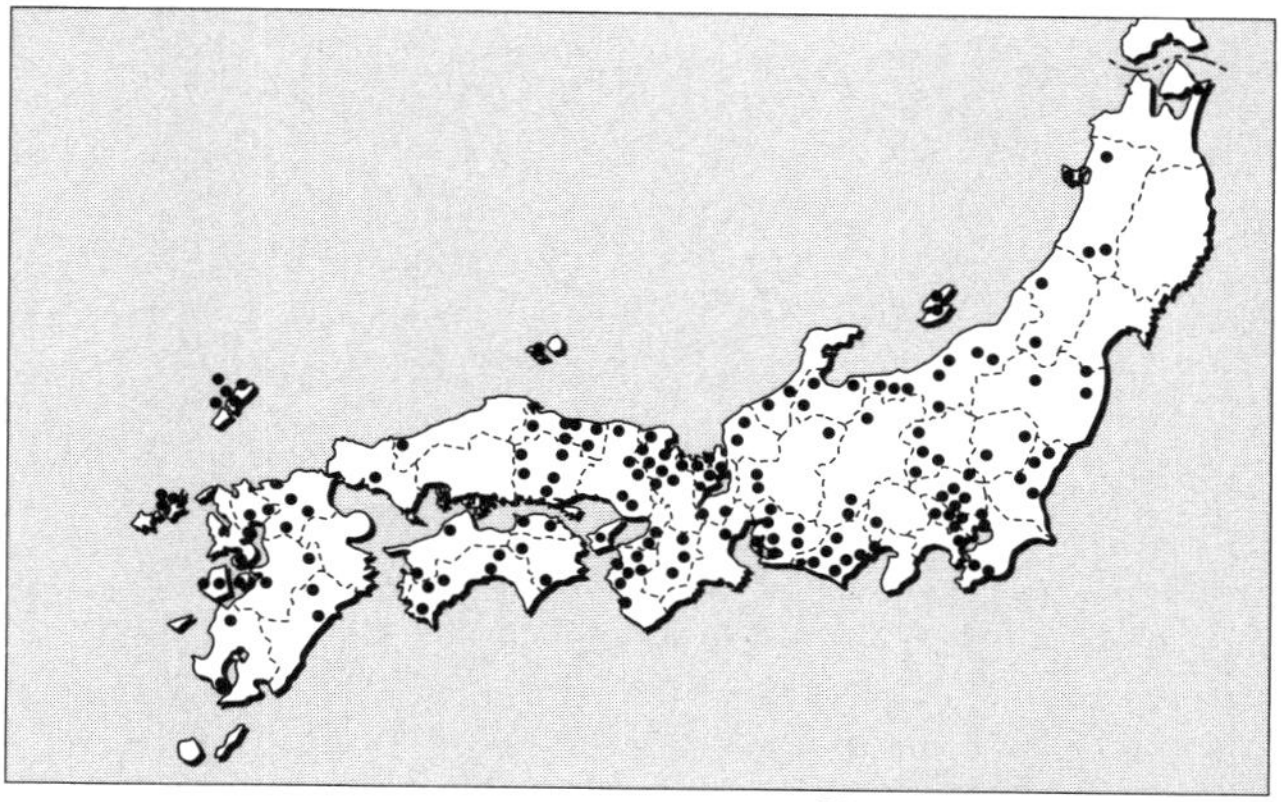

「古代出雲文化展」図録をもとに作成

きたので、この神のために始められたといわれる。春の神在祭も内容的には秋の神在祭とほぼ同じである。

▼神迎神事から神送り神事まで

秋の神在祭は、現在、十一月二〇日の夜におこなわれる神迎神事に始まる。社殿の周囲に注連縄がはりめぐらされ、その中央に仮拝殿が設けられる。宮司をはじめとする神職が本殿の前で拝礼をおこなったあと、いったん注連縄の外へ出て直会殿《なおらいでん》に入り、神々を迎える秘儀をおこなう。

そのあと宮司が神籬を捧げ持って再び注連縄の中に入り、中殿の前に神籬を安置する。

明治四年（一八七一）までは、この神事に加えて、旧社領内の二八か所の幣指場《へいさしば》に幣を立てる柴刺《しばさし》神事がおこなわれていたといわれる。

神在祭の期間中、参拝者は仮拝殿に参拝して甘酒をいただくことになっている。

佐太神社でも、秋の神在祭のしめくくりとして神等去出神事がおこなわれる。この神事の舞台となるのは、神社の背後にある神目山《かんのめやま》である。

一一月二五日の夜、社殿の祭場で宮司たちによる拝礼がおこなわれ、直会殿に移って神送り神事がなされる。

ついで宮司が社殿の正中門の前で神送詞《しんそうし》を奏上し、社人《しゃじん》が「お立ち、お立ち」と唱えながら、梅の楉《しもと》（むち）で地面をたたく。そのあと、神職たちは行列をつくって無言で神目山へと向かう。山頂につくと、神木である松の木に飾りつけをし、その根元に「一夜《ひとよ》御水《おんみず》」とよばれる神酒《みき》を供える。

そのあと、船型の神籬を用いて船出式がおこなわれる。宮司が眼下の佐陀浦に向かって「カコ」と微音で三回唱え、一同で「一夜御水」を飲む。飲んだあとは決して後ろをふり返らずに山をおり、神事を終えるのである。

御座替神事と佐陀神能

本殿三社の神座を毎年とりかえる佐太神社の神事

▼新しい御座に敷き替える

佐太神社で数多くおこなわれる神事の中で、神在祭と共に特に有名なのが御座替《ござかえ》神事である。御座替神事は、佐太神社の本殿三社の神座を、神田で栽培したイグサを使ってつくった新しい御座に敷き替える神事であり、毎年九月二四日におこなわれる。これに並行して二五日に奉納される神楽が佐陀神能であり、この両日の神事をあわせて御座替祭といっている。

▼佐陀神能とその内容

御座替神事と切り離すことのできないものが佐陀神能である。この佐陀神能は、

■御座替祭とは

御座替神事

佐太神社で毎年9月24日に行われるもので、本殿三社の神座を、神田で栽培したイグサでつくった新しい御座に敷き替える。

佐陀神能

御座替神事の翌日9月25日に奉納される。

両日の神事をあわせて御座替祭という

■佐陀神能の構成

七座神事

面をつめない直面の採物舞。戦国時代には舞われていたといわれる。

剣舞　清目　散供　御座　勧請　八乙女　手草

の七段構成だが、現在、「八乙女」は演じられていないため六段構成となっている。

式三番

もともと能楽で祝言に演じる三つの曲。佐陀神能の式三番も祝言を目的としており、祝いの言葉や囃子詞が述べられる。

千歳（ワキ）　翁（シテ）　三番叟（狂言）

の三人が順番に舞う。

神能

日本神話を題材にした着面の神楽。

大社　真切孁　八幡　武甕槌　日本武　恵比須　三韓
八重垣　磐戸　厳島　住吉　荒神

の十二曲があるが、「厳島」「住吉」「荒神」の三曲は現在演じられていない。

佐太神社の氏子が中心となっておこなわれる神楽であり、その起源は安土・桃山時代にさかのぼるともいわれるが、明らかでない。しかし、江戸時代を通じて神職と巫女とによって演じられていたとされる。

しかし、明治維新後の神社制度の改変によって、明治四年（一八七一）には神職による神能の奉納が禁止されてしまう。このため佐陀神能も衰退してしまうが、大正八年（一九一九）に氏子たちが佐太神社古伝神事保存協会に神能部をつくって復活した。

佐陀神能という名称は、昭和元年（一九二六）に東京で開かれた第二回全国郷土舞踏民謡大会に出場したさいに命名されたものである。

佐陀神能の構成は、七座神事・式三番・神能によって成り立っている。能楽風に洗練された中に地方独特のものが残されていて、国の重要無形民俗文化財に指定されている。

七座神事は、御座替神事と起源は同じとされ、本来の内容も御座替神事そのものであったと伝えられる。面をつめない直面《ひためん》の採物舞で、すでに戦国時代には舞われていたらしい。

演目は、「剣舞《けんまい》」、「清目《きよめ》」、「散供《さんぐ》」、「御座」、「勧請」、「八乙女」、「手草《たぐさ》」の七段

からなるが、現在、「八乙女」は演じられておらず、六段構成となっている。

式三番とはそもそも能楽で祝言に演じる儀式的な三つの曲をいう。佐陀神能の式三番も多少形は違うが、祝言を目的としており、千歳《せんざい》（ワキ）、翁《おきな》（シテ）、三番叟《さんばそう》（狂言）の三人が順番に舞う。

特にストーリーはなく、祝いの言葉や囃子詞がのべられるが、その所作や形式に地方色がみられ、かつ洗練された能楽風の古式豊かな趣がある。

神能は、慶長年間（一五九六〜一六一五）に佐太神社の神職が京都で能楽を学び、その様式を出雲でおこなわれていた神楽に導入したといわれている。寛永十六年（一六三九）の記録には、猿楽太夫の名がみえており、少なくとも江戸時代初期には確立されていたと思われる。

神能の内容は、日本神話を題材としており、着面の神楽である。演目には、「大社《おおやしろ》」、「真切孁《まきるめ》」、「八幡」、「武甕槌《たけみかづち》」、「日本武《やまとだけ》」、「恵比須」、「三韓」、「八重垣」、「磐戸《いわど》」の九曲と「厳島」、「住吉」、「荒神」の合計十二曲があるが、あとの三曲は現在、演じられていない。

亀太夫神事

なぜ熊野大社で行われるのか

▼燧臼と燧杵の受け渡し

現在、出雲大社でとりおこなわれる神事の中でも最も重要なもののひとつとされるのが古伝新嘗祭《こでんしんじょうさい》である。その際、不可欠の役割を果たす燧臼《ひきり》と燧杵《ひきりきね》とは熊野大社で作ったものを用いることになっている。したがって古伝新嘗祭の前に出雲大社側はこの臼と杵とを熊野大社側から譲り受けなければならないのである。

かつて古伝新嘗祭は神魂《かもす》神社でおこなわれていた。そのときは、出雲国造が神職たちをひきつれて大庭《おおば》の別館に到着すると、神魂神社から神職が伺候《しこう》し、熊野大社からは亀太夫《かめだゆう》と称する社人が燧臼と燧杵を持参し、受け渡しの神事である鑽火祭《きりびのまつり》をおこなった。

■亀太夫神事とは

出雲大社から出雲の神職が出向き、餅を奉納しようとする。

⬇

熊野の社人、亀太夫は餅の出来具合などに難癖をつけて、素直には受け取らない。

⬇

出雲大社の神職は、亀太夫の文句を聞き入れる。

⬇

火を切り出すための「燧臼」と「燧杵」が、熊野大社から出雲大社へ受け渡される。

⬇

古伝新嘗祭

このとき、燧臼と燧杵の受け渡しにさいして、出雲国造は熊野大社に献上するための餅を一対つくり、それを亀太夫に渡すのがしきたりとなっていた。

これは、燧臼と燧杵を持参した熊野大社からの使者をクマノ大神の使いとして、出雲国造がかしこまる習慣になっていたからとされる。それがあるとき熊野大社から出むいた亀太夫という使者が勝手気ままなことをし、それが神事になったと伝えられる。

明治四年（一八七一）から古伝新嘗祭が出雲大社でおこなわれるようになると、神事に先立って出雲大社の神職が熊野大社へおもむいて、燧臼と燧杵を受けとるようになり、亀太夫神事も一時は廃止されたが大正四年（一九一五）に復活され、現在は十月十五日に熊野大社でおこなわれている。餅の受け渡しの際、亀太夫は餅を素直に受けとらず、わざと餅のでき具合が悪いとか色が黒いなどといって何だかだと文句をつけ、わがままで横柄な行動をとる。国造側はこれをひたすら我慢して聞いて、そのあとようやく燧臼と燧杵とを受けとるのである。亀太夫のユーモラスな言動に見学者の人気も高い。

古代出雲略年表

時代	年代	事項
飛鳥・白鳳時代	六五九（斉明五）	出雲国造に、神宮を修造させる。
	六七四（天武三）	和邇によって語臣猪麻呂の娘が殺害される。
	六九二（持統六）	鰐淵寺の銅造観音菩薩立像が完成。
	六九八（文武二）	意宇郡司の三等以上の親の連任が公認。
	七〇二（大宝二）	上国と規定される。
	七〇六（慶雲三）	出雲国造が意宇郡大領を兼任するようになる。
	七〇八（和銅一）	忌部宿禰子首が出雲守となる。
奈良時代	七一五（霊亀一）	「里」を「郷」と改め、さらに「里」を置く。
	七一六（霊亀二）	出雲国造出雲臣果安が出雲国造神賀詞を奏上。
	七二四（神亀一）	出雲国造出雲臣広島が出雲国造神賀詞を奏上。
	七二六（神亀三）	郷の名を好字に改める。
	七三二（天平四）	多治比真人県守が山陰道節度使となる。
	七三三（天平五）	『出雲国風土記』完成。
	七三四（天平六）	この年度の「出雲国計会帳」が現存。
	七三五（天平七）	石川年足が出雲守となる。
	七三九（天平一一）	この年度の「出雲国大税賑給歴名帳」が残存。
	七四三（天平一五）	楯縫・出雲の両郡に激しい雷雨。
	七四六（天平一八）	出雲臣弟山が出雲国造となる。
	七六二（天平宝字六）	能吏として知られた石川年足が薨ず。
	七九二（延暦一一）	藤原仲成が出雲守となる。

時代	年代	事項
平安時代	七九七（延暦一六）	平安京造宮役のため、出雲国ら雇夫2万40人を進む。
	七九八（延暦一七）	藤原緒嗣が出雲守となる。
		出雲国造が意宇郡の大領を兼任することを禁止。
	八一四（弘仁五）	意宇・出雲・神門の3郡が俘囚の乱によって未納稲を免除される。
	八三五（承和二）	出雲官倉が焼亡。
	八三六（承和三）	出雲郡の古荒地を勅旨田とする。
	八五一（仁寿一）	出雲国司の奏言により、節操が著しい女子に爵2級を賜う。
		熊野・杵築の両神が従三位となる。
		飯石郡と仁多郡の百姓、復一年を賜う。
	八五九（貞観一）	熊野・杵築の両神が正月に正三位となり5月に従二位に進む。
	八六一（貞観三）	渤海国使李居正ら105人が島根郡に来着。
	八六二（貞観四）	出雲郡と大原郡とが去年の風水霜によって復一年を賜う。
	八六四（貞観六）	出雲国に疫病流行。
		出雲国の2郡の課役を免ず。
	八六五（貞観七）	春秋の仁王般若経の講演を行なう。
	八六七（貞観九）	熊野・杵築の両神に正二位、佐　神に正五位上を賜う。
		対新羅のため、八幅の四天王像を配布される。
	八七〇（貞観一二）	沿岸諸郡に警固の命令。
		権史生鴈高松雄を弩師に遷補。
	八七六（貞観一八）	渤海国使楊中遠らが出雲国に来着したが、入京を許されず翌年、出雲国より帰還。
	八七七（元慶一）	僧薬海が国分寺の吉祥天像を造り、布施を充てられる。
	八八〇（元慶四）	隠岐国の兵庫が振動したため、出雲国をはじめ、因幡・伯耆・隠岐の諸国に警固を命ず。

時代	年代	事項
平安時代	九四〇（天慶三）	秋鹿郡の北海（日本海）の小島が消失、その後、大石が無数に出現。
	九四一（天慶四）	島根・楯縫両郡の境に氷塔出現。
	一〇一七（寛仁一）	一代一度の奉幣に杵築・熊野両社が預かる。
	一〇二三（治安三）	相撲人に出雲の白丁2名が選ばれる。
	一〇二九（長元二）	7月、飯石郡須佐郷牧田村に降雪。
	一〇三二（長元五）	杵築大社顛倒の虚偽の報告によって出雲守橘俊孝が佐渡国へ配流。
	一〇六一（康平四）	杵築大社顛倒。
	一一〇七（嘉承二）	堀河天皇御悩による丈六の六観音像のうち、1体を負担。
		源義親（義家の子）、配流先の隠岐を脱出して出雲国に押し渡り、国守の目代らを殺害。
	一一〇八（嘉承三）	平正盛（清盛の祖父）が源義親を追討。
	一一一〇（天仁三）	杵築大社造営用の巨木１００本が稲佐浜に漂着したという。
	一一二四（保安五）	水精・几帳・畳などを献上。
	一一四一（永治一）	杵築大社顛倒。
	一一五一（仁平一）	春日詣の饗のための単重52領の一部を負担。
	一一六一（応保一）	左近府領の意宇郡母里庄が筵を進上。
	一一六二（応保二）	平時忠を出雲国へ配流。
	一一六七（仁安二）	五節舞姫を献上。
	一一六八（仁安三）	鉄を献上。
	一一八一（治承五）	大和国興福寺の造営にあたり、廻廊4間を担当。
	一一八四（寿永三）	一ノ谷の合戦に出雲国の塩冶大夫・朝山記次・多久七郎らが平家方として参戦。
	一一八六（文治二）	源頼朝、杵築大社惣検校出雲孝房を罷免。

おもな参考文献

1 テキスト関係

秋本吉郎校注『風土記』(日本古典文学大系、岩波書店、一九五八)
植垣節也校注『風土記』(新編日本古典文学全集、小学館、一九九七)
加藤義成『修訂出雲国風土記参究』(今井書店、一九八一)
荻原千鶴全訳注『出雲国風土記』(講談社学術文庫、講談社、一九九九)
瀧音能之『古代出雲の世界』(歴研、二〇〇一)
青木和夫・石母田正・小林芳規・佐伯有清校注『古事記』(日本思想大系、岩波書店、一九八二)
坂本太郎・家永三郎・井上光貞・大野晋校注『日本書紀』上・下(日本古典文学大系、岩波書店、一九六五・六七)
平川南『漆紙文書の研究』(吉川弘文館、一九八九)

2 単行本関係

秋本吉郎『風土記の研究』(ミネルヴァ書房、一九六三)
朝山晧『出雲国風土記論』(島根県古代文化センター、一九九八)
石塚尊俊『出雲国神社史の研究』(岩田書院、二〇〇〇)
石母田正『石母田正著作集　第一〇巻　古代貴族の英雄時代』(岩波書店、一九八九)
上田正昭編『古代を考える　出雲』(吉川弘文館、一九九三)
内田律雄『出雲国造の祭祀とその世界』(大社文化事業団、一九九八)
大林組プロジェクトチーム編『古代出雲大社の復元』(学生社、一九八九)
門脇禎二『出雲の古代史』(日本放送協会、一九七六)
ザ・出雲研究会編『出雲国風土記』(ザ・出雲研究会、一九九五)
佐藤四信『出雲国風土記の神話』(笠間書院、一九七四)

志田諄一『風土記の世界』（教育社、一九七九）
篠川賢『日本古代国造制の研究』（吉川弘文館、一九九六）
関和彦『新・古代出雲史』（藤原書店、二〇〇一）
千家尊統『出雲大社』（学生社、一九六八）
瀧音能之『出雲国風土記と古代日本』（雄山閣出版、一九九四）
瀧音能之『神々と古代史の謎を解く古事記と日本書紀』（青春出版社、二〇〇五）
瀧音能之『図説 古代史の舞台裏』（青春出版社、二〇〇七）
武光誠『律令太政官制の研究』（吉川弘文館、一九九九）
田中卓『出雲国風土記の研究』（国書刊行会、一九八八）
永藤靖『風土記の世界と日本の古代』（大和書房、一九八九）
東森市良『四隅突出型墳丘墓』（ニュー・サイエンス社、一九八九）
前島己基編『古代出雲を歩く』（山陰中央新報社、一九九七）
前田晴人『古代出雲』（吉川弘文館、二〇〇六）
間壁葭子『古代出雲の医薬と鳥人』（学生社、一九九九）
水野祐『古代の出雲』（吉川弘文館、一九七二）
三宅博士・田中義昭『荒神谷遺跡』（読売新聞社、一九九五）
山本清編『風土記の考古学3　出雲国風土記の巻』（同成社、一九九五）
和田萃『日本古代の儀礼と祭祀・信仰　下』（塙書房、一九九五）
『古代出雲文化展』（島根県教育委員会／朝日新聞社、一九九七）
『歴史読本』（新人物往来社、二〇〇七年四月号）
『週刊神社紀行1出雲大社』（学習研究社、二〇〇二）
※他、関連の書籍、ウェブサイト等を参考にさせていただきました。

本書は、『「出雲」からたどる古代日本の謎』（2003年／小社刊）、『図説　出雲の神々と古代日本の謎』（2007年／同）をもとに、改題・加筆・修正のうえ、再編集したものです。

著者紹介

瀧音能之

1953年北海道生まれ。現在、駒澤大学教授。日本古代史、特に『風土記』を基本史料とした地域史の研究を進めている。『封印された古代史の謎大全』（小社刊）ほか著書多数。本書では文献、古社、遺跡などさまざまな角度から「出雲」を検証することを通して、古代日本の本当の姿を浮かび上がらせる。「出雲」の魅力をとことん味わい、悠久の古代史を心ゆくまで楽しむための必携書。

古代日本《こだいにほん》の実像《じつぞう》をひもとく出雲《いずも》の謎大全《なぞたいぜん》

2018年2月5日　第1刷

著　　者　瀧《たき》音《おと》能《よし》之《ゆき》

発行者　小澤源太郎

責任編集　株式会社プライム涌光
電話　編集部　03(3203)2850

発行所　株式会社青春出版社
東京都新宿区若松町12番1号〒162-0056
振替番号　00190-7-98602
電話　営業部　03(3207)1916

印刷・大日本印刷　　製本・ナショナル製本

万一、落丁、乱丁がありました節は、お取りかえします

ISBN978-4-413-11248-2 C0021

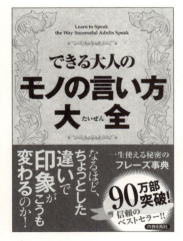